Aude Yung-de Prévaux

Jacques und Lotka

Aude Yung-de Prévaux

Jacques und Lotka

Eine Liebe in den Zeiten der Résistance

Aus dem Französischen
von Giuliana Broggi Beckmann

Kiepenheuer & Witsch

1. Auflage 2001

Titel der Originalausgabe: *Un amour dans la tempête de l'histoire*
Aus dem Französischen von Giuliana Broggi Beckmann

Umschlaggestaltung: Rudolf Linn, Köln
Umschlagfotos: Archiv Aude Yung-de Prévaux
Gesetzt aus der Garamond Stempel (Berthold)
bei Kalle Giese, Overath
Druck und Bindearbeiten: GGP Media GmbH, Pößneck
ISBN 3-462-02978-9

INHALTSVERZEICHNIS

Ihr Widerstandskämpfer, die ihr im Maquis oder an den Exekutionspflöcken das Leben ließet, ihr alle, die ihr mit dem letzten Atemzug den Namen Frankreichs hinausgeschleudert, habt allen Mut verherrlicht, alle Qual geheiligt, alle Entschlossenheit entzündet. Ihr stelltet euch an die Spitze des gewaltigen und strahlenden Zugs der Söhne und Töchter Frankreichs, die inmitten der Prüfung seine Größe bezeugten.

GENERAL DE GAULLE
Vorwort zu *Mémorial des compagnons de la Libération*

Helden – jene, die sich nicht unterwerfen lassen.
JEAN GIONO

VORWORT

Der achtjährige Junge, der 1944 bis zur Erschöpfung rief »Vive la France! Vive de Gaulle!«, glaubte, dass es nichts Großartigeres gebe als die »Résistants«, denen wir die Befreiung verdankten.

Als Schüler der Marine-Akademie zehn Jahre später wusste ich, nach einer erregenden Lektüre, »alles« über die Kommando-Einsätze des Freien Frankreich, über die Kolonne Leclerc und die Zweite Panzerdivision, über die Seeleute auf den Korvetten und der *Casabianca*, über die Regimenter der Marineinfanteristen – und musste plötzlich feststellen, dass in der französischen Kriegsmarine (1954!) nie über den Zweiten Weltkrieg gesprochen wurde. D'Estienne d'Orves, der für viele als Nationalheld galt, war ein Absolvent der École Polytechnique. Amyot d'Inville, der zur Marineinfanterie gehörte, kam ebenso wie die Korvettenkapitäne Levasseur und Morsier von der Handelsmarine. Détroyat, ein Ehemaliger der École Navale, wurde nie erwähnt; aber sein Tod in Syrien war auch die Tat eines Franzosen. Der Leiter der Marine-Akademie benannte einen unserer Räume nach dem Kommandanten, der mit der *Poncelet* gesunken war, nachdem die Engländer das U-Boot mit Wasserbomben bombardiert hatten, aber wir kannten noch nicht einmal den Namen Drogous, des Kommandanten der *Narval*, der zum Freien Frankreich übergegangen und mit Mann und Maus unter der Flagge des Lothringer Kreuzes untergegangen war.

Zwanzig Jahre später, 1974, las ich auf dem Vorsatzblatt eines Buches mit dem Titel *Marine oblige*: »Zur Erinnerung an den Konteradmiral Jacques Trolley de Prévaux, der von den Deutschen erschossen wurde«.

Von diesem Offizier und von den Umständen seines Todes hatte ich nie etwas gehört, so wie ich seinen Namen auch nie am Heck eines unserer Schiffe gesehen hatte, auf denen stattdessen die Namen von Gestirnen und berühmten Männern aus der Zeit der Segelschifffahrt prangten.

Was hatte Admiral Trolley de Prévaux bloß getan, dass seine Opfertat totgeschwiegen wurde? Die Frage ist schwer zu beantworten, lässt sich traurigerweise aber wohl zusammenfassen in dem Satz: »Er war ein Résistant.« Weil er im Dunkeln kämpfte, nachdem er mit den Männern von Vichy gebrochen hatte, blieb seine Beteiligung am Widerstand während des Krieges seinen Kameraden unbekannt, die bei den Forces navales françaises libres, den FNFL, dienten. Wie seine Frau wurde auch er von den Deutschen erschossen, und sein Gedenken wurde, mit Ausnahme des bewundernswerten Einsatzes von Jacques Lévy-Rueff, von niemand gepflegt. Und über dem Schweigen geriet sein Heldenopfer allmählich in Vergessenheit.

Es ist eine ganz ungewöhnliche Geschichte, die Aude Yung, die Tochter eines französischen Marineoffiziers und einer in New York geborenen jüdischen Polin, die Französin wurde, hier erzählt. Die beiden ließen ihr Leben für Frankreich, nachdem sie der Gestapo in die Hand gefallen waren und das Schlimmste erduldet hatten.

Es ist erschütternd, wie diese junge Frau entdeckte, wer sie war; bewundernswert, wie sie ihre Gefühle zu beherrschen wusste, um sich auf die Suche nach der Geschichte ihrer Eltern zu begeben, die Bruchstücke zusammenzufügen und uns schließlich einen hinreißenden Bericht zu präsentieren, der den leidenschaftlichen Menschen angemessen ist, die dank ihrer für uns nun wieder lebendig werden.

Général de Gaulle hat geschrieben: »Verraten, gefangen genommen, auf die schrecklichste Weise gefoltert von einem ehrlosen Feind, ist Jean Moulin für Frankreich gestorben wie so viele tapfere Soldaten, die, im Licht der Sonne oder im Schatten, einen langen, leeren Abend opferten, um desto besser ihren Morgen zu erfüllen.« Das gilt auch für den Admiral de Prévaux, mit dem Unterschied, dass sein »Tag«, um im Bild zu bleiben, weiter fortgeschritten war als der Morgen. Ein Leben mit reichen Erfahrungen als Seemann, Flieger, Diplomat und auch als Liebender, wie man mit nicht nachlassendem Interesse entdeckt.

Das Metier des Marineoffiziers offenbart sich uns in seiner ganzen Mannigfaltigkeit und Härte. Der Kommandant auf dem in Alexandria festliegenden Panzerkreuzer glaubte nicht das Recht zu haben, sein Schiff zu verlassen, weil er den Kampf fortsetzen wollte. Der für die Widerstandszelle Verantwortliche beschloss, bei seinen Leuten im Untergrund auszuharren, als ihm das Angebot gemacht wurde, den Kampf im hellen Tageslicht wieder aufzunehmen. Beides Entscheidungen, zu denen nur Menschen von größter Charakterstärke imstande sind.

Inzwischen sind die Namen von Lotka (»Kalo«) und Jacques de Prévaux (Vox«) der völligen Vergessenheit entrissen. In Paris und in Toulon sind eine Straße, in Rochefort und Toulon ein großes Amphitheater nach ihnen benannt, in Lyon trägt ein Militärgebäude ihren Namen. Dieses Buch wird dazu beitragen, dass eine weitere Öffentlichkeit zwei außergewöhnliche Menschen kennen lernt, die ihr Leben freiwillig gaben für die Rettung Frankreichs, im Kampf für seine Freiheit.

Wünschen wir uns, dass ihr Beispiel immer mehr Menschen bekannt und dass es treu befolgt wird.

MICHEL DEBRAY
Vizeadmiral,
Präsident des Institut Charles-de-Gaulle

EINLEITUNG

Ich war 23 Jahre alt, als ich rein zufällig erfuhr, wer ich wirklich war. Das ältere Ehepaar, das mich großgezogen hatte, die beiden waren also gar nicht meine Eltern. Eine solche schockartige Erkenntnis reißt einen schlagartig aus einer Familientradition mit Großeltern in der Provinz und Ferien im Schatten der Kirchtürme auf dem Lande. Die kleinen Begebenheiten einer glücklichen Kindheit erscheinen plötzlich in einem anderen Licht. Man ist nicht mehr dieselbe Person. Man muß die ganze Lebensgeschichte neu schreiben.

Ich war Studentin und saß an einer Dissertation über den »Dualismus der Katharer«, weshalb ich die Tage mit dem Entziffern staubiger Bände in der Bibliothèque Nationale verbrachte. Das dumpfe Gemurmel, das vom Lesesaal aufstieg, der schwache Lichtschein der grünen Lampen, wenn über der gläsernen Kuppel langsam der Himmel von Paris dunkelte, der trockene Geruch alter Bücher – all das trug zu einer andächtigen Atmosphäre bei, aus der ich mich abends gewöhnlich ein wenig verwirrt und wie betäubt löste. Mein Doktorvater nahm am Fortgang meiner Dissertation wenig Anteil. Manchmal bestellte er mich in eine Teestube des Quartier Latin, wo er mir, vor einem Windbeutel mit Schlagsahne, vom Nichts, vom Teufel und vom Scheiterhaufen von Monségur erzählte, während seine Hand mein Knie tätschelte.

Eines schönen Nachmittags schrieb ich meinen Namen in Großbuchstaben auf eine der Karteikarten, mit denen man in der Bibliothèque Nationale damals die gewünschten Bücher bestellte. Da bemerkte ich, dass der ältere Herr, der auf dem Platz rechts neben mir saß, genau beobachtete, was ich schrieb.

»Verzeihen Sie meine Neugier. Sie sind nicht zufällig die Tochter des Admirals Trolley de Prévaux?«

Er hatte eine raue, heisere Stimme, Flüstern war ihm offensichtlich unmöglich. Der Leser mir gegenüber hob den Kopf. Ich wurde schrecklich verlegen, hielt es aber für besser, diesem höflichen Herrn zu antworten, um weitere Fragen zu verhindern. Obwohl schon die erste völlig absurd war: Mein Vater war seit zehn Jahren tot, und er war zwar Militär gewesen, aber ein General; da hatte mein Gesprächspartner vermutlich die gleichrangigen Dienstgrade verwechselt. Ich versicherte ihm mit Nachdruck, es habe in meiner Familie nie einen Admiral gegeben, ich wolle aber mit meiner Mutter darüber sprechen, vielleicht wisse sie …

Er ließ nicht locker und unterbrach mich, ganz als ob er sich immer sicherer würde, Recht zu haben.

»Dieser Name, dazu dieser Vorname – Sie müssen seine Tochter sein. Und Sie sehen der armen Lotka so ähnlich … Sie kamen doch im Juni 1943 in Nizza zur Welt? Sehen Sie! Aber natürlich – Ihre Adoptiveltern haben Ihnen die Wahrheit verschwiegen. Ich erinnere mich wieder. Wir durften Sie damals nicht besuchen. Wegen der Tragödie. Mein armes Kind …«

Er war so überwältigt, dass er seine Stimme nicht mehr beherrschen konnte. Ringsum wurde ein verärgertes Zischen laut. Ich war blass geworden. Ich muss wohl eine dumme Frage herausgestottert, ihn gefragt haben, was denn geschehen sei, denn nun zerstörte er mit ein paar Worten meine friedliche Welt. »Mein armes Kind! Ihre Eltern waren Helden. Sie gehörten der Résistance an. Sie sind von den Deutschen umgebracht worden. Da waren Sie noch ein Baby … Ihre Mutter war Jüdin, eine polnische Jüdin, glaube ich, sie war sehr schön, viel jünger als Ihr Vater, und der war ein Admiral. *Voilà*.«

Voilà. An die folgenden Minuten kann ich mich nicht erinnern. Als ich aus der Betäubung erwachte, in die seine Worte mich versetzt hatten, war der Mann fort. Im Lesesaal war es wieder ruhig geworden. Ich aber brauchte Zeit, um meine Ruhe wieder zu finden.

Ich würde mir ein neues Selbstverständnis, eine neue Identität erarbeiten müssen. Zunächst braucht man nicht einmal genauere Details. Da genügen ein halbes Dutzend Fragmente – Helden der Résistance, ein Admiral, eine Jüdin, Polen –, um zu träumen und Verbindungen herzustellen zwischen der Person, die man nun wirklich ist, und dem Menschen, für den man sich gehalten hat. Erst wenn man sie verarbeitet und sich angeeignet hat, kann man mit dem Fragen beginnen.

Micheline, meine (Adoptiv-)Mutter, war sichtlich erleichtert, dass ich die Wahrheit erfahren hatte, ohne sich lange mit der brutalen Art und Weise, wie ich es erfuhr, aufzuhalten. Unter dem Zwang, nun die Worte auszusprechen – dass ich nicht ihre Tochter bin –, die zu sagen sie zweiundzwanzig Jahre lang nicht die Kraft besessen hatte, erzählte sie mir meine Geschichte, beschränkte sich dabei jedoch streng auf die amtlichen Daten. Von meinen richtigen Eltern, die ich eben entdeckt hatte, behauptete sie nichts zu wissen. Sie machte dafür die Kriegsjahre verantwortlich, die Unsicherheiten und Kommunikationsprobleme, die ablehnende Haltung der Familie gegen ihre – späte – Ehe mit François, dem Bruder meines Vaters, des Admirals.

Micheline hatte geglaubt, mit meiner Adoption sei auch meine Herkunft ausgelöscht, und hatte daher allen strikte Anweisung gegeben zu schweigen. Und dies wurde auch gewissenhaft befolgt von der äußert bourgeoisen Familie Trolley de Prévaux, die, wie ich später feststellte, verschiedene Episoden im Leben meines Vaters und die Herkunft meiner Mutter als Skandal empfand. Und so blieb das Geheimnis zweiundzwanzig Jahre lang gewahrt. Als meine Tante mütterlicherweise die Blockade zu brechen versucht hatte, war sie zur *persona non grata* erklärt worden; und mit ihr meine gesamte polnische Verwandtschaft. Die Amme, die mich nach der Verhaftung meiner Eltern zu sich genommen hatte, wurde in ihr Heimatdorf zurückgeschickt; die Briefe, in denen sie sich ganz unschuldig nach Neuigkeiten von mir erkundigte, blieben unbeantwortet. Als ich dann wissen wollte, wie meine Eltern gelebt hatten, befiel die ganze Verwandtschaft offenbar ein kollektiver Gedächtnisverlust. Es gelang mir immerhin in Erfahrung zu bringen, dass mein polnischer Patenonkel mehr wusste. Ich kannte ihn kaum. Er lebte in Marokko, und er hielt Dinge in Verwahrung, die meinem Vater gehört hatten – er wartete nur auf mein Einverständnis, sie mir zu schicken.

Eines Tages sind dann die Koffer meines Vaters aus Marokko eingetroffen. Sie okkupierten den Salon, belegten den verbliebenen Platz zwischen den Louis-quinze-Sesseln und der Couch, die mir als Bett diente: zwei solide, mit Eisen beschlagene Holzkisten, innen mit einer wasserdichten Metallfolie abgedeckt, denen die vielen Verladungen und die häufigen Taifuns im Chinesischen Meer anzusehen waren, auf dem sie über so viele Jahre unterwegs waren. Auf dem vergilbten Etikett vermochte ich den in schönen Buchstaben geschriebenen Namen meines Vaters zu entziffern – »Capitaine de vaisseau Jacques de Prévaux« –, ebenso den Namen des Schiffes, das er befehligte: die *Duguay-Trouin*.

Diese Koffer mussten doch einen Seegeruch behalten haben … Ich bildete mir ein, einen Hauch von Jod und Salz zu spüren, Reste der Gewürzaromen einer Asienreise, einen Hauch von Opium und sogar Spuren des Rums, mit dem sich die Mannschaft bei ihren rituellen Saufereien unter Deck betrank, während der Kommandant – mein Vater! – in seiner herrlichen weißen Uniform und in Begleitung kolonialer Schönheiten auf dem Bund von Shanghai flanierte. Doch die Kisten rochen nach nichts mehr; sie hatten seit einem Vierteljahrhundert auf einem Speicher in Casablanca gestanden und darauf gewartet, mir zugestellt zu werden.

Ich habe sie mit zitternden Händen geöffnet. Zuerst gaben die Koffer, nachdem die Bänder gelöst waren, mit denen alles zusammengehalten wurde, nichts als ein Durcheinander aus gezackten Fotografien, amtlichen Marineunterlagen, Schulübungsheften, haufenweise Büchern, Manuskripten und Briefen preis. Ich machte mich gleich über die Fotos her, breitete sie aus, mit ungeduldiger Hand, wartete, dass das Gesicht meines Vaters zum Vorschein kam, dass ich meine Mutter entdeckte ... Doch sie blieben mir verschlossen. Es war eine Qual. Micheline war außerstande, meine Fragen zu beantworten: Wer waren nun meine Eltern unter all diesen Gesichtern, die uns von den Fotos entgegenlächelten? Wer unter den vielen Offizieren, die auf der Achterhütte vor dem Fotografen posierten, war mein Vater? Ist die Frau, die sich über die Wiege beugt, meine Mutter? Das Baby in ihren Armen – bin das ich? Was für Menschen sind sie gewesen? Wer war ich selbst?

Ich beschloss damals für mich, dass mich die ganze Sache gar nicht persönlich betraf. Das alles hatte sich vor meiner Zeit abgespielt. Nachdem ich die Seekoffer einmal geöffnet hatte, ließen sie sich aber nicht so einfach wieder schließen. Es war einfach nicht möglich, alles wieder ordentlich zurückzulegen, den Deckel herunterzuklappen und sie auf den Dachboden zu verbannen. Stets stach irgendetwas hervor und ließ sich nicht zurückstopfen: das tibetanische Totenbuch und die Werke der indischen Philosophie, ein Themenbereich, der mich schon seit langem leidenschaftlich interessierte; die gefälschten Papiere, mit denen eine junge Frau die Grenze passiert hatte – mit Dokumenten in der Handtasche, die nach London geschickt werden sollten; das Foto eines Kleinkindes in den Armen der gleichen, freudestrahlenden Frau; der Gebetsschal, die Bücher in hebräischer Sprache; das Dienstbuch der Marine mit der langen Liste ruhmreicher Einsätze; die Worte der Liebe, die den Briefen zu entströmen schienen, noch ehe ich die Bündel aufmachte.

Ich konnte nicht anders, ich musste einen Namen finden für diese Gesichter – und für die mir unbekannten eigenen Eltern ein Gesicht. Ich musste Menschen finden, die ihr Leben bezeugen konnten – da gab es, nach so langer Zeit, gar nicht mehr viele –, und sie zum Sprechen bringen. Ich musste mich in die marinegeschichtlichen Archive vergraben und das Nationalarchiv durchforschen. Zur Bibliothèque Nationale zurückkehren und in den Karteien nach den Namen meiner Eltern suchen. Herausfinden, warum die Marine, aus der auffallend wenige Widerstandskämpfer hervorgegangen waren, nicht mehr unternommen hatte, um den Namen dieses Admirals zu ehren. Vor allem aber sollte ich mit hochroten Wangen die Korrespondenz der beiden lesen, Tausende von Briefen, Notizen, Telegrammen, die in einer unwahrscheinlichen Abfolge von Zufällen auf mich eingeströmt waren.

Nach und nach sind meine Eltern dann aus den Schatten hervorgetreten, und die Konturen ihres ebenso romantischen wie tragischen Lebens fügten sich zu einem kohärenten Bild. Es zeichnete sich die Silhouette eines ungewöhnlichen jungen Mannes ab: das Bild eines brillanten jungen Seeoffiziers, der sich den Befehlen seiner Vorgesetzten widersetzte und sich 1941 der Résistance anschloss; eines Adeligen aus ultrakatholischem Milieu, der mit dem Moralkodex seiner Familie brach, der es wagte, sich scheiden zu lassen und eine um zwanzig Jahre jüngere Jüdin zu heiraten; eines Frauenhelden und Opiumsüchtigen, der als einfacher Soldat im Widerstand kämpfte und bis zur letzten Folter kein Geheimnis verriet. Und das Bild einer außergewöhnlichen Frau: einer bettelarmen Einwanderin, die es bis zum

Model eines berühmten Modehauses brachte; einer emanzipierten jungen Frau mit gelegentlich lesbischen Neigungen, die ihr Leben einer leidenschaftlichen Liebe verschrieb; einer lebenslustigen Schönheit, die Claudel und Péguy entdeckte, die in der Résistance die gefährlichsten Aufträge zu übernehmen verlangte und einen Heldentod starb.

Der Geschichte dieser beiden Menschen sind die folgenden Seiten gewidmet.

Erster Teil

JACQUES

1

ZUM SEEMANN BERUFEN

Auf der Achterhütte des Torpedoboots *Chasseur* schaut ein Seemann zu den Sternen empor und träumt. Er trägt, obwohl er stark abgemagert ist, seine Uniform mit Würde. Er scheint krank oder erschöpft, die brennenden Augen beherrschen das ganze Gesicht. Aus der Tasche seiner Matrosenbluse lugt ein Buch mit Eselsohren hervor. Aus dem Dunkel taucht die massige Figur des Kommandanten auf. Der Dienst ruft den Fähnrich zur See Prévaux in die Gegenwart zurück, rasch schiebt er das Buch tiefer in seine Tasche, nimmt Haltung an, erstattet Bericht über die zurückgelegte Route, die Position des Schiffes, den eingeschlagenen Kurs und harrt der weiteren Befehle. Es gibt keine neuen Befehle. Erleichtert gibt er sich nach einem letzten Gruß wieder seiner Träumerei hin. Seine Hände, es sind ungemein schöne Hände, machen eine flüchtige Bewegung zur Tasche hin. Wenn er den Mut dazu hätte, würde er das Buch herausziehen und zu Ende lesen. Es ist eine ruhige Nacht, die *Chasseur* scheint völlig allein über das glatte, flimmernde Meer zu gleiten, und die Zykladen liegen noch etliche Seemeilen entfernt Richtung Nord-Ost.

Jacques de Prévaux liebt die vier Stunden der Nachtwache, wenn er sich, umgeben von den vertrauten Umrissen der Navigationsinstrumente, eingelullt vom sanften Vibrieren der grauen Metallplatten, vorstellen kann, er sei allein auf der Welt. Die Einsamkeit ist sein Element. Dann kann er endlich die Gedanken schweifen lassen, an die Liebste im letzten Hafen zurückdenken, die nächsten Tagebucheintragungen konzipieren oder, wenn er sich traut, sogar ein paar Seiten des Buches lesen, das er stets bei sich trägt, heimlich, ohne die Spötteleien der Kameraden von der Wache fürchten zu müssen, die ihn für einen Intellektuellen halten. Wenn er weniger scheu und zurückhaltend wäre, könnte er sie zum Schweigen bringen. Doch was hat er auf ihren Spott zu erwidern? Es stimmt ja, wohl fühlt er sich nur bei seinen Büchern, der Kontakt mit Menschen schreckt ihn. Wenn jemand auf ihn zugeht, weicht er zurück. Er muss sich geradezu zwingen, sich mit den anderen zum Essen an den Tisch zu setzen. Er verabscheut das Zusammengepferchtsein und die ausgelassene Kameraderie der Schiffsmesse; andererseits verachtet er sich, weil er daran nicht teilzunehmen vermag. Er weiß: Auch das gehört zur Marine, und dass er zum Seemann berufen ist, wird ihm mit jedem Tag klarer, den er auf See verbringt. Seine Scheu hält ihn zurück, einem anderen Menschen seine empfindsame Seele zu offenbaren. Er braucht einen Freund, bildet sich ein, nur der Kommandant könne ihn verstehen. Er vertraut seinem Tagebuch die Zweifel an, die eines künftigen Seeoffiziers seiner Meinung nach unwürdig sind: »Habe ich recht daran getan, diese Laufbahn zu wählen? Ach, ich glaube wirklich, dass ich hässlich bin! Und faul obendrein: Ich habe seit zwei Tagen nicht eine Zeile gelesen, und die Krankheit ist nicht der einzige Grund.« Er ist trotzdem überzeugt, für ein außergewöhnliches Schicksal bestimmt zu sein.

Allmählich werden die wenigen Lichter von Milo erkennbar. Der Fähnrich zur See lässt nur widerstrebend ab von der Betrachtung des griechischen Firmaments, das ihn zum Nachdenken über die alten Philosophen auf der Insel Kreta und die kosmischen Harmonien veranlasst hat, die sie an der Ordnung der Gestirne entzifferten. Die Harmonie besteht nach wie vor, für immer und ewig; es ist alles heiter und friedlich. Und doch – im Norden, über der Marne scheinen die gleichen Sterne auf kämpfende Männer herab, halb versunken in Schützengräben, auf Leichen, die der

Schlamm verschlingt, auf Geschosskrater. Zu eben dieser Zeit, es ist der Herbst des Jahres 1914, leistet Jacques de Prévaux seinen Beitrag zum Krieg, indem er durch die Gewässer der griechischen Inseln mit den mythischen Namen kreuzt. Nach einem letzten verzweifelten Blick in die Schönheit der Nacht wendet er sich wieder seiner Pflicht zu. Er muss den Befehl zu einer Kursänderung geben.

Jacques de Prévaux hatte keinen Grund, an seiner Berufung zum Seeoffizier zu zweifeln. Als er an Bord der *Chasseur* ging, konnte er bereits die schmeichelhaftesten Dienstbeurteilungen vorweisen. Er hatte von Anfang an das Augenmerk seiner Vorgesetzten gefunden. Sie hatten in ihm einen »erstaunlich begabten« Offizier gesehen; sie hatten seine Kaltblütigkeit bemerkt, sein weltmännisches Auftreten – im aristokratischen Milieu der französischen Kriegsmarine ein wichtiger Pluspunkt –, seine rasche Auffassungsgabe, seine überdurchschnittliche Intelligenz: insgesamt Qualitäten, die auf eine brillante Karriere hindeuteten. Sein Geschwaderführer und sein Abteilungschef konnten ihn gar nicht hoch genug loben: »Ein viel versprechender Mann. Scheint das Zeug zu haben für einen Offizier mit großer Zukunft.«

Die Familientradition hatte ihn jedoch keineswegs zum Kriegshandwerk bestimmt. An der Marine-Akademie, wo er unter 48 Bewerbern als Drittbester abschnitt, beklagten die Ausbilder seinen »Mangel an militärischem Geist«, obwohl sie seine lobenswerten Bemühungen, sich ihn anzueignen, voll anerkannten. Die Trolley de Prévaux' sind eine alte Juristenfamilie aus der Normandie, die 1586 von König Heinrich III. das Adelspatent erhielt. Der Familienstammbaum, den Jacques sich manchmal anschauen konnte, wies eine Fülle von Verwaltungsbeamten, Landvögten und Richtern auf. Von Soldaten keine Spur – sofern man nicht Johanna von Orléans zu diesem Stand zählt. Im Jahre 1733 heiratete eine gewisse Marie-Madeleine, Nachfahrin des älteren Bruders der Jungfrau von Orléans, Pierre Trolley de Prévaux, einen Leibwächter des Königs Henri III.

In jüngerer Zeit hatten Jacques' Altvordere sich auf dem entsagungsvollen Gebiet der Rechtslehre hervorgetan. Großonkel Jacques, der zweifellos berühmte Verfasser einer fünfbändigen Abhandlung über die Verwaltungshierarchie, war Juraprofessor an der Fakultät von Caen gewesen. Der Großvater mütterlicherseits, Amédée de Margerie, war Dekan der philosophischen Fakultät an der katholischen Universität von Lille und Gründer der katholischen Universität von Nancy gewesen, zudem das Orakel der Familie in moralischen und kulturellen Dingen. Er hat eine große Zahl solch unvergänglicher Werke wie *De la famille: Leçons de la philosophie morale* hinterlassen. Was Jacques' Vater Alfred betrifft, so hat er – ebenfalls an der Universität von Lille – über 45 Jahre den Lehrstuhl für Handelsrecht an der juristischen Fakultät des katholischen Instituts innegehabt. Anlässlich seiner Beerdigung im Jahre 1921 wurde er gerühmt als »ein höflicher, gebildeter, gastfreundlicher Mann von friedlichem, ordentlichen Lebenswandel. Die Zeit, die ihm neben seinen beruflichen Verpflichtungen und der Sorge für seine Familie blieb, widmete er wohltätigen Zwecken, denen er mit der Bescheidenheit eines Menschen früherer Zeiten nachging.« Diese fraglos mustergültige Familie hatte sich auch noch der Religion verschrieben: Jacques' Vater war Mitglied des Dritten Ordens des Heiligen Franz von Assisi und Ritter vom Orden des Heiligen Gregor des Großen. Seine drei Tanten Sidonie, Bertille und Ernestine (was hätten sie mit solchen Taufnamen sonst tun sollen) traten in ein Kloster des strengsten Ordens ein, bei den Karmeliterinnen.

Jacques und seine zwei überlebenden Brüder – drei weitere sind im Kindesalter gestorben – wurden im striktesten Sinne traditioneller Moralvorstellungen erzogen. Der vom

Naturell her ohnehin strenge Vater war nach dem Verlust seiner Frau untröstlich und zog sich zu einem Leben in Buße und Einsamkeit zurück, Jacques verbrachte seine Kindheit in einem Trauerhaus, wo von ihm ruhiges Betragen erwartet wurde und Lachen als Beleidigung der Seele der Verstorbenen galt. In späteren Jahren haben sich die Gespräche zwischen Vater und Söhnen auf gewohnheitsmäßige moralische Ermahnungen beschränkt und auf knappe Berichte zum Stand des Familienvermögens, das übrigens nur bescheiden war. Jacques verlor die Mutter im Alter von elf Jahren und mit ihr die einzige Zärtlichkeit in dieser Männerwelt; er litt unter der Unfähigkeit des Vaters, Liebe zu zeigen.

Als er auf die St.-Joseph-Schule in Lille geschickt wurde, war er ein reizender Junge mit einem offenen, ehrlichen Blick, von dezidiertem – beinahe unverfrorenem – Auftreten, der es meisterhaft verstand, Vögel mit seiner Steinschleuder aus dem Nest zu schießen. Die Atmosphäre auf der Jesuitenschule war jedoch nicht weniger trostlos als daheim. Er verlor einfach den Lebensmut. Seine Tage waren bestimmt von Lernen und Bußübungen; der Einsamkeit wurde ein hoher Wert beigemessen; aufkeimende Freundschaften wurden sorgsam beobachtet und gebrochen, bevor sie zu einer Gefahr werden konnten. Die Lehrer schätzten Jacques als fleißigen und gehorsamen Schüler. Er erhielt die besten Noten. Das Einzige, was die Patres ihm vorwerfen konnten, war eine verdächtige Neigung zur Literatur. Dass er auf Disziplin achtete, deuteten sie als Unterwerfung, die Zurückhaltung des heranwachsenden Jungen als kluges Benehmen, sein Interesse an der Theologie als Frömmigkeit – ohne je auf den Gedanken zu kommen, dass sich in dieser Seele ein Bedürfnis nach dem Absoluten und die Kraft einer Persönlichkeit regten, die darum kämpfte, den Nivellierungsprozess heil zu überstehen.

Die traurige Kindheit machte ihn melancholisch. Da er sich von niemandem verstanden glaubte, zog er sich in sich selbst zurück. Freude fand er lediglich in Träumereien und in der Gesellschaft von Büchern. Die Sehnsucht nach einem andern Leben als das seiner tugendsamen Familie spürte er wohl. Solch ein Leben konnte er sich aber nur anderswo, weit weg von Lille, vorstellen.

Jacques beschließt, Seemann zu werden. Er, der – von den windigen Sandstränden Flanderns abgesehen, an die er manchmal zum Spielen gebracht wurde – mit dem Meer noch nie in Berührung gekommen ist, beginnt auf einmal von der Unendlichkeit der Ozeane und von großen Schiffen zu träumen, die ihre Anker lichten. Davon, zur See zu gehen, zu entkommen, ohne den Eindruck der Flucht zu wecken.

»Ich bin ein Normanne, der Sohn von Freibeutern«, verkündet er, wobei er sich mit seiner Genealogie einige Freiheiten nimmt. Im Stammbaum entdeckt er, dabei mehrere Generationen friedlicher Normannen überspringend, einen bretonischen Ahnen, der angeblich in Martinique als Korsar die Gewässer unsicher gemacht hatte. Dass Nicolas Fèbvier de Mésaillet 1732 auf einer nach St. Lucia entsandten Expedition zur Niederschlagung von Aufständischen den Tod fand, stört Jacques nicht; er akzeptiert ihn als Freibeuter. Und in seinem eigenen Aufstand gegen eine allzu sittsame Familie glaubt Jacques, dass kreolisches Blut in seinen Adern fließt – das, immerhin, ist keineswegs unmöglich. Er hat sich diesen Korsaren als Vorfahr herausgesucht und sich auf diese Weise eine Herkunft erfunden, wie sie seiner und seinen Vorstellungen vom eigenen Lebensweg würdig ist. Er lebt wieder auf. Er kann sich endlich neu erschaffen.

An den tristen Internatsabenden bei den Jesuitenpatres begibt er sich in Gedanken auf See und segelt auf den Spuren seines freibeuterischen Ahnherrn dem erträumten Schicksal entgegen. Er malt sich die fruchtbare, üppige Welt der Karibik aus, vor allem aber stellt er sich das Leben auf See vor, das Lärmen und die fremden Gerüche der Häfen, die Schiffe mit dem Bauch voller erbeuteter Schätze, wie sie mit flatternden Segeln wenden und unter dem Befehl eines klugen, tollkühnen Kapitäns davonjagen ... Als er dann mit zwanzig zum ersten Mal die Antillen sieht, erkennt er die Inseln wieder, die »unsere kindlichen Träume mit heiteren, phantastischen Bildern ausmalten«. Zweifellos hat er Schiffszeichnungen schon auf die Ränder seiner Schulhefte gekritzelt und später die Bezeichnungen für alle Teile der Takelage bis zum kleinsten Stück Tau auswendig gelernt – man hat ihm ja schließlich eingebläut, alles, was er tat, perfekt und richtig zu machen.

Er ist bereit, zur See zu gehen, um der langweiligen Provinz, dem stickigen sozialen Milieu, einem schweigsamen Vater, einem überregulierten Dasein den Rücken zu kehren. Doch nicht als einfacher, gewöhnlicher Seemann. In Anbetracht seines gesellschaftlichen Standes und seiner ausgezeichneten Schulzeugnisse muss es schon die Marine-Akademie sein. Seine Verwandten zeigen sich angesichts einer solch seltsamen Berufswahl konsterniert. Aber immerhin, es ist allemal besser, als wenn er sich für die Literatur entschieden hätte.

Nach einem Jahr auf der Marine-Akademie lernt Jacques erstmals die seemännische Realität kennen. Wie eine Gruppe aufgeregter Schuljungen vor der Fahrt in die gemeinsamen Ferien geht sein Jahrgang für zwei Monate an Bord des Schulkreuzschiffes *Bougainville*. Die Lehrzeit auf See ist hart. Der Mangel an Komfort macht dem jungen Adeligen zunächst schwer zu schaffen. Er muss sich daran gewöhnen, mit schmutzigen Händen und in dreckiger Kleidung herumzulaufen, denn das Wasser ist rationiert. Die Hängematten liegen so dicht beieinander, dass die Schlafenden bei rauer

See aneinander stoßen. Jacques lernt die unangenehmen Routineaufgaben kennen, die das monotone Schiffsleben gliedern: die strapaziösen Wachen in der Hölle des Heizraums; das Gerackere mit den zwei Ankerketten am Spill, die sich in der Nacht verheddert haben; die nie enden wollenden Manöver, in denen eine Wachmannschaft zum Auftakeln der Segel losgeschickt wird, nur um sie eine Stunde später wieder einholen zu müssen.

Die gemeinsam verbrachten Monate in Brest, die traditionsreichen Konventionen der Marine-Akademie und die Autorität der Ranghierarchie haben die angehende Mannschaft glücklicherweise zusammengeschmiedet. Wie all diese noch nicht zwanzigjährigen Jungen erlebt Jacques die Übungen und das ganze Getöse mit kindlicher Freude. Weitab von den hohen Mauern der Marine-Akademie, zum ersten Mal auch weit weg von seiner Familie, freut Jacques sich unbändig über seltene, einfache Vergnügen: zum Tee ein paar köstliche Butterkekse aufzutreiben; mit einer Bande von Kameraden in der Bucht von Morlaix stolz an Land zu gehen und mit ihrer ausgefallenen Kleidung und ihren rüpelhaften Manieren den friedlichen Einheimischen Schrecken einjagen; der abendliche Gesang zur Begleitung eines alten Akkordeons; mit der bedächtigen Miene älterer Offiziere Pfeife zu rauchen. All das kann allerdings nicht heranreichen an das Erlebnis des ersten Sturms, vor dem sie auf den Shetland-Inseln Schutz suchen.

Nach einem weiteren Jahr hat Jacques die Marine-Akademie absolviert. Auf dem Schulschiff *Duguay-Trouin* macht er mit den Fähnrichen seines Jahrgangs eine Lehrfahrt um die Erde. Da wird fleißig geübt, was man zu Lande methodisch gelernt hat; man meistert die Anfangsgründe der Diplomatie, man entdeckt die Welt, man hat seinen Spaß. Jacques ist zwanzig, und er spürt zum ersten Mal, was Freiheit ist. Die Disziplin, auf die seine ganze Erziehung ihn vorbereitet hat, fällt ihm nicht schwer. Er ist berauscht von der Weite des Raums, von den vielen neuen Erlebnissen; es ist, als ob plötzlich ein starker Seewind seinen Geist durchlüftet.

Von der traditionellen Schulungsfahrt bleiben allen Seeleuten fabelhafte Erinnerungen. Jacques, der für alles offen ist, betrachtet die Welt mit staunenden Augen. In Malta wundern ihn die feinen Spitzen. Es amüsiert ihn, in Havanna um Zigarren, in Dakar um Spazierstöcke aus Elfenbein zu feilschen. Er spottet gutmütig über die Uniformen der mexikanischen Armee, die ihn an Hotelpagen denken lassen, oder über die Gewohnheit der Norweger, kolossale Portionen von Vorspeisen herunterzuschlingen. Er bewundert den vornehmen, stolzen Gang der Frauen von Sevilla.

Er lässt sich mitreißen vom unbekümmerten, lebenslustigen Wirbel der Fähnriche, die vom Empfang im Yacht-Club zum Ball eilen, der ihnen zu Ehren gegeben wird und auf dem sie die ganze Nacht hindurch mit den jungen Mädchen der feinen Gesellschaft tanzen. In allen Häfen, in allen Sprachen lassen sie sich auf Liebeleien ein, lachend werfen sie Girlanden in den Farben der *Duguay-Trouin* hinab zu den Schönheiten, die dicht gedrängt auf Booten herausgefahren sind, um den Kavalieren für eine Nacht Abschiedsküsse zuzuwerfen.

Jacques ist sich für nichts zu schade und immer bereit, sich den wilden Sauftouren seiner Wachtkameraden anzuschließen, zieht jedoch allmählich den lehrreichen Besuch von Kirchen, Museen, Konzerten und die Stille der Kommandobrücke vor, wo er zum Lesen und Nachdenken kommt. Im Übrigen widmet er dem Aufsetzen der »Berichte« viel Zeit, die dem Kapitän in jedem Anlaufhafen zu überreichen sind. Jacques verfasst sie in seiner schönsten Handschrift und illustriert sie mit den naiven Bildpostkarten der Zeit. Anfangs erfüllen die Berichte ihn mit Stolz, ebenso die Kommentare seines Kapitäns: »Gut geschrieben ...

korrekter Stil, angenehm zu lesen ... schöne Formulierungen.« Als er dann jedoch in einem seiner Berichte vermerkt: »Wir hatten leichten Regen«, da trifft der mit roter Tinte vermerkte Kommentar seines Kapitäns ihn bis ins Mark: »Sie reden wie ein Infanterist.« Jacques erkennt, dass ein guter Stil allein nicht genügt. Er ist in seinem Stolz verletzt und setzt alles daran, seine Berichte so abzufassen, dass sie ebenso sachlich und nüchtern wie literarisch sind. Weil er Marineoffizier werden will. Inzwischen ist er sich völlig sicher, dass er dazu berufen ist. Er hat zu seiner großen Freude entdeckt, dass das Meer seine lang gehegten Träume und Erwartungen erfüllt, dass das Leben auf hoher See ihn glücklich macht. Vorher, in Lille und in Lamberart, war er sich dessen noch nicht so sicher gewesen.

In diesen glänzenden Berichten schildert Jacques, wie ihn bei der Abfahrt in Brest am 10. Oktober 1910 »die Begeisterung eines Fanatikers packt, der es gar nicht abwarten kann wegzukommen«, welche Freude und Überraschungen er bei seiner ersten Reise auf einem richtigen seetüchtigen Schiff erlebt, was er empfindet angesichts der blauen Weite des Meeres, der *Duguay* in voller Fahrt, seiner Beförderung zum Leutnant und seines Bewusstseins zunehmender Freiheit nach dem schweren Joch auf dem in Brest verankerten Schulschiff *Borda*. Welche Entdeckungen! Er genießt seine erste Wache, die ersten Versuche, sich mit den Gestirnen vertraut zu machen, die erste Überquerung des Atlantik – von den Kanarischen Inseln nach Guadeloupe. Endlich ist er auf offener See, wo er sich so wohl fühlt:

> Wenn ich mir den Eindruck des vollkommenen Seelenfriedens festhalten könnte, den ich auf der ebenmäßig blauen, ruhigen See erlebte, in der das Kielwasser unseres großen weißen Schiffes kaum sichtbar war. Die unabsehbar weite Fläche weitet den Horizont und steigert das

Lebensgefühl. In der absoluten Monotonie braucht es nur Kleinigkeiten – einen Sonnenaufgang mit seinen goldenen Wolkenstreifen, den Schein des Mondes in seinem bläulichen Hof, der sich im Wasser spiegelt, einen leuchtenden Stern, ein Segelschiff am Horizont –, damit die Phantasie in grenzenlosen Träumereien umherschweift …

Er kann die Kameraden nicht verstehen, die vor Heimweh vergehen und von der Rückkehr träumen, für ihn sind die Tage auf See keine Zeit des Wartens. Er ist wirklich zur Seefahrt berufen.

Als Prévaux 21-jährig die Akademie verlässt, gilt er als eine der großen Hoffnungen der Marine. Man sieht in ihm den idealen Fähnrich zur See: ernst, gebildet, adliger Herkunft, hat er das Zeug zum Offizier, sogar zu einem brillanten Offizier.

Ein paar Jahre später scheint alles vorbei.

2

DIE KRIEGSJAHRE

1919 erhält Prévaux seinen ersten Posten, auf dem Panzerkreuzer *Charlemagne*, der in Toulon – von nun an sein Heimathafen – stationiert ist. Er wird den Mannschaften der Hauptartillerie und der Ruderwache zugeteilt. Nicht gerade aufregend. Er nimmt seine Aufgaben jedoch ernst, arbeitet hart und wird von den Vorgesetzten hoch geschätzt. Er ist immer und in allem ein entschieden guter, ein gewissenhafter Schüler, der es als eine Sache der Ehre betrachtet, gut abzuschneiden. Bei seinem Kommandanten, dem Kapitän zur See Morier, hinterlässt er den Eindruck eines nachdenklichen, schüchternen jungen Mannes, dem aber noch die rechte Lust zu seinem Metier fehlt.

Jacques hat allerdings nicht damit gerechnet, dass ihn dieses Metier am Pier festhalten würde. Er findet die eintönige Arbeitsroutine schwer erträglich. Nach der Weltreise auf der *Duguay-Trouin*, nach dem Rausch des Fahrens auf hoher See kommt ihm das Leben im Hafen äußerst schal vor. An den wilden Landgängen der Matrosen, die mit sich nichts anzufangen wissen, findet er keinen Gefallen. Er hat noch immer keine Freunde gefunden und leidet unter Einsamkeit. Wozu die vielen Bücher lesen, wenn man mit niemandem über die Empfindungen sprechen kann, die sie in einem auslösen?

Dann, endlich, macht Jacques die Bekanntschaft Jean Rouliers. Der drei Jahre jüngere Fähnrich zur See ist ein Dichter; der groß gewachsene, gut aussehende, furchtlose junge Mann mit dem ewigen ironischen Lächeln auf den Lippen bringt alle Eigenschaften mit, die es zum Erfolg im Leben braucht. Er wird später zu den ersten zehn

Marinepiloten Frankreichs gehören. Er entwirft ein Wasserkampf-Flugzeug, das 130 Stundenkilometer erreicht, und gehört während des Ersten Weltkriegs einem Kampfgeschwader an. Jacques ist fasziniert von der Persönlichkeit dieses Draufgängers, durch den er an dem Abenteuer der Pioniere der Marinefliegerei teilnimmt. Später wird er sich entscheiden, dem Beispiel seines jüngeren Freundes zu folgen, und in die Seeluftstreitkräfte eintreten.

Jean Roulier kommt am 15. August 1916 bei einem Luftkampf über Triest ums Leben. Beim Bombardieren feindlicher Stellungen wird sein brandneues Wasserflugzeug von einem österreichischen Jagdflieger gestreift. Sein Freund Gabriele D'Annunzio, der einige Tage danach eine Augenverletzung erleidet, würdigt Jean Roulier auf der militärischen Beisetzung in einer bewegenden Rede: »Er starb im Glanze des hellen Taglichts. Wie ein wiederkehrender Meteorit ist er ins Meer gestürzt und hat den klaren Himmel Italiens mit seinem edlen Blut gezeichnet!«

In Toulon stellen die beiden Männer fest, dass sie die gleiche Liebe für die Poesie haben, dass sie sich gleichermaßen von ihren Familien unverstanden fühlen, dass sie von dem gleichen Willen beseelt sind, mit dem bürgerlichen Milieu ihrer Herkunft zu brechen, dass sie das gleiche Verlangen spüren, endlos über den Sinn des Lebens und andere Dinge zu reden, die von ihren Lehrern an der Marine-Akademie mit Bedacht übergangen wurden. Beide tun gleichermaßen blasiert, sind jedoch auch gleichermaßen romantisch; Jean allerdings beweist mehr praktischen Sinn und einen größeren Hang zum Lebensgenuss. Die Rouliers sind eine vermögende Familie. Jean hat eine Wohnung an der Rue Victor-Clappier gemietet, die er seinen Freunden unter der Bedingung überlässt, dass sie sich an bestimmte strenge Regeln halten. Der Schlüssel steht ihnen zur ziemlich freien Verfügung unter der Voraussetzung, dass sie auf Damenbesuch verzichten; der Hauseigentümer ist prüde. Jacques und Jean verbringen wunderbare Abende beim Gespräch in ihrem so genannten »chinesischen Kabinett«, wo sie sich auf einem breiten Sofa räkeln, während die kleinen Opiumkugeln auf ihren Nadeln knistern und das Zimmeröfchen einen schwachen Schein auf die Wandbehänge wirft, die Jean, ein Sammler orientalischer Kunst, aus China mitgebracht hat. Ihre einzige Sorge geht dahin, dass der duftende Rauch aus ihren Pfeifen die ewig neugierigen Nachbarn alarmieren könnte. Jean ist verliebt, d. h., besser gesagt, er hat ein leidenschaftliches und selbstzerstörerisches Verhältnis mit einer Dame aus der Halbwelt, die eine Opiumhöhle führt. Er schämt sich, unter dem festen Einfluss von Henriette, genannt »Libelle«, zu stehen, kann sich aber nicht von ihr lösen. Er setzt sich schließlich nach Paris ab, um von ihr und vom Opium freizukommen. Jacques dagegen vermag sich erst viel später von der Sucht des Rauschgifts zu befreien.

Der Opiumgenuss ist zu dieser Zeit in der Marine, die diese exotische Mode aus dem Fernen Osten mitgebracht hat, gang und gäbe. Ein geheimnisvolles Ritual und eine Fülle von literarischen Werken verleihen ihr den Ruf von Spiritualität oder jedenfalls von Raffinement. Es wird wahnsinnig viel Opium geraucht in den Seehäfen, vor allem aber in Toulon, wo über zweihundert Opiumhöhlen florieren, bis die Marinebehörden einschreiten. Diese sind weniger darum besorgt, dass der reibungslose Ablauf an Bord ihrer Schiffe beeinträchtigt werden könnte – was auch kaum zu befürchten ist. Ausschlaggebend ist vielmehr die Sorge, die Ehre der Marine könnte beschmutzt werden, falls die Sache die Aufmerksamkeit der Presse erregt. Die Behörden gehen aber nur gegen notorische Opiumsüchtige vor. Doch wie viele Marineoffiziere haben Opium geraucht oder gegessen? Es gab immerhin ein hochrangiges Beispiel, den Offizier, der unter dem Pseudonym Claude Farrière jenes Buch *Fumée d'opium* veröffentlichte, das Prévaux an Bord der *Descartes* wieder und wieder gelesen hat. Diese geschickte Rechtfertigung des Rauschgifts gewährte dem Opiumgenuss ein kulturelles, beinahe religiöses Alibi: Opium vermittelt inneren Frieden und Erkenntnis. Wie so viele andere junge Offiziere hat Jacques es viele Jahre lang unbekümmert geraucht, bis er feststellt, dass er nicht mehr Herr seiner selbst ist.

Im Januar 1912 ist Prévaux wieder auf See. Der leichte Kreuzer *Descartes* mit seiner 400-köpfigen Besatzung – darunter 16 Offiziere – ist zu den Fischgründen vor Neufundland und der Ostküste Amerikas abgeordert worden. Es ist ein altes Schiff, das 18 Jahre zuvor vom Stapel gelaufen war, und alles andere als komfortabel. Die Brücke ist mit 24 großen Kanonen voll gestellt, weshalb dort zum großen Bedauern der Offiziere keine Tanzfeste stattfinden können.

Nach der üblichen Route über die Antillen soll das Schiff französische Interessen in Neufundland wahren helfen, d. h. zehntausend Fischer beschützen, sie retten, falls sie in Seenot geraten, Kranke oder Verwundete an Bord nehmen und eventuell zu Krankenhäusern im neufundländischen St. John oder in Sydney in Cap Breton bringen; außerdem soll sie in den eisigen Gewässern patrouillieren, um beispielsweise nach illegalen Hummerfängern Ausschau zu halten. Die *Descartes* ist zu der Zeit das beste Schiff im Dienst, und wenngleich Jacques, wie alle Seeleute, lieber nach China unterwegs gewesen wäre, freut er sich darüber, zu dem gesunden Leben auf offener See, zum heißen Klima der Tropen zurückgekehrt zu sein. Zunächst aber ist die neuerliche Berührung mit dem Meer hart. Die schlechte Witterung führt zur völligen Erschöpfung der Mannschaft; die Zwischendecks, Kammern und großen Kajüten werden zu unangenehm nassen Sumpfhöhlen. Da ist man als Wache auf der Brücke besser dran, wenn man das Gesicht in die Gischt hält

»inmitten dieses herrlichen Konzerts aus knarrenden, heulenden und klagenden Stimmen von Wind, Masten, Takelagen und ächzendem, vibrierendem Schiffsrumpf«.

Prévaux gehört zu der Sondergruppe, die für Elektrizität, Torpedos und Brandverhütung zuständig ist; außerdem ist er verantwortlich für die Aufzeichnungen bezüglich ausländischer Kriegsschiffe. Sein Kommandant ist der Kapitän zur See Pugliesi-Conti, der wie die Karikatur eines alten Seebären wirkt: eine schwere, hoch aufragende Gestalt mit entsprechendem Bart und freundlicher Umgangsart, eine richtige Vaterfigur; die Mannschaft achtet und verehrt ihn. Er macht aus seiner Enttäuschung aber kein Hehl: Prévaux ist ein hervorragender Wachoffizier, gewiss, und er zeigt »ein großes Schreibtalent, das einen famosen Generalstabsoffizier aus ihm machen würde«, doch ist er ein wenig träge. Kurzum, »er legt nur mäßigen Eifer an den Tag« – eine elegante Umschreibung der Tatsache, dass dieser junge Leutnant zur See, dem ein solch schmeichelhafter Ruf vorausgeeilt war, nicht seine ganze Kraft darauf verwendet, für einen reibungslosen Dienstbetrieb zu sorgen.

Jacques schont seine Kraft für interessantere Dinge. Er liest, und er schreibt. Kaum dass er auf der Achterhütte oder wo auch immer ein wenig Zeit findet, zieht er das eine oder andere Buch aus der ausgebeulten Tasche seiner Matrosenbluse und vertieft sich in die Lektüre. Die Überfahrt von Lorient nach Dakar erlebt er im Zeichen von Gide – während dieser Zeit ist *Paludes* sein Lieblingsbuch. Als die *Descartes* vor den Kanarischen Inseln kreuzt, verbindet er es mit dem Namen Ruskins. Nach dem Überqueren des Äquators scheint von acht Uhr abends bis Mitternacht Montaigne unter den Gestirnen auf; Oscar Wilde füllt die Seereise von Rio bis Belem aus; zwischen Havanna und Haiti offenbart sich ihm zwischen vier bis acht Uhr früh Péguy, anschließend kommt Shakespeare, danach Maurice

Barrès ... Die unsichtbaren Linien, denen die *Descartes* auf den Ozeanen folgt, werden die Routen seiner literarischen Entdeckungen.

Auf Grund seines Dienstgrades steht ihm eine eigene Kammer zu, die er unverzüglich mit Büchern und Bergen von Papier füllt; wenn der Vorrat ausgeht, reißt er behelfsweise Seiten aus dem Schiffstagebuch. Sobald sein Dienst beendet ist, setzt er sich an seine Schreibmaschine, deren Farbband schon bald Mucken macht. Er notiert seine Überlegungen zu dem gerade gelesenen Buch, hält seine Eindrücke von den wundervollen Szenerien fest, für die er inmitten der Manöver doch noch Zeit gefunden hat. Er führt parallel zwei Tagebücher. Im literarischen Tagebuch schildert er seine Empfindungen als »der neugierige Beobachter, der Ästhet, der Künstler auf Wanderschaft«, als der er sich versteht. Das zweite, »spezielle« Tagebuch ist den Mädchen gewidmet und dem Unnennbaren (Opium), der Schwierigkeit, eine Alternative dafür zu finden, der vagen Absicht, sich von der Gewohnheit zu befreien. Dann begeistern ihn die *Tagebücher* von Stendhal dermaßen, dass er sich seine eigenen Eintragungen wieder vornimmt und in einem dritten Tagebuch überarbeitet, das zur Veröffentlichung gedacht ist. Außerdem ist er ein unermüdlicher Briefeschreiber. Er findet kaum Schlaf, und seine Gesundheit beginnt unter der Überforderung zu leiden.

Wenn das Schiff im Hafen liegt, kommt er nicht umhin, an Land zu gehen und in Spielhöllen und Matrosenkneipen seinen Mann zu stehen, wie von ihm erwartet wird. Das gehört einfach zum Leben des Seemanns dazu, genauso wie die Bälle im Französischen Klub, die Teepartys, die Cocktailpartys und sonstige diplomatische Verpflichtungen. In dieser Zeit werden die Offiziere eines Kriegsschiffes aufs Großzügigste bewirtet, die Hafenstädte strahlen unter der Beflaggung mit der Trikolore, die Lokalzeitungen berichten seitenweise von der Begeisterung der Bevölkerung über den Besuch. Die Honoratioren, die die französische Kommunität repräsentieren – die Handelskammer, die Freundschaftsligen u.s.w. –, die kirchlichen Organisationen, die Leute vom Konsulat, Stadträte und -beamte mit dem Bürgermeister an der Spitze, sie alle wetteifern um die Ehre, die Offiziere der *Descartes* zu üppigen Banketten einzuladen, wo der Champagner in Strömen fließt. Manche Anlegehäfen sind für die besondere Güte solcher Begrüßung oder für die guten Jahrgangsweine bekannt, die dort kredenzt werden – was gelegentlich Ausmaße annimmt, dass der Kommandant, der doch immerhin einiges gewohnt ist, Termine absagen und das Bett hüten muss.

Die Leutnants zur See verbringen ihren Landurlaub mit weniger hochdiplomatischen Dingen. Prévaux tut sich mit ein paar Freunden von seiner Kammer zusammen. Sie bilden eine bunte Gruppe stämmiger junger Seeleute mit großen buschigen Bärten, unter denen dieser ausgezehrte bartlose Jüngling mit den tiefen Schatten unter den Augen fast verschwindet. Die kleine Bande hat sich ein höfliches Auftreten zur Ehrensache gemacht – sie sind fröhlich und galant, bringen Blumen mit, sind stets bereit, sich ans Klavier zu setzen. Kurzum, sie wollen würdige Vertreter Frankreichs und seiner Marine sein. Das kommt gut an, das verschafft ihnen das Vertrauen ihrer Vorgesetzten, sodass sie sich unter den nachsichtigen Blicken der Admiräle von offiziellen Empfängen wegschleichen können. Jacques ist keineswegs die Stimmungskanone der Schar; sein kränkelndes Aussehen macht ihn aber interessant, er spielt meisterhaft Chopin, und für die Mädchen ist er seiner Augen wegen unwiderstehlich.

Manchmal verlässt er diese gesitteten Abendveranstaltungen (wo es gleichwohl stets reichlich zu trinken gibt) und taucht in einer von Chinesen geführten Opiumhöhle unter. Er ist erneut ganz unter den Bann des Opiums geraten, dem er in Toulon verfallen war und das für ihn »kühle Matten, gedämpften Lampenschein und eine Lektüre mit tieferem Verständnis« heraufbeschwört. Die Schwüle der Antillen verstärkt seine vom Rauschgift bedingte Passivität noch. Er deutet sie freilich lieber als Faulheit und erkennt sich wieder in der Romanfigur Joseph Conrads, die, »wie es Seeleute allgemein erlebten«, wenn sie nicht Dienst tun, »den Reiz absoluter Verantwortungslosigkeit« zu genießen sucht und »unbegrenztes Talent zum Nichtstun« in sich entdeckt. Man versteht, warum der Kommandant seinen Diensteifer eher »mäßig« fand.

Die Arbeit nötigt ihm jedoch bald ihren ganz eigenen Rhythmus auf. In Saint-Pierre-et-Miquelon muss die Inspektion der Grand Banks organisiert und der Fahrplan für die Patrouillen festgelegt werden. Die Kälte, die gespenstischen Fahrten im Nebel zwischen den Eisbergen reißen ihn aus seiner Trägheit. Er spürt, endlich, »ein starkes und gesundes Bewusstsein des Berufes«. Die Anforderungen dieser Arbeit halten ihn dennoch nicht vom Opium und vom Schreiben seiner drei Tagebücher ab. Er bemüht sich während der achtzehn Monate dieser Reise darum, seine verschiedenen Bestrebungen in Einklang zu bringen und alles gleichzeitig zu schaffen: den mühseligen, körperlich ermüdenden Dienst an Bord zu leisten und zugleich ein reges geistiges Leben zu führen, ohne sich den Saufereien seiner Kameraden zu verweigern, und sich auch noch in jedem Hafen unsterblich in jedes Mädchen zu verlieben. Wirklich Grund genug für eine physische und nervliche Erschöpfung.

Als die *Descartes* in ihren Heimathafen zurückkehrt, wird Jacques in ein Krankenhaus eingeliefert und wegen einer »Tropenanämie« behandelt. Drei Monate verbringt er in Toulon anschließend auf Genesungsurlaub. Er wird übrigens nie mehr völlig gesund sein, er leidet sein Leben lang unter einer anfälligen Gesundheit und einer Disposition zu Anämie.

1914 kehrt Prévaux zur Ersten Flotte zurück, zu einer Torpedoboot-Flottille, in der er zunächst als erster Offizier auf der *Fanfare* dient; dort beweist er, was er kann, und findet mehrfach lobende Erwähnung. Er wird jedoch von neuem krank, muss an Land gesetzt werden und zurück ins Krankenhaus.

Sein nächster Posten bringt ihn Ende August 1914 – unmittelbar nach der Kriegserklärung – auf ein anderes Torpedoboot, die *Chasseur*, wo er der Artillerie- und Navigationsoffizier wird. Die zwei Dienstjahre auf der *Chasseur* sind eine Qual. Dass Krieg ist, verstört ihn zutiefst. Sicher, er dient nicht an der Front; seine Flottille hat die Aufgabe, serbischen Konvois in den griechischen Gewässern zwischen Milo und Argostoli Geleitschutz zu geben. Aber er leidet unter der Untätigkeit. Er unternimmt einige Versuche, näher ans Kampfgebiet versetzt zu werden. Er bittet Jean Roulier, dessen fliegerische Leistungen er bewundert, schon 1915, bei seinen Vorgesetzten vorzufühlen, ob Aussicht besteht, dass er von den Seeluftstreitkräften übernommen werden könnte. Doch das war zunächst ausgeschlossen: In Kriegszeiten können Offiziere ihre Einheiten nicht einfach so verlassen. Im folgenden Jahr stellt Jacques ein offizielles Gesuch; ein Jahr vor Kriegsende wird es angenommen.

Sein Gesundheitszustand verschlechtert sich weiter. Er ist weder von der Opiumabhängigkeit entwöhnt noch von seiner Anämie geheilt. Er ist schrecklich abgemagert. Er kann nicht mehr schlafen. Er ist so erschöpft, dass er sich während seiner Dienststunden kaum mehr auf den Beinen zu halten vermag. Er leidet unter sporadischem Gedächtnisverlust. Sein Kommandant, Kapitän Kerboul, ist schließlich so besorgt, dass er sich über die Ursachen für Jacques' anhaltenden Erschöpfungszustand Gedanken macht. Über Prévaux kommen Gerüchte auf. Schlimmer noch: In seiner Personalakte finden sich Eintragungen, er nehme womöglich Drogen. Aber Jacques fängt sich wieder. Er schämt sich, er glaubt, in den Blicken seiner Vorgesetzten einen Ausdruck von Verachtung wahrzunehmen. Er muss sich betroffen eingestehen, dass er kaum mehr liest und noch weniger schreibt. Die Vorwürfe seiner beiden Freunde, die er als Brüder betrachtet hat, treffen ihn schließlich ins Mark. Jean Roulier, der aus eigener Erfahrung weiß, was es bedeutet, Opium zu rauchen, hat plötzlich begriffen, warum Jacques so elend aussieht und so schrecklich reizbar ist – wegen der Maßlosigkeit seines Opiumgenusses. Er rügt ihn. Er bedrängt ihn, »gänzlich auf die gräßlichen Gifte zu verzichten«. Vetter Roland de Margerie teilt Jacques die schockierte Reaktion der Familienangehörigen mit: »Als sie sahen, wie erbärmlich du aussiehst, haben sie, ohne auch nur einen Moment zu zögern, dafür das Rauschgift verantwortlich gemacht.«

Der zehn Jahre jüngere Roland unterhält mit seinem Cousin einen literarischen und intimen Briefwechsel. Er ist ein brillanter junger Mann, dem auf Grund seiner Begabung und der Beziehungen seiner Familie eine große Karriere in der Diplomatie bevorsteht. Er vergöttert den älteren Vetter, der in seinen Augen ein faszinierendes Leben führt, wie er selbst es nur aus Büchern kennt. Als Fünfzehnjähriger hat er an Jacques geschrieben: »Die völlige geistige Verwirrung, die ich nach unserer ersten Begegnung erlebte, ist ein Zeichen meiner tiefen Anteilnahme mit Dir.« Roland wird im Verhältnis zu Jacques die gleiche Rolle spielen, wie sie zuvor Roulier gespielt hat: die des begabten, bewundernden Jüngeren, des liebevollen Bruders, für den das geistige Band den Altersunterschied belanglos werden lässt. Ihre Korrespondenz ist eine wahre literarische Chronik. Roland verschlingt förmlich Bibliotheken, durchschnittlich zwei Bücher pro Tag, und gesteht – er ist siebzehn Jahre alt –, er sei

»von Literatur dermaßen besessen«, dass er »nichts mehr wirklich zu fühlen« vermag und sich »ziemlich alt vorkommt, weil er all diese Empfindungen gedacht habe, ohne sie jemals zu erleben«.

Im Mai 1916 ist Jacques dann jedoch wieder im Vollbesitz seiner Kräfte und Fähigkeiten, so sehr, dass der neue Kapitän der *Chasseur* über den negativen Bericht seines Vorgängers zu Prévaux völlig perplex ist. Als Prévaux auf das Kanonenboot *Diligente* versetzt wird, das zum Geschwader für die Patrouille im östlichen Mittelmeer gehört, lassen seine Berichte wieder ganz die Begeisterung früherer Tage erkennen. Er ist zweiter Offizier und genießt den Dienst mit einer tatkräftigen, gut eingespielten Crew von 54 Mann auf diesem funkelnagelneuen Schiff. Sein Kommandant vermerkt, er habe »volles Vertrauen in seinen Mut und sein Urteil«. Prévaux sei »zum Befehlshaber gut geeignet«.

Ein Jahr später erfährt Jacques zu seiner großen Freude, dass seinem Gesuch um Versetzung zu den Seeluftstreitkräften stattgegeben worden ist. Plötzlich geht alles sehr schnell: der dreimonatige Kurs im Saint-Cyr-Ausbildungszentrum für Luftschiffpiloten, das Diplom, die Beförderung, die Ernennung zum Kommandanten des Luftstützpunkts Rinxent. Nun befindet er sich endlich auf der richtigen Bahn für die Karriere, die ihm seit Abschluss der Marine-Akademie vorhergesagt worden ist.

3

LUFTSCHIFFPILOT

An diesem Oktobermorgen 1917 liegt dichter Nebel. Die Windungen und Kurven der Straße von Boulogne nach Calais sind kaum zu erkennen. Hier und da markieren schmutzige Wasserpfützen Schlaglöcher, Folgen des Artilleriebeschusses, von dem in der Ferne gelegentlich ein dumpfer Nachhall vernehmbar ist. Etwa fünfzehn Kilometer hinter Boulogne macht die Straße eine Biegung, dort, wo sie über die Slack führt, einen kleinen schlammigen Fluss, der südlich der Steilküsten von Kap Gris-Nez bei Ambedeuse ins Meer mündet. Der Marinefliegerhorst Marquise-Rinxent liegt ein wenig weiter auf der Rechten, am Ende eines von Stacheldraht starrenden Weges. An der Gabelung der Straße kommen die charakteristischen Luftschiff-Hallen und das Wasserstoffwerk ins Blickfeld.

Eben diese Richtung schlägt ein großer Wagen mit Frontantrieb ein. Im Fond sitzt in seiner Paradeuniform der neue Horst-Kommandant. Er kommt zur Übernahme des Postens und lässt sich die Namen seiner Vorgänger noch einmal durch den Kopf gehen. Es sind ihrer bereits vier seit Gründung des Marinefliegerhorsts im Januar des Vorjahres … Was ist bloß mit Rinxent los, dass hier in so kurzer Zeit die Kommandanten so häufig gewechselt haben? Jacques de Prévaux lehnt sich in die Sitze zurück. Seine Nonchalance ist gespielt. Er hat die Beine übereinander geschlagen wie immer (selbst auf offiziellen Fotos) und raucht eine Zigarette nach der anderen, setzt die gleichgültige Miene auf, die seinem Rang entspricht. Jetzt, mit neunundzwanzig Jahren, hat er seine nahezu krankhafte Scheu endlich überwunden, oder, besser gesagt, er hat sie in eine Reserviertheit umgewandelt, die mehr Achtung einflößt, als Bekundungen echter Kameradschaft es vermöchten, und die Aura des Adels, die von ihm ausgeht, noch unterstreicht. Er ist ohne Charme – Charme wäre ein viel zu leichter Ausdruck für einen solch strengen Mann –, wirkt aber auf seltsame Art anziehend: die breite Stirn, das Willensstärke signalisierende Kinn, das die Sinnlichkeit der Lippen ausgleicht, der stets so intensive, durchdringende Blick und die ungemein schönen Hände. Man könnte ihn sich als unwiderstehlich vorstellen – wenn er nur ein wenig lächeln würde.

Der Wagen passiert die Sperre am Eingang des Horsts. Prévaux grüßt gleichmütig, ohne die innere Erregung zu zeigen, die sich seiner in diesem symbolischen Augenblick seines Marinelebens bemächtigt. Es ist das erste Kommando, das man ihm anvertraut – endlich, sieben Jahre nach seinem Abgang von der Akademie. Einen Moment lang mischt sich ein Anflug von Angst in sein Gefühl des Stolzes: Wird er überhaupt imstande sein, Ältere zu befehligen – zumal er als Marineflieger über wenig Erfahrung verfügt? Kaum sind die Zweifel aufgekommen, da sind sie auch wieder verschwunden. Seine Freude über dieses Kommando kann nichts trüben, nichts sein Gefühl der Erleichterung untergraben, als ihm bewusst wird, dass die schweren Jahre für ihn nun vorüber sind. Diese Prüfungen, die Erschöpfungszustände, die Anfälle von Trübsinn, die ihn an sich selbst und an einer Karriere in der Marine verzweifeln ließen – all das gehört nun der Vergangenheit an. Er hat zum Leben zurückgefunden, er ist gerettet. Innerhalb von zwei Monaten hat sich alles geändert, so rasch, dass er sich erneut geradezu kindlich freut, sich die handgreiflichen Beweise zu vergegenwärtigen: die dritte Tresse, Symbol seiner Beförderung zum Kapitänleutnant; das brandneue Abzeichen des Luftschiffpiloten – ein Anker und zwei Flügel –; der Brief, der ihn zum Kommandanten des Fliegerhorsts von Marquise-Rinxent ernennt. Er ist vom Marineminister unterzeichnet, der »alles Personal des Dienstes« dazu aufruft, »seine Befehlshoheit anzuerkennen und all seine Anordnungen zu befolgen, zum Besten der Marine und im Interesse des Erfolges der französischen Streitkräfte«. Eine Formel, die er bereits auswendig kennt, aber bestimmt noch oft lesen wird, und zwar aus Anlaß weiterer Ernennungen, die noch prestigeträchtiger sein werden. Er ist ein neuer Mensch, jemand, der sich seiner Fähigkeiten sicher ist, wenn er das Kommando in Rinxent übernimmt. Er spürt, dass er zum Befehlen geschaffen ist.

Auf dem kleinen Exerzierplatz vor dem Hauptgebäude des Horsts stehen die Matrosen in Reih und Glied. Der Nebel hat sich gelichtet. Auf den Metallkonstruktionen, den Masten, Kabeln, Funkdrähten, den Abzeichen auf den Uniformen der Männer flimmert eine kühle Herbstsonne. Eine Trompete verkündet die Ankunft des Kommandanten. Die Männer nehmen Haltung an. Jacques richtet sich auf, streckt sich, um größer zu wirken – es ist ein Reflex aus der Zeit auf der Marine-Akademie, als er unter seiner durchschnittlichen Größe gelitten und die tagtägliche Aufstellung in Reih und Glied als Tortur empfunden hat. Er verübelte es den Trolley de Prévaux – sein Vater legt Wert auf den vollen Familiennamen, er selber beschränkt sich einfach auf de Prévaux –, dass sie ihm die kleine Statur vererbt hatten. Sie beraubt ihn seiner Meinung nach der Stattlichkeit, die zur Ausübung von Autorität unerlässlich ist. Seither hat er das Manko mit Hilfe einer gewissen Schroffheit kompensiert.

Nach einigen Ansprachen, einer ziemlich schrill tönenden *Marseillaise* und der Musterung der Mannschaft übernimmt Jacques das Kommando. Ihm unterstehen etwa hundert Seemänner und Deckoffiziere, ebenso die Luftschiffkapitäne. Auf dem Weg zu einem kurzen Empfang für die Offiziere im Kasino überlegt Prévaux wieder, dass es nicht leicht für ihn sein wird, den Piloten gegenüber seine Autorität durchzusetzen. Sie verfügen über größere Erfahrung – er besitzt seinen Flugschein erst seit drei Wochen, und seine Beförderung ist erst zwei Monate alt. Was noch gravierender scheint: Er hat die üblichen Sprossen der militärischen Laufbahn übersprungen; normalerweise wäre er nämlich erst einmal Erster Offizier und danach Flugkapitän eines Luftschiffes geworden. Dass er unmittelbar zum Leiter eines Marinefliegerhorsts ernannt worden ist, hat er seiner Seniorität in der Marine zu verdanken, aber auch dem raschen Anwachsen der Seeluftstreitkräfte, die unter Offiziersmangel leiden.

Der *Service de l'aviation maritime* ist fünf Jahre zuvor gegründet worden – mit einem Bestand von zwei Flugzeugen. Die französische Luftwaffe ist bloß um drei Jahre älter; sie existiert seit 1909. Der *Service* hat es anfangs nicht leicht gehabt; die alten Seeleute waren nicht überzeugt, dass sie Flugzeuge brauchten, in Militärkreisen wurde die Haltbarkeit dieser fragilen Maschinen generell in Zweifel gezogen. »Man kann nicht mit Spielzeugen Krieg führen, die von den Naturgewalten verlacht werden«, ist in einer Fachschrift nachzulesen, die das Flugzeug, diese neue »Marotte«, mit Hohn und Spott überzieht und den Minister flehentlich ersucht, »solchem schlechten Witz ein Ende zu bereiten«. Zu Kriegsbeginn verfügten die französischen Seeluftstreitkräfte über stolze 25 Maschinen und 14 Piloten mit Flugschein, während Großbritannien zum gleichen Zeitpunkt mit ungefähr hundert Flugzeugen sowie etwa zehn Luftschiffen ausgestattet war und Deutschland massiv mit riesigen Luftschiff-Bombern aufgerüstet hatte – den berühmten Zeppelinen.

Die Skepsis der Franzosen hat die ersten Monate der Feindseligkeiten nicht überdauert. Zum einen bewiesen die durch deutsche Luftbombardements verursachten Schäden, wie wirksam Jäger und Wasserflugzeuge sind. Zum andern mussten die Franzosen ihre Luftpatrouillen zur See verstärken, um feindliche U-Boote aufspüren zu können. Dafür ist das Luftschiff die ideale Waffe; zu dieser Zeit sind die Kriegsschiffe noch nicht mit Geschützen zur Flugabwehr ausgerüstet. Es ist geräuschlos (bzw. praktisch geräuschlos), bei Nacht unsichtbar, vermag mühelos seine Höhe zu regulieren, sich bewegungslos über seinem Ziel zu postieren und hat deshalb einen einzigartigen Blick auf die Tiefen; den wachsamen Augen seiner Mannschaft kann kein U-Boot entgehen. Es kann zum Bombardieren verwendet und übrigens auch zur Zieleinstellung von Schiffsgeschützen eingesetzt werden – manchmal einfach durch Zuruf, weil das Luftschiff sich oft in Hörweite des Schiffes befindet und wenige Meter über der Wasseroberfläche stehen zu bleiben vermag.

In dieser Phase des Krieges ist es so, dass Gelder ohne lange Diskussionen bereitgestellt werden. Die französischen Seeluftstreitkräfte erleben einen raschen Ausbau. Ende 1919 verfügen sie über 700 Flugzeuge und über 460 Piloten im aktiven Dienst – ein Stand, der nie wieder erreicht worden ist – sowie über rund zwanzig bewaffnete Luftschiffe.

Fast alle sind Prototypen, die von leicht verrückten Ingenieuren perfektioniert werden – in eisigen, dem Nordwind ausgesetzten Hangars basteln sie an den phantastischsten Ventil- und Klappensystemen, die der Maschine größere Stabilität oder bessere Manövrierfähigkeit verleihen sollen. Sie bauen eigenhändig einen riskanten Prototyp und schwatzen ihrem Kommandanten dann die Erlaubnis ab, ihn in der Luft erproben zu dürfen. Der Jungfernflug einer Maschine ist jedes Mal ein Abenteuer.

Jacques de Prévaux beobachtet am ersten Tag nach der Ankunft den Aufstieg eines seiner vier Luftschiffe zur Patrouille über der südwestlichen Zone des Ärmelkanals. Es handelt sich um die 48 Meter langen *vedettes* (»Pfadfinder«)

mit zwei 80-PS-Motoren, die jedoch lediglich der Beschleunigung dienen. Höhe gewinnt ein Luftschiff durch den Abwurf von Ballast, Höhe verliert es durch das Ablassen von Gas. In den aus Holz errichteten Hangars des Horsts Marquise-Rinxent dösen die *vedettes* mit ihrer zur Hälfte aufgefüllten Hülle vor sich hin. Ein wenig mehr Wasserstoff, und die gummierte Hülle des Gasbehälters erschauert, beginnt sich zu dehnen, mit einem Rauschen wie beim Glätten von Papier. Je mehr sich ihr Gasvolumen von 2.800 Kubikmetern füllt, desto mehr nimmt die VZ (V für *Vedette*, Z für *Zodiac*, den Namen des Herstellers) wieder die Zigarrenform an, die Luftschiffe von Ballons unterscheidet. Zu beiden Seiten der VZ wartet die Bodenmannschaft auf die Befehle. Die Männer holen die *vedette* aus dem Hangar, ziehen sie aufs offene Gelände und stellen sie mit der Nase zum Wind auf. Die Besatzung – der Pilot, ein Funker und ein Mechaniker – steigt in die Gondel ein, überprüft Motor und Trimmlage. Alles in Ordnung. Die *vedette* erhält Starterlaubnis. Der Marineleutnant am Steuer gibt schließlich den Befehl »Loslassen« – das heißt Anweisung, die Wassersäcke zu leeren, die den Ballast ausmachen. Während sich die weidlich durchnässten Männer des Bodendienstes schütteln, steigt das Luftschiff langsam senkrecht in den wolkenlosen Himmel auf.

Die *vedettes* haben die Aufgabe, Minen und feindliche U-Boote zu orten. Darin besteht die Routineaufgabe aller VZs des Horsts Marquise-Rinxent. Stundenlang stecken die drei Männer den Kopf aus der Gondel und suchen mit weit geöffneten Augen nach der spindelförmigen Silhouette eines abgetauchten U-Boots im Wasser. Sie erkennen es für gewöhnlich nur an einem verschwommenen Schatten, der durch die unklaren Tiefen gleitet, oder durch ein verdächtiges Kielwasser. Die Minen vor den Hafenzugängen sind dagegen leicht auszumachen; es ist allerdings auch weniger aufregend für die Besatzung, die deren Positionen dann an Schiffe weiterzugeben hat, die mit der Sprengung der Minen beauftragt sind. An diesem Tag herrschen ausgezeichnete Sichtverhältnisse. Im Übrigen ist die Besatzung des Luftschiffs besonders wachsam – sie will dem neuen Horstkommandanten zeigen, wie tüchtig sie ist. Die VZ entdeckt am Ende tatsächlich ein U-Boot. In der Gondel wird es ausgesprochen hektisch. Zwei 50-Kilogramm-Bomben, die unter der Gondel hängen, werden abgeworfen. Die drei Männer halten in den schäumenden Strudeln Ausschau nach Dieselölstreifen, die einen Treffer anzeigen, oder zumindest, dass der Feind eine Havarie hat. Jawohl, sie haben einen Treffer gelandet. Sie lassen zur Kennzeichnung der Stelle eine kleine Boje hinab und rufen vor der Rückkehr zum Horst ein in der Nähe patrouillierendes britisches Wasserkampfflugzeug zu Hilfe: Der Kommandant wird mit uns zufrieden sein.

Die Seeleute haben die Luftschiffe sofort angenommen. Sie empfinden eine seltsame Affinität mit ihnen. Im Unterschied zu Flugzeugen schweben Ballons und Lenkballons dicht über dem Wasser, und ihre Besatzungen arbeiten im Freien – Wasser und Luft aber sind die Elemente des Seefahrers. Außerdem hebt ein Luftschiff nicht ab, vielmehr »geht es auf Höhe, so wie ein Schiff in See sticht«, wie es in der überhaupt von der Marine übernommenen Terminologie heißt. Kapitänleutnant Brossard, der letzte Kommandant eines Marineluftschiffs, hat den besonderen Reiz erläutert: »Ich habe mich richtig wohl gefühlt auf meinem Torpedoboot (...) Dennoch stand mir der Sinn nach mehr. Ich hatte auf einmal Sehnsucht danach, das Meer von einem höheren Standpunkt als einem Wellenkamm aus zu betrachten, es in seiner Gänze wahrzunehmen: die hohe See, die Schiffe, deren Kielwasser, die ballettartigen Formationen der Geschwader auf dem Wasser. So gewann ich den Eindruck, dass sie alle für mich da waren ... Ich begriff, dass ein erheblicher Teil des Krieges in den Wolken über dem Meer ausgefochten werden würde. Es war die Mission eines wahren Seemanns. Ich wollte sie auf keinen Fall verpassen.«

Es braucht nur ein paar Monate, bis Prévaux sich in Marquise-Rinxent zu Hause fühlt. An Arbeit mangelt es nicht. Er regelt den tagtäglichen Wechsel der Patrouillen, die sorgfältige Inspektion der Luftschiffe, die Abnahme der Flugbesatzungen – und hält das alles in einer sorgsamen Berichterstattung fest. In Friedenszeiten ist so etwas leicht zu bewerkstelligen. Unter feindlichem Bombardement stellt allerdings der geringste Flugeinsatz ein gefährliches Risiko dar; und hier nun folgt ein Einsatz dem andern – doch daran gewöhnt sich Jacques de Prévaux. Als er gut drei Jahre zuvor auf der *Chasseur* in den griechischen Gewässern kreuzte, zweifelte er, ob er die Feuerprobe bestehen würde. Nun hat er Mut gefasst, immerhin trägt er das *Croix de Guerre* und ist zum Ritter der Ehrenlegion geschlagen worden. Es irritiert ihn kaum, wenn ihn widrige Umstände zwingen, eines seiner zahlreichen Rendezvous abzusagen. Aus dem einst so unsicheren jungen Mann ist ein selbstbewusster Offizier geworden. Auf dem Fliegerhorst klappt alles wie am Schnürchen, und den Kommandanten erfüllt seine Arbeit mit Befriedigung. Mit dem Opium hat er Schluss gemacht und wieder angefangen, seine Leseeindrücke festzuhalten. Er nimmt ein geregeltes gesellschaftliches Leben mit den Kapitänleutnants und ihren Gattinnen auf, besucht das Theater von Boulogne, geht mit einigen Damen von Welt aus und verbringt süße Abende mit Lucette oder mit der kleinen Andrée. Er führt ein erfülltes, ein wohl geordnetes Leben.

Zur Krönung seines Erfolges fehlt ihm nur eines: die große Liebe.

4

EIN STANDESGEMÄSSES LEBEN

Blandine Ollivier heißt die glückliche Auserwählte. Jacques lernt sie am 19. Juni 1919 in Paris kennen. Von dem Tage an korrespondieren sie miteinander, sie gehen zusammen im Bois de Boulogne spazieren, besuchen gemeinsam Konzerte. Da es sich nicht geziemt, ohne Einwilligung der Eltern mit einem Mädchen aus guter Gesellschaft zu verkehren, wird Jacques den Olliviers vorgestellt. Es fällt ihm nicht schwer, die Prüfung zu bestehen. Er nimmt die Eltern für sich ein, so wie er alle Menschen für sich gewinnt. Er bekommt Erlaubnis, Blandine den Hof zu machen.

Diesmal ist es ernst. Es hat ihn erwischt. Er hält es für notwendig, baldmöglichst mit seinem Vater zu reden. Auf der Fahrt nach Lille überlegt er, wie er Blandine in einem günstigen Licht darstellen kann. Er befürchtet, dass sein Vater die Verbindung keineswegs gutheißt. Nicht, dass die Ehe eine Mesalliance wäre. Die Olliviers genießen beträchtliches gesellschaftliches Ansehen, sie zählen zur *haute bourgeoisie*. Blandines Großvater war niemand Geringerer als der Abgeordnete Émile Ollivier, der Napoleon III. als Minister diente – eben jener Minister, der sich brüstete, er habe die Abstimmung zur Kriegserklärung von 1870 »leichten Herzens« durch das französische Parlament gepeitscht. Er war ebenfalls mit einer Blandine verheiratet, einer der beiden Töchter Franz Liszts aus seiner Verbindung mit der Gräfin Marie d'Agoult. (Die andere Tochter war Cosima Wagner.) Jacques' künftige Verlobte besitzt also nicht nur einen guten gesellschaftlichen, sondern auch einen musikalischen Hintergrund. In den Augen des überaus sittenstrengen Alfred Trolley de Prévaux stellt das allerdings eher einen Nachteil dar. Was seine Einwände schließlich zum Schweigen bringt, ist die strahlende Gewissheit seines Jüngsten. Jacques kehrt hochzufrieden aus Lille zurück.

Es ist einige Monate her, dass er den Beschluss fasste zu heiraten. Was die militärische Laufbahn betrifft, so ist er gut vorangekommen. Für ein wirklich standesgemäßes Leben fehlt ihm aber noch eine entsprechende Gattin. Flirts mit Mädchen, die er im Theater sichtet, beginnen ihn zu langweilen, so wie er langsam auch der lockeren Liebschaften mit Lucette und Andrée müde wird, zwei jungen Frauen aus Boulogne, die er abwechselnd zum Tanzen ausführt.

Gott sei Dank verfügen die Trolley de Prévaux' auf der mütterlichen Seite über viele gesellschaftliche Kontakte. Jacques hat einige Tanten gebeten, ein anständiges junges Mädchen für ihn zu finden. Er verbringt – Rinxent liegt nicht weit von Paris entfernt – jeden Urlaubstag in der Hauptstadt. Kaum hat er seinen Koffer im Militärklub abgestellt, da eilt er auch schon zum Barbier, zum Schneider, zur Handschuhmacherin; er will tun, was er kann, um das Glück auf seine Seite zu ziehen. Er wird eitel, aber mit Methode. Tante Antonine hat eine Teegesellschaft arrangiert, Tante Prisse dafür gesorgt, dass er zu einer eleganten Vernissage eingeladen wird, Tante Auffray ein Mittagessen geplant, das ganz bestimmt zu etwas führen wird. Alles umsonst. Nicht, dass es an potentiellen Kandidatinnen fehlt, nur findet er an ihnen immer etwas auszusetzen – oder er findet überhaupt nichts an ihnen. Hinterher erzählt er auf dem Fliegerhorst von seiner Enttäuschung über die Dämlichkeit der schönen, eleganten Damen von Welt. »Man kann sie doch nicht immer bloß ansehn, ohne mit ihnen zu reden!« Da ist ihm am Ende die Zärtlichkeit lieber, die ihm Lucette und Andrée so willig schenken. Vermutlich stellt er einfach zu hohe Anforderungen – Schönheit, Klugheit, und

Liebe –, weil er mit dreißig Jahren noch immer ein unheilbarer Romantiker ist.

Roland verspottet seinen Cousin, er bedauert, dass Jacques eine Zukunft in Pantoffeln mit den Stickereien einer tugendhaften Ehegattin erstrebt. Jacques tut ihm Leid, weil er all seine Urlaubstage damit vertut, lauter dumme Gänse kennen zu lernen.

Doch ist es dann der zynische Roland, der Jacques mit Blandine bekannt macht. Blandine ist eine enge Freundin von Jenny Fabre-Luce, mit der Roland ein leidenschaftliches, von vielen missbilligtes Verhältnis hat – die beiden werden bald darauf heiraten. Was hat Jacques an Blandine so fasziniert? Wundervolle Augen und herrliches Haar, sagen manche. Und »ein ungewöhnliches Gesicht, mit einem seltenen Ausdruck, der banaler Schönheit vorzuziehen ist« (sagt Roland). Sie ist eine Persönlichkeit, sie ist gebildet und, natürlich, eine bemerkenswerte Musikerin. Blandine empfindet für diesen Marineoffizier mit den schönen Augen, die immer so ernst dreinschauen, Liebe auf den ersten Blick. Sie tut auch den ersten Schritt und wirft sich ihm an den Hals. Jacques dagegen ist einfach von dem Wunsch beseelt, sich zu verlieben, und Blandine, so stellt er fest, hat nichts von den naiven Gänsen an sich, über die Roland sich mokiert. Für Lucette und die kleine Andrée hat Jacques plötzlich nur noch Mitleid übrig. Er erweitert seine momentane Lektüre von Spinoza und einer Darstellung der Schlacht von Jütland um die Werke der Marie d'Agoult (die unter dem Pseudonym Daniel Stern veröffentlichte) und den Briefwechsel zwischen Liszt und Wagner.

Die Olliviers besitzen ein großes Landgut in Sainte-Maxime. Drei Monate, nachdem Jacques Blandines Bekanntschaft gemacht hat, wird er von ihren Eltern dort eingeladen. Ein Termin, der den Ausschlag geben wird und auf den er sich mit Bangen vorbereitet – es wird bestimmt zu einer Unterredung von Mann zu Mann mit Daniel Ollivier kommen, zu sehr persönlichen Gesprächen mit der Mutter und, wenn alles gut geht, auch zu einigen Augenblicken des Alleinseins mit dem Mädchen im Park, den er sich dicht bewaldet vorstellt. Am dritten Abend hält er feierlich um Blandines Hand an. Cathérine Ollivier ist von ihm eingenommen, ihrer Einwilligung ist Jacques sich von Anfang an sicher; die beiden haben sich über die Religion unterhalten, und die Mutter beglückwünscht sich angesichts der Tatsache, dass ihre leichtfertige Tochter in eine Familie von praktizierenden Katholiken einheiratet. Die Zustimmung des Vaters ist so leicht nicht zu gewinnen: Prévaux muss bekennen, dass er über nur bescheidene Mittel verfügt. Dank der lobenden Worte Cathérines und angesichts einer offensichtlich glücklichen Blandine werden seine Bedenken jedoch überwunden. Die Hochzeit soll im April 1920 mit großem Prunk in der vornehmen Pfarre Saint-Augustin stattfinden. Jacques ist selig.

Doch er leidet unter Langeweile. Sein Interesse am Kommando in Marquise-Rinxent lässt seit Kriegsende merklich nach. Im Übrigen ist nicht einmal der Fortbestand des Marinehorsts gesichert. Seit 1918 werden die Militärbudgets verringert. Eine Untersuchung über den künftigen Bedarf führt zu der Erkenntnis, dass die knappen Mittel auf einige wenige Zentren verteilt werden müssen. Während des Sommers 1919 fällt die Entscheidung, Rinxent zu schließen. Prévaux macht sich Sorgen wegen seines nächsten Postens. Er rechnet mit einer Beförderung, auf die er bei seinen guten Zeugnissen und seinen Auszeichnungen Anspruch zu haben glaubt. Er weiß indes auch: Wer sich nicht selber rührt, läuft Gefahr, vergessen zu werden. Man muss nachhelfen. Jacques pendelt zwischen Boulogne und Paris, beginnt seine Freunde und Bekannten im Ministerium zu bearbeiten, überhäuft Roland mit drängenden Briefen: Rolands Vater ist soeben zum Botschafter Frankreichs in Belgien ernannt worden, und die Stelle eines Marineattachés in Brüssel wäre verlockend. Eine solche Position wird aber nicht geschaffen. Und dem entwaffneten Deutschland werden im Versailler Vertrag logischerweise keinerlei Militärattachés für seine Auslandsvertretungen gestattet; nach dem Prinzip der Wechselseitigkeit können daher auch die Alliierten keine Militärattachés nach Deutschland entsenden. Es wird bis 1926 dauern, bis wieder solche Posten geschaffen werden.

Im Herbst bekommt Prévaux Mitteilung, dass er Marquise-Rinxent verlassen soll, allerdings nur, um den Befehl über ein anderes Luftschiffzentrum zu übernehmen. Der Horst Montebourg im Cotentin liegt eigentlich im Dorf Ecausseville und ist eines von vier verbleibenden Zentren für Luftschiffe und für die kleinen englischen Sea Scouts, deren Volumen nicht über 1.800 Kubikmeter hinausgeht. Das stellt nun keineswegs eine Beförderung dar, zumal auch Montebourg auf Dauer geschlossen werden soll. Jacques trifft dort im November ein und führt drei Monate lang ein klösterliches Leben voller eintöniger Aufgaben: Er muss dafür sorgen, dass die Luftschiffe abgerüstet, ihre Hüllen zusammengefaltet, ihre Gondeln demontiert und alle Teile dann nach Rochefort verfrachtet werden – von den unumgänglichen bürokratischen Berichten ganz zu schweigen. Jacques setzt seine Bemühungen um einen neuen Posten fort – es ist für ihn schlicht unvorstellbar, Blandine in ein abgelegenes Kaff wie Montebourg zu holen – und versucht jemanden zu finden, der bereit ist, hier für ihn einzuspringen. In Paris verwenden derweil auch die Olliviers ihren ganzen Einfluss, um dem künftigen Schwiegersohn eine angemessene Stellung zu beschaffen.

Eines Tages fühlt ein Freund vor, ob Jacques eventuell an einer Stelle im persönlichen Stab des Marineministers interessiert sei. Jacques fühlt sich geschmeichelt, zögert jedoch: Blandines Eltern wären bestimmt froh, wenn das junge Ehepaar sich in Paris niederließe; Blandine natürlich auch. Aber will er wirklich die Hoffnung auf ein anderes Befehlskommando, vielleicht gar auf ein Kommando zur See, aufgeben? Oder auf ein Amt im diplomatischen Dienst? Wie soll er sich nur entscheiden zwischen dem, wozu ihm die Vernunft rät, und dem, was er im Innersten wünscht? Es sind müßige Fragen. Er weiß genau, dass er die ihm angebotene Stelle nicht ablehnen kann. Prévaux wird im Februar zum persönlichen Stabsoffizier des Marineministers (Adolphe Landry, anschließend Gabriel Guist'hau) ernannt.

Seine neuen Kollegen nehmen ihn ausgesprochen kühl auf: Seine Ernennung ist allzu offensichtlich dem Wohlwollen des Ministers zu verdanken. Sie sind überzeugt, dass ihm die notwendigen Kompetenzen fehlen. Jacques stellt sich der Herausforderung und macht sich mit Eifer daran, sie sich anzueignen. Dabei kommt ihm die Neigung zu systematischer Arbeit zugute. Die intensive Beschäftigung mit den Rapports und mit militärstrategischen Themen vermitteln ihm rasch ein Verständnis für außenpolitische Zusammenhänge. Die Vorgesetzten überhäufen den Kapitänleutnant förmlich mit Lob: Er scheint wie geschaffen für den Generalstab oder dafür, die französischen Interessen im Ausland zu vertreten. Der Kabinettschef des Ministers empfiehlt ihn als »einen erstklassigen Offizier der Art, wie man ihm selten begegnet«, und erklärt, eine rasche Beförderung sei im Interesse der Marine.

Zwei Jahre lang bleibt Prévaux in der Stabsabteilung des Ministers. Im Januar 1922 wird er zum Kommandanten des Minensuchboot-Geschwaders im 5. Bezirk (Toulon) ernannt und zugleich mit dem persönlichen Befehl über das

Kanonenboot *Diligente* betraut. Doch sein Gesundheitszustand ist alles andere als gut, und er muss wegen chronischer Erschöpfung einen zweimonatigen Genesungsurlaub nehmen. Am 24. Juni 1924 wird er schließlich – inzwischen ist er zum Korvettenkapitän befördert worden – Kommandant des Zentrums für Marineluftfahrt in Cuers-Pierrefeu im Departement Var, nahe Toulon.

Wieder einmal betritt de Prévaux feierlich und mit großem Pomp einen Horst der Seeluftstreitkräfte. Während unter der sengenden Sonne die stramm in Reih und Glied stehenden Matrosen salutieren, denkt Jacques über den langen Weg nach, den er seit 1917 zurückgelegt hat, als er mit Furcht und Zittern erstmals in Marquise-Rinxent antrat. Es ist nicht so, dass er sich der damaligen Aufregung schämt, sie ist in der Karriere eines Offiziers etwas völlig Normales. Doch Jacques kommt, mit einer gewissen Belustigung, wieder der Gefühlsüberschwang in den Sinn, insbesondere jenes merkwürdige Empfinden, als ob er wieder ins Leben zurückgefunden hätte. Von wo denn? Was war ihm vorher denn Schreckliches zugestoßen? Bei dem Versuch, sich an die Zeit vor seinem ersten Kommando zu erinnern, sieht er sich jedes Mal in einem undurchsichtigen Nebel; ihm ist, als ob er sie systematisch verdrängen will. Dagegen erinnert er sich vollkommen klar daran, dass er in Rinxent einen Strich unter seine Jugend zog. Er sieht sich an seinem von Büchern und Akten überquellenden Schreibtisch – damals war er noch nicht der ordentliche, systematisch arbeitende Mensch – und in seinem Tagebuch schreiben. Es war nachts, oder jedenfalls sehr spät am Abend, der Wind pfiff in den Wanten. Er hatte gerade eine neue Packung Zigaretten angefangen …

»Meine Erziehung war ganz darauf angelegt«, schrieb er, »mich genauso banal zu machen wie alle andern, mich darauf vorzubereiten, mich in einem künstlichen moralischen Rahmen zu bewegen ... Für Menschen wie mich existiert aber noch etwas anderes, und so habe ich eines Tages entdeckt, dass man nicht nach Formeln, Dogmen und Büchern leben kann. Ich habe zehn Jahre gebraucht, um mich von der Maske der Banalität zu befreien, um mich wieder zu finden und mich in Einklang mit dem wahren Leben zu bringen ... Und dann ist es zu spät, um alles zu geben, was man hätte geben können.«

Jacques richtet sich stolz auf. Nein, es ist nicht zu spät.

In Cuers lernt er eine neue Kategorie von großen steifen Luftschiffen kennen. Die *vedettes*, die er in Rinxent flog, hatten lediglich aus einer aufblasbaren Hülle bestanden, die riesigen Vehikel hier aber besitzen ein festes Metallgerüst, das mit Wasserstoff oder mit Helium gefüllte Luftsäcke umfasst. Der Marinehorst Cuers war 1919 eröffnet worden, um diese neuen Luftschiffe aufzunehmen, welche der französische Generalstab in seiner Bewunderung für die Kriegserfolge der deutschen Zeppeline zu erwerben beabsichtigte. Diese fliegenden Ungeheuer brauchten einen maßgeschneiderten Flughafen, insbesondere aber 250 Meter lange und 45 Meter hohe Hangars, Wasserstoffwerke – in Cuers gab es derer zwei – und einen Gasometer mit 10.000 Kubikmeter Kapazität. Das alles – und die zusätzlichen Einrichtungen für Jäger und kleinere Geleitflugzeuge – machen Cuers zum größten Marinefliegerhorst in Frankreich. Die Lage allerdings ist schlecht gewählt; denn er ist eingeklemmt zwischen Steilfelsen und Meer und offen den Winden des Mistral ausgesetzt, was die Piloten zu riskanten Manövern zwingt.

Das erste große Luftschiff war 1920 eingetroffen, zu früh, denn die Hangars waren noch nicht fertig; das Gas musste entleert werden. Der 226 Meter lange Dickwanst war einer der beiden Zeppeline, die Deutschland im Rahmen der Reparationsleistungen an Frankreich abzutreten hatte. Er wurde auf den Namen *Dixmude* umgetauft, nach einer belgischen Stadt, die heldenhaft von französischen Marinesoldaten verteidigt worden war. Flugkapitän Jean du Plessis de Grenedan und seine 39-köpfige Mannschaft haben ihn in Maubeuge übernommen und es am Ende tatsächlich geschafft, den Zeppelin nach Cuers zu fliegen. Allein das war schon eine große Leistung. Die Deutschen hatten ihn nämlich in einem kläglichen Zustand ausgeliefert und »vergessen«, die technischen Begleitpapiere beizufügen. Als der Hangar schließlich fertig gestellt ist und man den Zeppelin aufzublasen beginnt, stellt man fest, dass die Luftsäcke Altersschwächen zeigen und porös geworden sind. Sie müssen also erneut entleert werden. Plessis braucht mehrere Jahre, um vom Stab der Marine grünes Licht und die nötigen Mittel zur Herstellung neuer Luftsäcke zu erhalten. Infolgedessen werden die 68.500 Kubikmeter der *Dixmude*-Luftsäcke erst im August 1923 tatsächlich mit Gas gefüllt, sodass sie erstmals wieder aufsteigen kann. Sechs Flüge der Riesenzigarre verlaufen erfolgreich. Sie stellt den Weltrekord für einen Non-Stop-Flug auf (118 Stunden und 9.000 Kilometer). Der siebte Aufstieg endet tragisch. Am 21. Dezember 1923 wird die *Dixmude* über Sizilien von einem Sturm überrascht und von einem Blitzschlag getroffen. Sie geht mit der gesamten Mannschaft zugrunde. Sechs Monate danach trifft Prévaux in Cuers ein.

Er soll den zweiten Zeppelin fliegen, den ehemaligen *Nordstern*, der zur *Méditerranée* umgetauft worden ist. Als Prévaux nach einem Zwölfstundenflug landet, hat er den Eindruck, aus einer Wolke herabzusteigen. Trotz geringerer Größe – sie hat bloß 130 Meter Länge – fliegt die *Méditerranée* unglaublich stabil. Geräuschlos, mühelos schwebt sie dahin; Luftlöcher machen ihr nichts aus. In der warmen

Kabine, die von ein paar Lampen schwach beleuchtet wird, ist es so ruhig und bequem, dass man zu schreiben vermag. Die Katastrophe der *Dixmude* hatte fast dazu geführt, dass die *Méditerranée* für immer am Boden bleiben muss. Als Prévaux die Leitung des Centre de Cuers übernimmt, kämpft der Flugkapitän des Zeppelins um die Erlaubnis des Generalstabs, wenigstens einen weiteren Einsatz zu fliegen. Darin wird er von Prévaux unterstützt. Die *Méditerranée* darf wieder in Dienst gestellt werden. Am 26. September 1926 wird sie dann verschrottet. Für die starren Luftschiffe ist es der Anfang vom Ende.

In Cuers führt die dort ansässige Arbeitsgruppe für Luftschiffe auch alle möglichen Experimente durch, außerdem dient das Zentrum als Flughafen eines Bombergeschwaders von sechs 5 Tonnen schweren *Goliaths*, die mit Rädern oder mit Flößen ausgerüstet werden können. Später wird es die spanische Luftwaffe im nordafrikanischen Rif-Krieg verstärken.

Karriere machen – es gibt nichts, was Prévaux lieber wäre. Sicher, er versieht seinen Dienst in Cuers mit größtem persönlichen Interesse, und es ist ein angenehmes Leben, das er mit Blandine und zwei kleinen Töchtern zusammen in Südfrankreich führt. Was er dort hinsichtlich einer künftigen Verwendung von Luftschiffen hört, gibt allerdings Anlass zur Sorge. Jacques de Prévaux sieht voraus, dass sie überholt sind und bald ganz durch Flugzeuge ersetzt werden. Außerdem hat er die Hoffnung noch immer nicht aufgegeben, in den diplomatischen Dienst einzutreten. Sein Interesse an Strategie und Diplomatie ist durch die Zeit im Stab des Marineministers und das Kommando für die südliche Zone geweckt. Seit etwa zehn Jahren vermerken Vorgesetzte in seiner Personalakte, dass er einen exzellenten Marineattaché abgeben würde. Der Zeitpunkt ist gekommen, um herauszufinden, ob er die dazu erforderlichen Qualitäten tatsächlich besitzt. Im Herbst 1925 wird über die Bestallung eines Marineattachés für die französische Botschaft in Rom gesprochen. Es ist eine viel versprechende Position, die den Kunstliebhaber Prévaux reizen würde; für Blandine, die fließend Italienisch spricht, wäre Rom ideal. Prévaux lässt all seine Beziehungen spielen, hält sämtliche Freunde in einflussreichen Positionen dazu an, ein gutes Wort für ihn einzulegen. Der Generalstab spricht sich für ihn aus, der französische Botschafter in Rom fordert ihn persönlich an, Marineminister Émile Borel aber entscheidet zugunsten von Jacques' Rivalen. Ein Jahr muss Prévaux noch warten, bis der erneut als Marineminister amtierende Georges Leygues ihn endlich zum Marineattaché ernennt.

Man entsendet ihn nach Berlin.

5

MARINEATTACHÉ IN BERLIN

September 1930. Langsam senkt die Dämmerung sich über Berlin. Mit der warmen Nachtluft dringen von der Straße her ferne Geräusche durch das geöffnete Fenster – Gelächter, das Rumpeln der Autos auf den Pflastersteinen, das Klirren der Straßenbahnwagen, Laute, die nur durch die Alleeweiden der Bendlerstraße gedämpft werden. Vor dem Fenster steht, in Hemdsärmeln, eine Zigarette rauchend, Jacques und beobachtet geistesabwesend durch das Laubwerk, wie eine Straßenlampe nach der andern aufleuchtet. Es ist ein romantisches Bild, das ihn nach vier Jahren in Berlin unberührt lässt; aber die Natur lässt ihn meistens kalt. Das Meer, nun ja, das ist eine andere Geschichte: die makellosen Schiffe, die Nachtwachen auf der Brücke, die Seeleute, die in der eiskalten frühen Morgenstunde zum Fahnenappell stramm stehen, die Atmosphäre militärischer Kameradschaft – es sind nicht die mondänen Abendveranstaltungen, nein, diese Dinge wären es, die ihn vollkommen glücklich machen könnten.

Wird er denn im Leben niemals Zufriedenheit empfinden? Ich bin nun 42 Jahre alt, denkt er trübsinnig, und noch immer auf der Suche nach mir selbst. Wie kindisch! Er hat darum gekämpft, diesen Posten eines Marineattachés zu bekommen, es ist ein toller Posten, er hat Erfolg gehabt – und jetzt träumt er nur davon, wieder zur See zu fahren. Er täte gut daran, sich selbst gegenüber aufrichtig zu sein: Er hat sich schließlich mit Wonne in dieses Diplomatenleben gestürzt, in dies bequeme Leben an der Oberfläche des schönen Scheins, es hat seiner Selbstachtung gut getan, er hat es genossen. Dennoch hat er irgendwie den Eindruck, dass er sich selbst verliert. In jungen Jahren hat er höhere Anforderungen an sich gestellt. Enttäuschend ist auch sein Liebesleben. Zwischen Blandine und ihm gibt es nichts Gemeinsames mehr. Und die jungen Frauen, die auf so angenehme Art und Weise seine Nächte teilen, die zählen nicht. Trotzdem, der Gedanke an diese Frauen bringt ein Lächeln auf seine Züge. Und er holt ihn wieder in die Gegenwart zurück. Innenschau ist ungesund, hätten die Jesuitenpatres seiner Kindheit gesagt. Er zuckt mit den Achseln und ruft sich wieder den Empfang des vergangenen Abends in Erinnerung.

Er schließt die kleine Jadeschatulle, der er die mit seinem Familienwappen verzierten Manschettenknöpfe entnommen hat, und setzt sie ein. Sein Bursche ist ihm beim Anziehen des frisch gebügelten Smokings behilflich und zieht sich dann auf einen Wink zurück. Jacques nimmt gedankenverloren eine Zigarette aus dem Etui, dreht sie zwischen den nikotingefärbten Fingern und zündet sie an, während er, ein wenig steif, den Raum durchquert. Er mustert zufrieden das Bild, das der große Spiegel des holzgetäfelten Schlafzimmers zurückwirft. Es zeigt die festen Umrisse eines reifen Mannes, der den Anzug mit der Selbstverständlichkeit eines Menschen trägt, der Uniformen gewöhnt ist. Ein wenig zu stämmig mag er schon sein, doch die Intensität seines klaren Blicks, der Eindruck von Kraft und Stärke, den die breiten Schultern und das willensstarke Kinn vermitteln, die ganze Körperhaltung verleihen ihm ein Charisma, das jeder fühlt, der ihm begegnet. Er ist sich seiner verführerischen Anziehungskraft und des Banns, den er auf die ihm unterstellten Soldaten ausübt, mittlerweile sehr wohl bewusst. Seine Dienstakte enthält folgende trockene Beurteilung: »Er kennt seinen eigenen Wert.« Er hat bereits eine strahlende Karriere absolviert. 1928 ist er sogar zum Fregattenkapitän befördert worden;

und seine Mission in Berlin hat er bislang zu allgemeiner Zufriedenheit und Bewunderung erfüllt.

Es ist eine schwierige Mission. Prévaux ist seit Kriegsende der erste Marineattaché in Berlin. Am 15. Oktober 1926 ist er eingetroffen und muss feststellen, dass er in einem Umfeld lebt, das allem Französischen oder Militärischen feindselig gegenübersteht. Der Vertrag von Locarno ist erst ein Jahr zuvor unterzeichnet worden, und die Franzosen haben das Ruhrgebiet gerade erst wieder geräumt. Da herrscht noch immer Verbitterung. Der französische Marinestabschef Admiral Salaun weiß darum, wie ungemein heikel die Mission des Marineattachés ist und dass sie ein hohes Maß an diplomatischem Geschick erfordert.

Theoretisch ist das Deutschland, das Jacques kennen lernt, entwaffnet worden. Im Versailler Vertrag wurde dem Deutschen Reich auferlegt, seine Streitkräfte zu verringern und den größten Teil seiner Rüstung zu vernichten. Es galt unendliche Schwierigkeiten zu überwinden, bis dieser Abrüstungsprozess endlich in seine Endphase eintrat. Die Beratungen der interalliierten militärischen Kontrollkommission sind erst Ende 1927 abgeschlossen worden, nach jahrelangem Ärger mit der Böswilligkeit, ja, Treulosigkeit der Besiegten. In dem Zusammenhang ist der Auftrag der Militärattachés sogar noch widersinniger: Sie sollen über das militärische Flugwesen Bericht erstatten, wenngleich der Unterhalt einer eigenen Luftwaffe Deutschland im Versailler Vertrag absolut verboten wurde. Und doch gilt es wichtige Informationen zu sammeln. Denn das offiziell entwaffnete Deutschland rüstet heimlich auf. Mehr noch: Es modernisiert seine Waffensysteme. Die mit der Kontrolle der deutschen Abrüstung beauftragten Fachleute haben kaum ihre Koffer gepackt, als die Reichswehr außerhalb der deutschen Grenzen still und heimlich die Prototypen der modernen

Waffen vervollkommnet, die dazu bestimmt sind, die von den Alliierten mit Mühe und Not beschlagnahmte alte Ausrüstung zu ersetzen. So überwachen deutsche Ingenieure in Vigo, Kronstadt und Sebastopol den Zusammenbau ultramoderner U-Boote, welche den Verlust der 315 von der Kommission zerstörten Unterseeboote weitgehend wettmachen, und bereiten den Aufbau einer leistungsstarken deutschen Marine vor. Die Entwürfe sind streng geheim. Trotzdem muss der Marineattaché bemerkt haben, dass Deutschland, obwohl entwaffnet und vorübergehend ohne militärische Macht, nichts von seiner Stärke verloren hat.

Pierre de Margerie, der Botschafter Frankreichs, hat den neu eingetroffenen Marineattaché herzlich empfangen und ihm die Türen der vornehmen Berliner Gesellschaft geöffnet. De Margerie, Jacques' Onkel mütterlicherseits, steht auf dem Höhepunkt seiner Karriere. Seit 1922 bekleidet dieser kultivierte Mann von Welt, der für seine Erfolge bei Frauen bekannt ist, diesen Posten in Berlin; er hat seine Residenz am Pariser Platz zu einem Treffpunkt des eleganten und künstlerischen Berlin gemacht. Die Pracht seiner Empfänge bleibt seinen Gästen noch lange Zeit in Erinnerung: die Lakaien mit ihren Perücken, die auf jeder Stufe des monumentalen Treppenaufgangs postiert sind, die prächtig eingedeckten, blumengeschmückten Tische – das alles bildet einen großartigen Rahmen für die Galadiners.

Erster Botschaftssekretär ist sein Sohn Roland, der seine Briefe an Cousin Jacques stets mit der Wendung »Dein alter Bruder« schließt und in unverbrüchlicher Freundschaft zu ihm steht. Als Jacques sich zehn Jahre später scheiden lässt, ist Roland der Einzige aus der ganzen Verwandtschaft, der ihn moralisch – und finanziell – unterstützt. Roland und seine Frau Jenny waren es, die Jacques den Rat gaben, sich um den Posten in Berlin zu bewerben. Sie hatten auch die

Bedenken der Prévaux' im Hinblick auf die Lebensverhältnisse in der deutschen Hauptstadt zerstreut, die sich nämlich seit ihrer eigenen Ankunft im Jahr 1923 enorm verbessert hatten. Das Leben ist teuer, aber auch wohl geordnet und angenehm, in den Geschäften ist alles zu finden und, besonders wichtig, die Franzosen können Berlinern endlich wieder begegnen, ohne dass sie mit unschönen Vorfällen rechnen müssen, wie sie zu Beginn der 20er Jahre noch recht häufig auftraten. Blandine ist entzückt, wieder mit Jenny vereint zu sein, der Taufpatin ihrer ältesten Tochter.

Die beiden Cousins nehmen ihre engen freundschaftlichen Beziehungen wieder auf. Sie haben die gleichen Interessen: Beide sind unermüdliche, nimmersatte Bücherleser, beide verfolgen die neuen kulturellen Strömungen, die die deutsche Intelligenz bewegen, mit leidenschaftlicher Anteilnahme. Gemeinsam, wie zwei Komplizen, erforschen sie das aufregende Leben dieser wahrhaft europäischen Metropole. Roland macht dem älteren Cousin seine profunden Kenntnisse über die Berliner Gesellschaft zunutze; er hält die sechs oder sieben Bände des *Almanach de Gotha* stets griffbereit.

Jacques ist begeistert vom Berliner Kulturleben. Seine früheren Posten in der Provinz oder auf See hatten ihn auf solche gewagten, schöpferischen Dinge nicht vorbereitet. Gegen Ende der 20er Jahre pulsiert Berlin vor künstlerischer Vitalität. Der wieder aufblühende Wohlstand, dank amerikanischer Darlehen, welche die deutsche Wirtschaft bis zum Börsenkrach des Oktober 1929 an der Wall Street ankurbeln wird, löst bei den Berlinern einen Heißhunger auf Unterhaltung aus und lässt neue künstlerische Ausdrucksformen entstehen. Es ist eine goldene Zeit, die mit der Machtergreifung der Nazis zu Ende gehen wird. Bertolt Brecht steigt zum Star auf; die Uraufführung seiner *Dreigroschenoper* am 31. August 1928 löst einen Theaterskandal aus. Der Film setzt sich als anerkannte Kunstform durch – 1930 wird *Der blaue Engel* gedreht –, und an der Kantstraße triumphiert Marlene Dietrich im Cabaret Tingeltangel. Vor einem rasenden Publikum gibt Yehudi Menuhin seine ersten Konzerte. Die besten amerikanischen Jazzbands werden mit Begeisterung aufgenommen.

An diesem Aufbruch nimmt die Botschaft Frankreichs aktiven Anteil. Sie empfängt die französischen Künstler, die von Berlin angezogen werden, und entwickelt sich zu einem Zentrum des vielseitigen Kulturaustausches. Als André Gide in Begleitung von Marc Allégret und anderen Freunden am 16. Januar zu einem Vortrag in Berlin eintrifft, wohnt er bei den Viénots, die mit Roland und Jacques befreundet sind. Zu der Zeit kommt auch der 28-jährige surrealistische Dichter René Crevel, von dem soeben das Werk *Der schwierige Tod* erschienen ist, nach Berlin, wo er seine Zeit aufteilt zwischen Homosexuellen-Kabaretts und Dorothea Sternheim, die den Spitznamen Mopse oder Mopsa hat. In den Künstlerkreisen Berlins ist sie trotz ihrer jungen Jahre eine vertraute Gestalt – die Tochter des Dramatikers Carl Sternheim ist mit der Familie Thomas Manns befreundet, insbesondere mit Klaus Mann, für dessen Theaterstücke sie die Bühnenbilder entwirft, und gehört zu den extravaganten Kreisen, die damals die Konventionen der Kunst auf den Kopf stellen. Selbst in Berlin erregt Mopse Anstoß mit ihrem kurzen Haar und mit ihrer Männerkleidung; sie ist bisexuell. Die Fotos aus dieser Zeit zeigen eine stämmige junge Frau von aggressiver, herausfordernder Schönheit mit einem strahlenden Lächeln. Ist es ihre unverwüstliche Gesundheit, die den bereits an Tuberkulose erkrankten Crevel zu ihr hinzieht? Sie sind jedenfalls seit der ersten Begegnung 1928 gewissermaßen unzertrennlich. Als Gide 1928 in der deutschen Hauptstadt eintrifft, schließen die beiden Gruppen sich zusammen. Im Februar geben die Prévaux' nach einer Vorlesung René Crevels an der Universität, zu der alles erscheint, was im literarischen Berlin Rang und Namen hat, ihm zu Ehren in ihrem Haus ein großes Diner.

Voller Erleichterung darüber, dass die harten Nachkriegsjahre nun endlich vorüber sind, überlässt sich die Stadt mit überschwänglichem Leichtsinn einem Strudel von Vergnügungen. Das Zentrum Berlins, von der Straße Unter den Linden bis zum Potsdamer Platz, brüstet sich mit seinen legendären Hotels von einem beispiellosen Luxus, mit seinen schicken Cafés und Modesalons. Berlin ist berühmt für seine Nachtclubs, von denen manche Transvestiten vorbehalten sind, für seine Revuen, Cabarets, die zügellosen privaten Soireen, die Orgien. Die Salons werden zu Tanzsälen. Ein Fest folgt dem andern, im Wettstreit darum, wo es am fröhlichsten, am verrücktesten zugeht. Berlin ist die Hauptstadt der Lustbarkeiten. Jacques wird rasch von diesem Wirbel mitgerissen. Auf den früheren Posten waren diesem ohnehin ein wenig ernsten Mann solche Zerstreuungen entgangen. Er stürzt sich vorbehaltlos in dies um ihn herumtosende Leben. Außerdem nimmt er in Berlin jene nächtlichen Gewohnheiten an, die später in der Marine berühmt werden sollen und seinem Namen dann stets anhängen werden.

Prévaux beschränkt sich allerdings keineswegs auf die Teilnahme an Bällen und den Besuch der literarischen Salons. Bei einem Diner in der Botschaftsresidenz am Potsdamer Platz lernt er Pierre Viénot kennen, der ihm die Aktivitäten des Deutsch-Französischen Komitees für Information und Dokumentation nahe bringt. Viénot, der das Komitee 1926 ins Leben gerufen hat, ist der Überzeugung, dass ein wirtschaftlich aufblühendes friedliches Deutschland in Europa eine positive Rolle zu spielen vermag, dass ein erneuter Konflikt um jeden Preis verhütet werden muss und eine Versöhnung zwischen Frankreich und Deutschland absolute politische Priorität besitzt. Die von nationalistischen Strömungen beeinflussten Regierungen beider Länder sind außerstande, von Revanchegelüsten loszukommen. Aus diesem Grund müssen die notwendigen Bemühungen von anderer Seite erfolgen, zuallererst gilt es, zu informieren und die öffentliche Meinung zu entgiften.

Viénot trägt seinen Plan in der französischen Botschaft vor. Das Komitee soll einen Sitz sowohl in Paris und in Berlin haben und sich aus Intellektuellen, Industriellen und Finanzleuten zusammensetzen – den Einzigen, wie Viénot glaubt, die zu einem nicht-nationalistischen Denken fähig sind. Sie müssen selbstverständlich von makellosem Charakter und Ruf, müssen eine Elite beider Länder sein. Die Margeries, Vater und Sohn, werden über mehrere Monate an den Überlegungen zur Zusammensetzung dieses Komitees auf der französischen Seite teilhaben. Das Komitee soll am Ende aus 35 Franzosen und 35 Deutschen bestehen, zu denen der Duc de Broglie, Wladimir d'Ormesson, André Siegfried, die Vorstandsvorsitzenden von Krupp und von Thyssen und ein paar Bankiers gehören werden. Viénot ist der »Delegierte« der französischen Gruppe in Berlin, die zum ersten Mal im November 1926 zusammentritt. Zum Präsidenten des Komitees hat er Emile Mayrisch vorgeschlagen, einen einflussreichen Industriellen aus Luxemburg, der die Arbed, einen der bedeutendsten europäischen Hüttenkonzerne, gegründet und viele Jahre lang geleitet hat. Aus ganz Europa kommen Schriftsteller und Literaturbegeisterte zu dem Salon, den seine Frau Aline, eine geborene de Saint-Huber, auf dem Familienschloss Colpach führt. Pierre Viénot heiratet bald darauf die Tochter, Andrée.

Jacques de Prévaux hat sich gleich nach seiner Ankunft in Berlin auf dieses Abenteuer einer deutsch-französischen Verständigung gestürzt; sie wird alle zutiefst prägen, die sich an ihr beteiligen. Die Zusammenkünfte des Komitees finden in der angeregten Atmosphäre eines von allen Anwesenden geteilten Ideals, in einem Geist der Bruderschaft statt, den die üppigen Diners, welche die französische Botschaft für das Komitee gibt, sicherlich noch befördern. Viénot, der sich in der Residenz am Pariser Platz ganz zu Hause fühlt, zieht immer wieder höchst interessante und einflussreiche Persönlichkeiten hinzu. Er ist der inoffizielle Mittler zwischen Frankreich und Deutschland und macht das Komitee zu einem machtvollen Instrument im Kampf für den Frieden.

Aber Viénot stößt auch in zunehmendem Maße auf Schwierigkeiten, und die Arbeit des Komitees wird immer stärker behindert, ja schließlich unmöglich gemacht. Das Scheitern der Abrüstungskonferenz wie auch die Polemik und Gewalt, mit der in Deutschland auf den Young-Plan zur Regelung der Reparationszahlungen reagiert wird, vergiften das politische Klima. Trotz aller Anstrengungen von Seiten Viénots und Pierre de Margeries zu einer Klärung dieser – wie sie es sehen wollen – Missverständnisse schwindet allmählich das gegenseitige Vertrauen. 1933 wird das Komitee aufgelöst. Da hat Viénot Deutschland längst verlassen (im Dezember 1929), ihm war ein Jahr später Prévaux gefolgt, dann Pierre de Margerie und schließlich auch Roland – zu einem Zeitpunkt, als die Nationalsozialisten bereits die Macht ergriffen hatten.

Weder Viénot noch Pierre und Roland de Margerie werden sich Ende der 20er Jahre der heraufziehenden Gefahr für die Demokratie in Deutschland bewusst. Sie sind Augenzeugen des nationalsozialistischen Aufstiegs, unterschätzen aber dessen Durchsetzungskraft. Doch wer hätte sich in dieser Zeit vorstellen können, dass das Undenkbare Wirklichkeit wird?

Mit großer Sorge beobachten sie die wachsende Armut der Bevölkerung, die galoppierende Arbeitslosigkeit, die Unruhen wie beispielsweise den Aufstand vom 1. Mai 1929, bei dem zwanzig Menschen ihr Leben verlieren, die Aufrufe der kommunistischen Partei zum Generalstreik, die Barrikaden im Berliner Arbeiterviertel Wedding oder die Aufmärsche in den roten Vorstädten Moabit und Neukölln, von wo aus sich Massen demonstrierender Arbeiter ins Zentrum der Hauptstadt wälzen. Viénot, Pierre und Roland de Margerie müssen die nationalistische Propaganda der NSDAP, die demagogischen Artikel der von Goebbels gekauften Presse, die Rufe nach Revanche aufgefallen sein. Sie sehen die eindrucksvollen Militärparaden, sie nehmen die Begeisterung der Menschenmengen wahr, die sich entlang der Marschrouten sammeln. Sie stellen sehr wohl die Rüstungsstärke der Einheiten fest, bringen die exorbitante Höhe der Militärbudgets in Erfahrung, staunen über die soldatische Disziplin. Sie sind entsetzt über den neuerlichen Ausbruch von Hass und Gewalt. Wie aber hätten sie ahnen können, dass das alles zum nazistischen Totalitarismus führen würde? Gewiss, da gibt es diese Formationen aus jungen Fanatikern, die paramilitärischen SA-Trupps, und die demagogischen und organisatorischen Fähigkeiten Hitlers sind nicht zu verkennen – doch in jüngster Zeit stellt er die extremistischen Ideen nicht mehr so krass heraus, zu denen er sich früher in den Münchner Bierkellern bekannte. Und im Übrigen erweist die wahlberechtigte deutsche Bevölkerung sich als durchaus vernünftig; sie hält den traditionellen demokratischen Parteien die Treue. Bei den Wahlen von 1928 gewinnen die Linksparteien sogar eine deutliche Mehrheit. Im September 1930 vereinigt die NSDAP dann allerdings sechs Millionen Stimmen auf sich, und ihre Präsenz im Reichstag steigt von 12 auf 107 Abgeordnete, die im Parlament alle miteinander in Uniform erscheinen. Die Sozialdemokratische Partei hält jedoch nach wie vor die Mehrheit, und die Regierungsgewalt liegt weiterhin in den Händen von Reichskanzler Brüning. Die Lage in Deutschland ist – insbesondere in wirtschaftlicher und sozialer Hinsicht – besorgniserregend, aber keinesfalls katastrophal.

Als Jacques de Prévaux Ende 1930 Berlin verlässt, nimmt er die Vorstellung von einer großen Nation mit nach Hause, deren geistige und wirtschaftliche Elite den Frieden will. Er ist fest davon überzeugt, dass die Weimarer Republik imstande ist, die politische Stabilität in Deutschland aufrechtzuerhalten. Er bleibt ein überzeugter Anhänger der Aussöhnung der beiden Völker. Die vier Jahre in Berlin haben in ihm eine nachhaltige, tiefe Liebe zu Deutschland geweckt.

Das diplomatische Korps und die vornehmen kulturellen Kreise Berlins nehmen es mit Bedauern zur Kenntnis, dass Prévaux Berlin verlässt. Der dumme Vorfall, der ihm die letzten Dienstmonate dort vergällt, erfüllt sie mit Empörung. Ein holländischer Industrieller namens Vermunt hatte seine bildhübsche junge Frau verdächtigt, Jacques' Mätresse zu sein. Er hatte es sich in den Kopf gesetzt, seinem mutmaßlichen Rivalen nachzuspionieren, er folgte ihm in einen Teeroom, wo er ihm auflauerte und eine Ohrfeige versetzte. Die lächerliche Geschichte von einem betrogenen, gewalttätig werdenden Ehemann – und eine reine Privatangelegenheit obendrein. Dennoch wurde sie von der Sensationspresse böswillig ausgeschlachtet. *Das kleine Journal*, das seiner Berliner Leserschaft allwöchentlich den neuesten Gesellschaftsklatsch serviert, die Geburt eines Kindes erlauchter Eltern meldet, die Termine von mondänen Bällen bekannt gibt und über schicke Abendfestivitäten berichtet, gab sich am 12. Dezember 1930 dafür her, die lebhafte Auseinandersetzung zwischen Jacques de Prévaux und dem eifersüchtigen Ehegatten als Vierspalter mit Balkenschlagzeile auf seiner Titelseite zu bringen. Die Absicht der Zeitung, damit einen Skandal hervorzurufen und die antifranzösische Stimmung anzuheizen, lag so offen auf der Hand, dass die in Berlin tätigen Diplomaten westlicher Länder sofort erkannten, dass es sich hier um eine bewusst gesteuerte Kampagne handelte, welche die Diplomatie eines zur Entente gehörigen Landes diskreditieren sollte. Sie stellten sich schützend vor Prévaux, dessen würdiges Verhalten ihrer aller Bewunderung fand.

Blandine bewahrte Gelassenheit und erklärte mit hochmütigem Stolz, sie habe volles Vertrauen in ihren Mann. Schließlich musste vor allem der Schein gewahrt werden, denn die Ehepartner waren einander längst entfremdet und gingen ihre eigenen Wege. Jacques führte ein ausgedehntes und kompliziertes Liebesleben, nicht etwa weil er ein Wüstling gewesen wäre, sondern einfach, weil er sich die eigenen Verführungskünste immer wieder von neuem beweisen musste. Zwischen Blandine und ihm war keine Gemeinsamkeit geblieben, wenn man von ihrer stillschweigenden Übereinkunft absieht, nach außen hin den Eindruck eines intakten Ehepaares zu vermitteln. Die Kinder stellten dabei kein Problem dar, sie wurden der Obhut einer Gouvernante oder ihrer Großeltern Ollivier anvertraut.

Als Jacques und Blandine im Januar 1931 nach Paris zurückkehren, lehnen die Olliviers es ab, den Schwiegersohn zu empfangen. Für sie ist der »Skandal von Berlin« einfach inakzeptabel, und zwar aus einem einfachen Grund: Die in derartigen Fällen vorgeschriebene Regel, sich mit Pistolen zu duellieren, war nicht respektiert worden, schlimmer noch, es hatte überhaupt kein Duell gegeben. Dass die Familie seiner Frau ihn ausstößt, lässt Jacques kalt. Auch der »Skandal« ist ihm völlig gleichgültig geblieben. Seine engsten Freunde, insbesondere Roland de Margerie, haben ihm deswegen ihre Wertschätzung nicht versagt.

Auf dem Wege zum Ministerium, wo er über seinen nächsten Posten in Kenntnis gesetzt werden soll, spürt Jacques eine seltsame Hochstimmung. In Berlin hat er eine Zwangsjacke tragen müssen. Dieses Kostüm ist nun an den Nähten geplatzt. Er ist frei, er steht für die Aufgabe zur Verfügung, die er noch zu erfüllen hat.

6

AUF DEN CHINESISCHEN MEEREN

Jacques schifft sich am 8. Mai 1931 nach Shanghai ein, wo er zu dem Kanonenboot *Altaïr* stoßen soll, dessen Kommando ihm soeben übertragen worden ist. Einen Monat später klettert er das Fallreep hoch, während ein Matrose ihn auf die seinem Rang geziemende Weise an Bord ruft. Die *Altaïr* ist ein schönes Schiff mit ihren 81 Meter Länge und vier Kanonen. Es erreicht eine Höchstgeschwindigkeit von 17 Knoten und ist in bester Verfassung: »Die zwei hoch aufragenden Mastbäume, die Laufplanken, welche die Eintönigkeit des Rumpfes unterbrechen, und die ausgewogene Gesamtlinie verliehen ihm eine unbestreitbare Aura von Eleganz. Die zwei 138-Pfünder unter den Tarnnetzen steuerten eine militärische Note bei, während die Trikolore, die noch ganz in dem Prestige des Sieges von 1918 prangte, ihm jene höchste Qualität verlieh, die in Fernost von überaus großer Bedeutung ist: Ansehen.« Die *Altaïr* hat eine 100-köpfige Mannschaft.

Prévaux lernt seinen Stab kennen. Er besteht, neben dem Maschinen-Ingenier, einem Arzt und dem Zahlmeister, aus vier jungen Leutnants zur See, die frisch von der Marine-Akademie kommen. Mit ihnen und mit seinem Stellvertreter, Kapitänleutnant Robillard, verbindet ihn spontan eine respektvolle Kameradschaft, wie sie nur auf See existiert. Diese jungen Offiziere teilen seine Freude, zur See zu fahren und fremde Länder zu entdecken. In ihrer Begeisterung für die Arbeit und mit der Kraft, die sie aus ihr schöpfen, bilden sie ein hervorragendes Team.

Bei Anbruch der Nacht lehnt Jacques an der Reling und beobachtet die Lichter des Hafens. Jetzt, endlich liegt China vor ihm, das ihn durch die Schilderungen von Jean Roulier bereits zwanzig Jahre zuvor in seinen Bann gezogen hatte ... Er erkennt die Verkehrsadern Shanghais, er hat den Stadtplan während der langen Überfahrt gründlich studiert. Die grelle Linie dort, entlang dem Huang-Pu, das ist der *Bund* mit seinen Glitzerkomplexen – die Kinopaläste, die blinkende Neonreklame der Nachtlokale –, und die massigen dunklen Schatten, das müssen die Laubbäume zwischen den Bauten der Versicherungsgesellschaften sein. Weiter drüben das Gebiet der ausländischen Niederlassungen mit dem Glanz seiner noblen, verstreut liegenden Villen. Dunkler dann die Chinesenstadt in der Nähe des Hafens mit ihren verschwommenen Höfen eines stumpfen Lichts, das sich in den schwarzen, öligen Wassern der Ankerplätze spiegelt. Die *Altaïr* liegt so nah am Land, dass Jacques das dumpfe, über die Wasser getragene Geräusch hört: eine Kakophonie ungewohnter Laute, seltsamer Musiken, fremdartig tönender Schreie, die sich mit Jazzklängen und dem vertrauten Lärm der Autohupen vermischen.

Könnte es für China eine bessere Einführung geben als Shanghai, die dicht bevölkerte, schamlose Vergnügungs- und Geschäftsstadt, wo der durch Opiumhandel angehäufte Reichtum längs dem *Bund* in luxuriösen Gebäuden und Hotels zur Schau gestellt wird? Trotz der feuchten Hitze und des Fäulnisgestanks, der ab und an herüberweht, wünscht Jacques, schon in der Stadt zu sein, sich unter die fremde, mondäne Menge zu mischen, mit dem Gewimmel der Kulis in Berührung zu kommen, zwischen den geheimnisvollen Verkaufsbuden umherzuwandern, von rätselhaften alten Chinesen geführt, in denen er Jadeschätze, Zauberpulver und Opiumpfeifen vermutet ... Aus solchen Träumereien wird er durch die Mitteilung eines Matrosen aufgestört, die Schaluppe sei bereit, ihn an Land zu setzen. Der Kommandant der *Altaïr* hat eine Einladung von der französischen Gesandtschaft erhalten. Er wird Abend für Abend in Shanghai verbringen oder auf dem Flaggschiff des Befehlshabers der französischen Marine in Fernost, auf der *Primauguet*, wo er die Amtsträger und Honoratioren, die Kaufleute und Vertreter der Handelskammer, die Konsuln und die Offiziere von den übrigen Schiffen empfangen wird – das sind diplomatische Verpflichtungen, mit denen er sich perfekt auskennt.

Prévaux lebt wieder auf. Er ist stolz und froh, endlich ein Hochseekommando zu haben, noch dazu in China, dem Land, von dem alle Seeleute träumen. Da der Vizeadmiral Berthelot abwesend ist, hat er zudem das Glück, ihn zu vertreten – Prévaux ist ranghöchster Offizier der im Hafen von Shanghai liegenden französischen Schiffe. Unter seinem Kommando wird die *Altaïr* in den Chinesischen Meeren operieren, sie wird Frankreichs fernöstliche Niederlassungen und Territorien aufsuchen, von Japan bis zu den Philippinen. Während der ersten sechs Monate verkehrt das Kanonenboot zwischen Shanghai, Nanking und Hankew, wo es den Jangtse hinauffährt. Anschließend nimmt es Kurs auf Japan, läuft einen Zwischenhafen in Nagasaki an und stattet in der Bucht von Hiroshima der Freistätte Miyajima einen längeren Besuch ab, bevor es in Kobe vor Anker geht. Darauf sechs Monate Patrouillen im Umkreis von Shanghai, dann die lange Fahrt durch das Ostchinesische Meer in Richtung Südchinesisches Meer mit Zwischenstopps in Amoy (dem heutigen Xiamen); in Keelung, dem großen Hafen Taiwans; Hongkong; Zhanjian (dem damaligen Port-Bayard, das Frankreich in Pacht genommen hatte); in der Bucht von Along; in Saigon und schließlich in Manila. Jeder Aufenthalt in einem der Häfen, den das Kanonenboot mit gehisster Nationalflagge anläuft, wird als Gelegenheit wahrgenommen, Frankreichs Besitzansprüche auf diese fernöstlichen Enklaven erneut zu bekräftigen.

Es sind schöne Seereisen, die Jacques Begegnungen und Gespräche mit kultivierten, chinafreundlichen Europäern ermöglichen. Er beschließt, sich ernsthaft mit dem Erlernen des Chinesischen zu befassen. In Shanghai findet er einen Professor, der bereit ist, mit einem französischen Offizier zu verkehren und sich seinen unregelmäßigen Dienstzeiten anzupassen. Es ist ein alter chinesischer Gelehrter, der vor der Zeit der Republik als Hauslehrer in Adelsfamilien tätig war und noch immer den Ruf einer Autorität in Fragen der Mandarinsprache genießt. Beim Betreten seines Hauses ist Jacques jedes Mal neu fasziniert von seiner Sammlung alter Elfenbeinfiguren. Der alte Chang entwickelt eine Zuneigung für seinen fleißigen Schüler. Er wird Jacques zum Abschied die kleine Statue schenken, die ihn immer wieder bezaubert und die er »die chinesische Jungfrau« nennt – mit ihren gewölbten Hüften und den Falten ihres Gewandes, die den Kurven des Elefantenzahns folgen, wirkt sie nahezu gotisch. Neben dem Sprachunterricht vermittelt Chang Jacques auch einige Grundeinsichten östlicher Weisheit und Verfeinerungen im Gebrauch des Opiums.

Jacques stürzt sich auf das Studium des Buddhismus. Er ist immer sehr fromm gewesen; als ganz kleiner Junge spielte er besonders gern mit einem »Mess-Spiel«, einem Geschenk der Eltern, wobei er das Messgewand der Puppen und die winzigen Hostiengefäße stets mit äußerster Behutsamkeit berührte. Die einzige schwerwiegende Auseinandersetzung, die er mit Blandine gehabt hatte, betraf die Religion. Blandine war in der freisinnigen Tradition der Olliviers aufgewachsen und hatte es abgelehnt, bei der Hochzeitsmesse das Abendmahl zu empfangen; es hatte der ganzen Überredungskraft von Jacques und des Beistandes seiner überzeugt katholischen Schwiegermutter in spe bedurft, um Blandine zur Einsicht zu bringen. In den Bibliotheken von Saigon und Shanghai lässt Jacques sich eine Liste mit sämtlichen vorhandenen Werken über den Buddhismus erstellen. Er liest alles, was er zu diesem Thema findet, macht sich Notizen, die sich nach und nach zu längeren Kommentaren ausweiten. Er entdeckt *Das Tibetanische Totenbuch*, das ihn völlig in seinen Bann schlägt. Und während er sich so mit anderen religiösen Denkweisen vertraut macht – obwohl es da eigentlich eher um Ethik als um Religion geht –, baut er sich einen eigenen, eklektischen Glauben auf. Sein Katholizismus verfeinert sich gewissermaßen, löst sich von seinen historischen Wurzeln und verliert zuletzt seinen inhaltlichen Kern: den Glauben an die Göttlichkeit Jesu. Als Jacques aus China zurückkehrt, beschäftigen religiöse Fragen ihn mehr denn je; er ist jedoch eher Deist als Christ.

Von seinem Mandarin-Lehrer abgesehen sind es nicht Asiaten, die Jacques zur Kultur Chinas hinführen, sondern aufgeklärte Europäer. Für chinesisch-französische Freundschaften ist dies wahrlich eine ungünstige Zeit. Seit 1928, seit Tschiang Kai-schek eine nationalistische Regierung in Nanking anführt, schottet China sich gegen den Westen ab. Das Programm der Kuomintang zielt darauf ab, das Land aus sich heraus wieder aufzubauen, die Binnenwirtschaft zu entwickeln und die Kleinbetriebe zu schützen, die heimische Erzeugnisse herstellen – und es ist Teil dieser Politik, die Einfuhr ausländischer Produkte durch Steuern und Zölle zu verhindern, ausländischen Handelsschiffen das Recht auf den Küstenhandel zu verweigern und vor allem die chinesischen Gebiete zurückzufordern, die seit über fünfzig Jahren an ausländische Mächte konzessioniert waren. Infolgedessen hält die Regierung die mit westlichen Staaten geschlossenen Wirtschaftsabkommen, die sie als ungerecht empfindet, nicht ein. Sie schürt den Fremdenhass; sie braucht einen Sündenbock angesichts der Verelendung der Bevölkerung durch Hungersnot und Bandentum. Solch eine protektionistische Politik steigert selbstverständlich die

Rivalität zwischen den britischen, französischen und amerikanischen Gesellschaften vor Ort; die französischen Exporteure – auf Luxusgüter spezialisiert – sind besonders betroffen.

Prévaux mag davon träumen, China kennen zu lernen, weiß aber sehr wohl, dass ihm das innerhalb weniger Monate unmöglich ist. Im Bewusstsein seiner Berliner Erfahrungen hofft er jedoch, mit den chinesischen Eliten ein ähnliches persönliches Vertrauensverhältnis aufzubauen, wie es ihm mit deutschen Unternehmenschefs und Bankiers gelungen war. Die französischen Kaufleute setzen ihn allerdings stark unter Druck, ihre Interessen auf diplomatischem Wege und notfalls auch militärisch zu verteidigen.

Zwischen China und Japan ist ein veritabler Krieg ausgebrochen. Im Rahmen seiner Expansionspolitik, die sich auf Eroberungen in westlicher Richtung richtet, verfolgt Tokio Pläne zur Annektierung Chinas und fällt in der Mandschurei ein – im September 1931, drei Monate, nachdem Prévaux das Kommando auf der *Altaïr* übernommen hat. Als Peking Verhandlungen ablehnt, rückt Japan gegen das ökonomische und politische Herz Chinas vor: gegen Shanghai. Das geschieht im Januar 1932. Der Vizeadmiral, der die französischen Seestreitkräfte im Fernen Osten befehligt, ist abwesend. Er wird vertreten durch Prévaux, der in Verbindung mit den übrigen französischen Amtsträgern (dem Konsul, dem Obersten und der Polizei) für die französischen Maßnahmen verantwortlich ist.

Es kommt natürlich nicht in Betracht, für eine der beiden Krieg führenden Seiten Partei zu ergreifen, obwohl Frankreich keineswegs vergisst, dass China 1917 dem Bündnis der Alliierten gegen das Deutsche Reich und Österreich beigetreten ist. Im Übrigen haben die Weltmächte 1922 auf der Pazifikkonferenz in Washington Japan aufgefordert, seine

Expansionsabsichten aufzugeben. Über diese Japan gegenüber feindseligen diplomatischen Weichenstellungen hinaus ist Frankreich generell positiv zu China eingestellt. »Als Künstler, als Einzelpersonen oder aus literarischer Sicht sind uns die Chinesen möglicherweise auch deshalb sympathischer als die Japaner, weil sie noch geheimnisvoller sind«, notiert Jacques. Was den gegenwärtigen Konflikt angeht, so ist für ihn unstrittig: »Allem Anschein nach, und es entspricht tatsächlich sogar der Realität, wurde hier das arme, hilflose China von den brutalen, unredlichen Japanern, wahren Preußen des Fernen Ostens, vergewaltigt und überfallen.« Die Verachtung, die Tokio gegenüber dem Völkerbund demonstriert, ist ein weiterer Grund zur Kritik an der japanischen Offensive, welche die Kaufleute für das aus ihrer Sicht allerschlimmste Ereignis verantwortlich machen: Sie bringt die Wirtschaft zum Stillstand.

Sollte man sich also auf die Seite Chinas schlagen? So einfach scheint Jacques die Sache nun auch wieder nicht. »Es mag uns noch so unangenehm vorkommen, sie mögen uns noch so unsympathisch sein und mögen noch so ungehörig vorgegangen sein – dennoch: Die Japaner verteidigen hier, allgemein betrachtet, die Sache der Zivilisation und, im Besonderen, französische Interessen.« Das Entstehen einer nationalistischen, ausländerfeindlichen Regierung in China hat die Problemlage radikal verändert; man muss eigentlich einen Sieg der Japaner wünschen, selbst wenn das Ansehen des Völkerbunds dadurch Schaden nehmen würde, weil nämlich die Japaner Frankreichs einzige Chance sind, seine Konzessionsgebiete zu bewahren, wenn auch nur für kurze Zeit, da solche Privilegien auf Dauer ohnehin unhaltbar sein werden. »Ein Sieg Chinas oder auch nur das Ausbleiben einer chinesischen Niederlage bedeutet, dass sich in diesen blühenden, wohl geordneten Städten, die der Stolz der Europäer in China sind, chinesische Anarchie breit machen würde.« Solch eine projapanische Analyse der Situation – aus der Perspektive französischer Interessen, nicht etwa aus Sympathie mit den »Preußen« des Fernen Ostens! – entspricht keineswegs den Anschauungen der übrigen Vertreter Frankreichs in Shanghai; sie sind durch ihre Freundschaftsbande mit Chinesen, durch die Erinnerungen vieler bezaubernder Jahre und die vielen schönen Kunstschätze, die sie dort gesammelt haben, zu sehr beeinflusst, um hellsichtig zu erkennen, was Frankreich nützen würde, und von daher eine Niederlage Chinas zu erhoffen.

Frankreich hat übrigens, ebenso wie England, zunächst versucht, zwischen den Krieg führenden Parteien zu vermitteln, und ihnen für die Suche nach einem Kompromiss seine Hilfe angeboten. Diese Bemühungen werden durch eine neue japanische Offensive zunichte gemacht. Danach kann es Frankreich bloß noch darum gehen, seine Konzessionsgebiete zu bewahren und dafür zu sorgen, dass die Rechte geachtet werden, die die westlichen Mächte China aufoktroyiert haben – zuvörderst das Recht auf die Unterhaltung von Flottenstützpunkten –, sodann die Handelszonen zwischen den feindlichen Linien zu verteidigen und, im Notfall, die Evakuierung der französischen Staatsangehörigen auszuhandeln.

Die französische Marine hat Anweisung, an der Front, die sich von Wusung bis südlich von Shanghai hinzieht, die französischen Konzessionen und die von ihnen abhängigen Fabriken zu schützen und sich bereitzuhalten, das Personal dieser Fabriken und die Nonnen des Konvents binnen einer Stunde zu evakuieren. Nach dem ersten japanischen Ultimatum am 28. Januar stellt Prévaux sofort eine Eingreiftruppe auf. Dazu gruppiert er die ihm verfügbaren Marineeinheiten um und stellt Kampfgruppen zur Verteidigung der Konzession und der Fabriken ab. Was Shanghai betrifft, so besteht das größte Risiko darin, dass die chinesische Bevölkerung in Panik geraten und auf der Suche nach Zuflucht in das Gebiet der Konzession eindringen könnte. Der französische Konsul schließt sich den Sicherheitsvorkehrungen der anderen Mächte an und lässt Stacheldraht um die Konzession legen, eine Maßnahme, die, wie er zugibt, hauptsächlich der Beruhigung der öffentlichen Meinung dient, die so empfänglich für beunruhigende Nachrichten ist. Schließlich beginnt das Vorrücken der japanischen Truppen den westlichen Mächten ernsthaft Sorge zu bereiten; wie sollen sie, nachdem ihre Versuche einer Vermittlung zwischen den feindlichen Parteien gescheitert sind, für den Fall von Bombardierungen den Neutralitätsstatus der Konzessionen wahren?

Von den Auseinandersetzungen zwischen 12.000 japanischen Soldaten und 40.000 Chinesen sollten die westlichen Konzessionen dann allerdings überhaupt nicht berührt werden. Nach der Ablehnung des zweiten Ultimatums und wochenlangen Kämpfen mit schwerer Artillerie setzt Japan die Schlussoffensive auf den 20. Februar an. Noch am gleichen Tag erreicht die japanische Kavallerie die Rennbahn von Shanghai und errichtet dort ihre Kampfbasis. Die chinesischen Truppen ziehen sich zurück. Tschiang Kai-schek hat den Regierungssitz schon am 31. Januar von Nanking nach Leyang verlegt und akzeptiert nun einen Waffenstillstand, der ihn verpflichtet, seine Truppen zehn Kilometer hinter die Front zurückzuziehen.

Für Shanghai ist der Krieg vorbei. Die Japaner setzen ihre Eroberung Chinas von Mandschukuo aus fort und marschieren bereits auf Peking zu.

Mao Tse-tung aber hält sich noch in der Provinz Kiangsi auf, um dort eine »chinesische Sowjetrepublik« vorzubereiten.

Im Juli 1933 verlässt Prévaux die *Altaïr*. Die *Athos II* bringt ihn zurück in die Heimat. Er hat, nach dem Ende seines Kommandos in Shanghai, Recht auf vier Monate Urlaub, für den er mit Blandine und den zwei Töchtern nach Italien fährt. Es ist Frühherbst. Die Prévaux' verbringen ihn als vermögende Touristen zwischen Florenz, Siena und Pisa.

Die Toskana liegt unter einem Licht, das Jacques, der außer sich ist vor Begeisterung, in Worte zu fassen sucht: solche Klarheit, solche Zartheit, wie weich … Er schildert diese prächtigen Landschaften in seinem Tagebuch, schwärmt von den schönen Szenerien am Ufer des Arno, von ländlichen Festen in Umbrien. Er kennt Italien nur von den wenigen Malen, wenn die *Duguay-Trouin* dort in einem Zwischenhafen anlegte, und von den raren Ausflügen mit der Marineakademie, als Zwanzigjähriger. Jacques erinnert sich vor allem an die Enttäuschung, die er damals empfand, als die Mannschaft im Anblick der schönsten Stätten des römischen Altertums Ausgangsperre erhielt und an Bord bleiben musste. Die unbekümmerte Fahrt durch das Land genießt er nun in vollen Zügen.

Nach einem Monat solcher Kulturreisen kehren die Kinder zum neuen Schuljahr nach Frankreich zurück, wo sie den noblen Konvent »Les Oiseaux« besuchen. Blandine und Jacques fahren mit ihrem Fiat weiter, nach Rom, Blandine nun nicht mehr als Touristin, sondern aus beruflichen Gründen, zu Recherchen und Interviews für ein Buch, das sie über die faschistische Jugend Italiens schreibt. Ihr Terminplan ist äußerst knapp; sie muß sich in nur zwei Wochen ausreichend Informationen beschaffen. Sie besucht häufig die Casa del Fascio, hält ihre Beobachtungen über ein Waisenhaus, ein Heim für verlassene Kinder, einen Jugendgerichtshof, Schulen und Mädchenpensionate fest. Es gelingt ihr, mehrmals zu Gesprächen mit Ciano zusammenzutreffen, der von seinem Schwiegervater Mussolini soeben zum

Unterstaatssekretär für Presse und Propaganda ernannt worden ist, und hat sogar die Ehre einer Begegnung mit dem Duce persönlich. Das Ergebnis all dessen wird ein Jahr später im Pariser Verlag Gallimard unter dem Titel *Jeunesse fasciste* herauskommen. Die enthusiastischen Schilderungen der »kräftigen, gesunden, dynamischen« Jugend, die dem Duce zuliebe in der Schule folgsam und fleißig lernt, verraten eine deutliche Bewunderung der Autorin für das Werk Mussolinis.

Jacques erkundet unterdessen Rom. Stundenlang läuft er in der Stadt umher, er besichtigt Kirchen und Museen, isst mit der einen oder anderen Persönlichkeit zu Mittag, horcht, beobachtet, notiert. Beim Ankleiden vor dem Ausgang zum Abendessen erkundigt er sich nach dem Stand von Blandines Arbeit und ermutigt sie weiterzumachen: »Du solltest arbeiten.« Er hilft ihr, eine Typistin zu finden, welche den bereits verfassten Text abschreibt. Rom strotzt von so vielen Reichtümern, dass man sie in einem Monat gar nicht alle besichtigen kann. Schweren Herzens reist Jacques heim nach Frankreich.

Die Ankunft in Paris, Anfang November, bei Platzregen, steht unter keinem guten Stern. Die Olliviers empfangen ihren Schwiegersohn, dem sie den Skandal von Berlin nicht verziehen haben, ausgesprochen kühl. Jacques und Blandine, die bis dahin bei ihnen gewohnt haben, beschließen, sich eine eigene Wohnung zu suchen. Jacques' Urlaub nähert sich dem Ende. Auf der Liste freier Positionen findet sich keine interessante Aufgabe. Alles geht schief.

Und dann kommt dieser Abend, als plötzlich Charlotte Leitner, die von allen Lotka genannt wird, vor ihm erscheint – eine schwarz gekleidete Gestalt mit einem ungemein blassen Gesicht, das von einer Flut goldenen Haares umrahmt wird – und ihn mit einem einzigen Blick ihrer grünen Augen erobert.

ZWEITER TEIL

LOTKA

1

VON JAROSLAW ZUM MODEHAUS VIONNET

An einem Januarmorgen des Jahres 1934 steigt Lotka Leitner in den Zug nach Krakau. Die Fahrkarte hat sie zur Sicherheit in den Lederhandschuh gesteckt, sie spürt das kleine Rechteck aus Pappe auf der Handfläche. Sie presst die Krokodillederhandtasche an die Brust. In der Tasche befindet sich ihr kostbarster Besitz: der neue Reisepass. Seit einem Monat ist Lotka Französin. Seltsam, denkt sie, während sie die Nase in den Veilchenstrauß hält, den Mopse ihr entgegenstreckt: Wie lange hat sie auf diesen Moment gewartet, darauf, endlich eine Französin zu sein, und was unternimmt sie dann als Erstes? Eine Reise nach Polen – sie verlässt das geliebte Paris, wo sie nun zu Hause ist! Trotzdem, sie ist froh, nach Polen zurückzukehren, ihre Eltern wieder zu sehen, in den Bergen Ski zu laufen, sorglos Ferien zu machen wie eine ganz gewöhnliche junge Frau.

Eine *gewöhnliche* Frau? Wohl kaum. Als sie, eine in Pelz gehüllte, hoch gewachsene Gestalt (1,78 Meter), der das üppige Lockenhaar unter dem todschicken Hut hervorquillt, im wiegenden Schritt eines Mannequins über den Bahnsteig schreitet, da ist es, als ob eine parfümierte Brise unter der Glaskuppel vorbeiweht. Sie geht vorüber, und die Leute bleiben stehen, um ihr nachzuschauen – sie hat einen Schwung, dieses ganz gewisse Etwas, das die Blicke auf sich zieht. Ihre Anmut rührt von dem geschmeidigen langen Hals, der sich unter dem Gewicht ihres Gesichts mit den breiten slawischen Wangenknochen zu biegen scheint; von der Transparenz der großen Augen, deren zarte Farbe je nach ihrer Stimmung, nach der Witterung oder nach der

Kleidung, die sie trägt, blau, grau oder grün changiert; von der Sinnlichkeit des goldenen Lockenhaars; von der Grazie und Würde ihrer Bewegungen. Man nimmt fast nicht wahr, dass sie eine zu große Nase, einen zu breiten Mund und ein Unterkinn hat, das ein wenig weich ist. Sie ist es so gewohnt, dass ihr überall bewundernde Blicke folgen, dass sie sie kaum bemerkt. Bescheiden und im Innersten noch immer wild und ungezähmt, kommt es ihr gar nicht zu Bewusstsein, dass sie etwas Besonderes ist. Im Übrigen hat man es mit 27 Jahren nicht nötig, sich aufzuspielen und kokett zu tun; sie findet die schweigenden Huldigungen eher amüsant. Und deshalb lacht sie im Stillen, als sie das Trittbrett besteigt, schenkt dem netten Herrn, der ihr den Koffer in den Waggon hebt, ein strahlendes Lächeln des Dankes und wirft Mopse, die auf dem Bahnsteig steht und sie zum Abschied traurig anschaut, noch eine letzte Kusshand zu.

Als sie am Morgen Abschied genommen hatten, täuschte Mopse Gelassenheit vor, da hat sie versprochen, stark zu sein, nein, sie würde sich doch nicht lächerlich machen und weinen – in den paar Wochen von Lotkas Abwesenheit wollte sie nach Brüssel fahren und acht Tage mit ihrem Vater verbringen, ihrem »Papaschka«, den sie in letzter Zeit arg vernachlässigt hat, und anschließend nach Davos, um René Crevel Gesellschaft zu leisten, der sich wieder einmal in einem dieser bedrückenden Sanatorien aufhält, denen es doch nie gelingt, ihn von der Tuberkulose zu heilen. Mopse lebt von einer Leidenschaft zur nächsten; sie kann die Gleichgültigkeit dieser schönen jungen Frau nicht begreifen, vermag nicht zu glauben, dass Lotka in ihrem ganzen Leben noch nicht verliebt gewesen ist. In ihrer verzehrenden Eifersucht malt sie sich aus, wie in dem modischen Wintersportort Zakopane im Tatragebirge alle Lotkas unwiderstehlichem Charme erliegen. Sie hatte ihrer Freundin lachend geraten, brav zu bleiben.

Lotka denkt nicht daran; sie schwört, sich zu amüsieren, als sie in ihrem Abteil Platz nimmt. Antoine, der eigentlich nur ein guter Freund ist, hat hoch und heilig versprochen, alles daranzusetzen, ihr nach Zakopane zu folgen. Der reiche Bankierssohn ist weder jung noch schön, hat dafür aber andere Qualitäten. Er liebt die Musik, spielt perfekt Geige. Der verschwenderische Lebensstil eines wohlhabenden Dilettanten, den Antoine in Paris pflegt, übt einen enormen Reiz aus auf die kleine Emigrantin, als die Lotka sich immer noch vorkommt.

Und doch, was hat sich nicht alles verändert, seit sie eines Abends im Dezember des Jahres 1924 mit dem Zug aus Krakau ankam und es gar nicht abwarten konnte, Paris zu entdecken! Achtzehn Jahre alt war sie da und besaß nicht mehr als einen kleinen Koffer, aber in der Tasche trug sie etwas, das war Gold wert – die Adresse von Reboux, einem der großen Pariser Hutmacher. Bei ihm sollte sie ihr Können vervollkommnen, lernen, Hüten den letzten Schliff zu geben, eine Kunst, die man sich nur in den führenden Häusern von Paris aneignen konnte. Danach wollte sie nach Jaroslaw zurückkehren, um das neu Erlernte im Familienunternehmen zu praktizieren. Es war ein schönes Geschäft, das beste in dieser südpolnischen Kleinstadt, dessen Ladenschild stolz verkündete: *Au chic parisien*. Die Mutter führte die Hutwerkstatt, der Vater die Fabrik, in der der Filz hergestellt wurde.

Wie so viele mitteleuropäische Juden hatten Lotkas Eltern ihr Glück als Auswanderer versucht und sich nach New York begeben. Von der langen Überfahrt erschöpft und verstört, wurden sie in Ellis Island wie Vieh von grobschlächtigen, bewaffneten Yankees in einem großen Raum des Durchgangslagers zusammengepfercht. Klaglos überließen sie sich dem Geschiebe der dort Wartenden und den demütigenden Kontrollen der Polizisten und Beamten von der Gesundheitsbehörde. Man findet den Namen Leitner unter denen Tausender von Einwanderern, die in eine Mauer auf Ellis Island gemeißelt sind. Lotkas Vater, Isidore, verließ Polen als Erster, fand bei der Eisenbahngesellschaft Arbeit und ließ seine Frau mit Milan, dem Erstgeborenen, nachkommen. Lotka (oder Charlotte, wie ihr neuer französischer Pass vermerkt) kam in New York zur Welt, an der Avenue B, in der turbulenten Atmosphäre der dicht bevölkerten Lower East Side, wo die unterschiedlichsten ethnischen Gruppen nebeneinander lebten. Die Leitners haben sich daran nicht gewöhnen können; es ist nicht leicht, aus einem wohl geordneten bürgerlichen Leben in einer nahezu ländlichen, traditionsverhafteten Umgebung in die Hektik einer Industriegesellschaft und die rohe Welt der Armenviertel New Yorks zu wechseln. Da sie nicht aus der Armut oder vor Pogromen geflüchtet waren, war ihnen die Rückkehr nach Polen keineswegs verbaut. Also hat Isidore die Seinen nach sechs Jahren des Exils wieder in Jaroslaw angesiedelt.

Lotkas Mutter, Bertha, eine vollbusige, etwas schwere Schönheit mit gestrengem Blick, machte sich an die Arbeit und gewann – unter Einsatz ihrer beträchtlichen Talente, vor allem aber ihrer Tatkraft – die weibliche Kundschaft Jaroslaws zurück. Damit folgte diese tüchtige Frau familiärer Tradition. Ihre Mutter, Rosa Stieglicz, war im Ort unvergessen. Man erzählte sich voller Bewunderung, wie sie eines Tages den Entschluss gefasst hatte, die Haushaltsangelegenheiten selbst in die Hand zu nehmen. Des Geizes ihres Ehemannes, eines Uhrmachers (der noch dazu gottlos war – er erlaubte sich, am Sabbat zu rauchen, und gab solch gotteslästerliches Tun erst auf, nachdem er dadurch sein Bett in Brand gesetzt hatte), überdrüssig, entschied sie sich für die Unabhängigkeit und wurde Hebamme. Ihre Tochter Bertha setzte den sozialen Aufstieg fort, indem sie Isidore Leitner ehelichte und Chefin wurde.

Sie waren, obwohl strenggläubige Juden – sie hielten den Sabbat und beteten morgendlich mit den Gebetsriemen –, mittelständische Bürger und als solche anerkannt, kurzum: sie waren gesellschaftlich akzeptiert. Jaroslaw, das bis zum Ersten Weltkrieg zu Österreich-Ungarn gehörte, war nie von Progromen heimgesucht worden. Die von den geübten Händen der Arbeiterinnen des *Chic parisien* gefertigten Hüte waren die elegantesten der Stadt; dort kauften alle Frauen, deren Männer auf sich hielten – man hätte sie sonst ausgelacht. Bertha achtete darauf, modisch auf der Höhe der Zeit zu sein, reiste Jahr um Jahr nach Wien und Paris zu den Tempeln des guten Geschmacks und brachte der ungeduldig wartenden Kundschaft die neuesten Entdeckungen mit – die Bezeichnungen, mit denen sie auf dem Hochglanzpapier der Modezeitschriften etikettiert wurden, versetzten sogar die uneitelsten Damen ins Schwärmen: »Mon flirt« (Filzhut mit Metallspange), »Promenade des Anglais« (kleine Kappe aus gescheckten grauen und schwarzen Tweed) oder »Des Grieux« (dreieckiger Hut aus schwarzem Baku).

Von ihren Auslandsreisen brachte Bertha auch alles mit heim, was ihr notwendig schien, um ihre Tochter, die schöne Lotka, ihren ganzen Stolz, anständig anzuziehen. Kleider zum Ausgehen, Kleider für die vornehmen Abendveranstaltungen von Jaroslaw. Lotka erinnert sich noch an das rosarote Musselinkleid, das sie als Sechszehnjährige auf ihrem ersten Ball getragen hat; ihr kleiner Bruder, Willy, ist davon noch immer angetan: »Sie war ja so strahlend schön!« Lotka hatte ununterbrochen getanzt – sie, die sich gesorgt hatte, dass sie wegen ihrer groß gewachsenen Gestalt keinen Tänzer finden würde! Zwischen Klavierstunden, Bällen und Mamas Werkstatt erlebte sie eine glückliche Kindheit; es war die friedliche Zeit vor dem Nazismus.

Man musste hart arbeiten. Ein Foto zeigt die Näherinnen – sieben ernst dreinblickende, ziemlich verkrampfte kleine Mädel, ein jedes mit dem Hut in der Hand, an dem es gerade arbeitet; sie sind um die Chefin gruppiert. Rechts von ihr Lotka, die, mit ruhiger, selbstsicherer Haltung, als Einzige in die Kamera schaut. Auf sie konzentrieren sich die Hoffnungen Berthas, auch was die Zukunft des *Chic parisien* und des Familienbetriebs angeht. Lotka ist sicherlich ein gutes Lehrmädchen gewesen, mit sicherem Geschmack – was bei jemand, der ständig mit Bertha in Kontakt steht, selbstverständlich scheint –, doch um würdig zu sein, einmal den Stab von ihr zu übernehmen, da brauchte es mehr.

Abend für Abend rang die Mutter mit Isidore: Die Tochter muss nach Paris, damit sie begreift, was wahrer chic parisien ist. Sie hat für Lotka eine Lehrstelle bei dem berühmtesten Modisten der französischen Hauptstadt gefunden, bei Reboux, dessen Werkstatt an der avenue de Matignon die großen Modeschöpfer beliefert. Welch eine Referenz das wäre, besser: welch eine Ehre! Der Vater erhob natürlich tausend Einwände. Seine schöne Lotcienka ist ja noch so jung, sie wäre doch ganz verloren in der Großstadt, wäre in dieser gottlosen Hölle unzähligen Gefahren ausgesetzt! Und dann – wie sollten sie ohne Lotkas Lächeln leben? Wer würde sich um die drei Kleinen, um Willy, Mania und Mina kümmern? Bertha, die aus Erfahrung wusste, dass man problemlos durch Europa reisen kann, ließ nicht locker, sie verwies auf das Prestige, auf die zu erwartenden Gewinne, sie erinnerte ihren Mann daran, dass Milan, der Älteste, in Paris wohnte und seine kleine Schwester bei sich aufnehmen könnte – es ging schließlich nur um ein paar Monate. Am Ende gab Isidore nach. Lotka aber sollte dann in Frankreich bleiben. Die Leitners sahen ihre Tochter erst nach zehn Jahren wieder, um bald darauf vor dem Antisemitismus nach Paris zu flüchten.

Mit ohrenbetäubendem Kreischen der Bremsen auf den gefrorenen Eisenbahnschienen und unter zischendem

Dampf fährt der Zug bei Nacht endlich im Bahnhof von Krakau ein. Lotkas Onkel, ein alter Talmud-Gelehrter, der bibbernd unter dem Schaltervordach wartet, wo er vor dem Schneegestöber Schutz gesucht hat, wirft besorgte Blicke auf die wenigen aussteigenden Reisenden, die der relativen Wärme des Bahnhofsgebäudes entgegeneilen. Plötzlich steht seine Nichte vor ihm, sie hat sich völlig verändert, dennoch erkennt er sie: eine so große Dame, das kann nur Lotka sein.

Die Wohnung von Karpel Leitner, dem Bruder ihres Vaters, beschränkt sich auf zwei kleine, düstere Zimmer über seiner Lederwerkstatt an einer abschüssigen Straße der Altstadt. Lotka, die die frische Luft und der lang vergessene und doch so vertraute Geruch der Rauchschwaden von den Kohleöfen wieder munter gemacht hat, glaubt fast zu ersticken, als sie in die winzige Wohnung eintritt, die von muffigem Ledergeruch durchdrungen ist. Kaum hat sie in dem schäbigen alten Sessel Platz genommen, über den der Onkel eine bunte Decke gebreitet hat, wird ihr von der Wärme schon wieder schläfrig. Sie richtet den verschwommenen Blick auf den alten Mann, dessen Augen vor Neugier funkeln; er wartet, dass sie mit dem Erzählen anfängt. Sie kommt sich vor wie am Ende der Welt in dieser abgeschlossenen, engen Wohnung, wo die Geräusche der Straße nur gedämpft durch die schweren Vorhänge hereindringen; und von dem Schnee draußen wird selbst das Gebimmel der Straßenbahnen geschluckt. Sie fühlt sich jedenfalls weit weg von Paris, von ihrer Einzimmerwohnung an der rue de Passy, von der luxuriösen Atmosphäre der avenue de Montaigne, von den Aufregungen der Modeschauen.

Als sie vor nun beinah zehn Jahren in Paris ankam, ließ sie sich, wie mit den Eltern abgemacht, bei ihrem Bruder nieder. Allerdings blieb sie dort nicht lange. Er nahm sie mit offenen

Armen auf, gewiss, die Blutsverwandtschaft ist ein heiliges Band, doch hat Lotka sehr bald gespürt, dass ihn dies Eindringen der Welt von Jaroslaw in sein Pariser Leben störte. Milan hatte seinen Beruf – er war Rechtsanwalt, oder mindestens Rechtsberater –, da war ihm die Anwesenheit einer kleinen Polin peinlich, die nur ein paar französische Wörter kannte und mit starkem jiddischen Akzent hervorbrachte. Er stand kurz vor der Heirat, und Jeanne, seine zukünftige Ehefrau, war nicht gerade erbaut vom Gedanken, mit einer jüngeren, noch dazu auffällig schönen Frau unter einem Dach zu wohnen. Deshalb fand Milan für seine Schwester ein Zimmer bei der Witwe eines griechischen Diplomaten. Eine perfekte Lösung, wenngleich es von der avenue du Maine ziemlich weit bis zur Stadtmitte war, dafür war das Zimmer groß und der Mietpreis moderat. Lotka würde auch noch dort wohnen, wenn nicht die Vermieterin einen Sohn gehabt hätte; wenn sie an den denkt, kommt ihr jedes Mal wieder der Ekel hoch. Dieser Faulpelz lungerte bis zum Mittag im Morgenmantel aus goldbesetzter Seide in der Wohnung herum; dieser Flegel schaffte es immer dazustehen, wenn sie über den Flur ging, um sie mit seinen Witzeleien zu belästigen; der unverschämte Kerl blies ihr den süßlichen Rauch seiner Orientzigaretten ins Gesicht; dieser Lebemann schilderte ihr doch tatsächlich mit Selbstgefälligkeit und in aller Ausführlichkeit seine abendlichen Liebesabenteuer und verspottete sie wegen ihrer Zurückhaltung und Scheu. Als seine Andeutungen in konkrete Anträge übergingen und er ihre Verwirrung auszunutzen suchte, zog sie aus. Der Koffer war schnell gepackt, und sie nahm ihn noch am gleichen Tag in die avenue Montaigne mit, zu Vionnet.

Die vier Jahre, die sie nach der Lehrzeit bei Reboux bei Madeleine Vionnet verbrachte, waren das reinste Vergnügen, trotz der harten Arbeit – die Mannequins mussten die ganze Zeit über auf den Beinen und stets verfügbar sein –

und trotz der unsicheren Lage, in der Lotka sich befand. Sie war eine illegale Einwanderin, da sie keine Arbeitsgenehmigung hatte. Die Modeschöpferin, die sie sehr schätzte, versteckte sie, wann immer mit einem Besuch der Aufsichtsbeamten zu rechnen war. Madame Vionnet konnte es sich leisten, solches Risiko einzugehen; sie war dafür bekannt, die Gesetze im Allgemeinen strikt einzuhalten, und die Kontrollen waren daher bloße Formsache. Die Arbeitsbedingungen bei Vionnet waren im Übrigen unglaublich, die Werkstätten geräumig, gut beleuchtet, bequem eingerichtet – die Mädchen saßen nicht auf den sonst üblichen Hockern, sondern auf richtigen Stühlen. Madame Vionnet zahlte anständige Löhne; überdies gab es eine kostenlose Kantine, vier Wochen Ferien, einen Krankenraum und eine Zahnarztpraxis, wo die Behandlungen für die Angestellten kostenfrei waren. Die Mädchen wären für ihre Chefin durchs Feuer gegangen. Die Vorarbeiterinnen schätzten sich glücklich, die Sonntage mit der Suche nach neuen Mannequins zu verbringen, ohne dass sie einen Sou extra bekommen hätten.

Wie war es Lotka gelungen, bei einer so renommierten Firma Anstellung zu finden? Die Lehrzeit bei Reboux hatte sie natürlich mit der Hauptkundin des wunderbaren Modisten, mit Madame Vionnet, in Kontakt gebracht. Während der Vorbereitung der Kollektionen arbeiten Modeschöpfer eng mit den Lieferanten der Accessoires zusammen; in der Haute Couture sind Hüte, Handschuhe, Schuhe ein wesentlicher Bestandteil der Garderobe. Die Mannequins der Modenschauen liefen damals nicht barhäuptig über den Steg – keine Frau wäre in jener Zeit ohne Hut aus dem Haus gegangen; und in der Zeitschrift *Vogue* brachten die Models stets die Gesamtheit ihrer Toilette zur Geltung. Vielleicht war die außergewöhnlich schöne Arbeiterin einem Atelierchef von Vionnet bei Reboux aufgefallen, oder eine entzückte Kundin hat Lotka gegenüber Madeleine Vionnet erwähnt.

Selbst in diesem reichen Viertel zog die Prozession der Rolls-Royce und der Bugattis schon von weitem das Augenmerk auf die herrschaftliche Villa an der avenue Montaigne Nummer 50. Drinnen führte eine Prachttreppe zum Grand Salon, wo die Kollektionen gezeigt wurden. Und dann die Wandfresken im alten Stil; das gedämpfte Licht, das durch die bleigefassten Fenster von Lalique fiel; die dicken Teppiche; die reich geschmückten Anproberäume mit ihrem Wandbelag aus moirierter Seide; die reich verzierten Schaukästen in den Salons für Unterwäsche oder Pelze – das alles trug zu einer Atmosphäre von erlesenem Luxus bei. In den fünf Etagen des Hintergebäudes waren die mehr als zwanzig Schneiderwerkstätten untergebracht; eine etwa für lose sitzende Gewänder, eine andere für Pelze, mehrere für die *chichis*, wo die Schleifen und Bänder gebügelt, die Rosen aus Seide oder aus Samt hergestellt wurden. Der demonstrative Luxus des Maison Vionnet hatte Lotka zunächst tief beeindruckt; sie zitterte fast vor Angst, als die Kreation für eine Kundin zuerst ihr angelegt wurde – eine jener schräg geschnittenen Abendroben, für die Madame Vionnet berühmt war und die so natürlich fielen, dass sie ganz einfach wirkten, obwohl sie alles andere als das waren. Der weiße Seidenstoff schmiegte sich wie ein Schleier an Lotkas Körper, der wundervolle Faltenwurf unterstrich ihre Silhouette, schon bei der geringsten Bewegung aber geriet dieses Ensemble aus Schleiern und Falten in spielerischen Fluss. Ein schamloses Kleid, fand Lotka; der ein wenig raue Krepp auf der nackten Haut machte sie schaudern. Als sie sich dann aber umdrehte und im hohen Spiegel der Kabine betrachtete, wurde ihr die Eleganz dieser Garderobe bewusst, und der zustimmende Blick der Ankleiderin vollendete die Verwandlung von Lotka. Da hat sie, obwohl es undankbar war, ihr erstes rosarotes Ballkleid verleugnet.

Lotkas schlanke große Gestalt entsprach überhaupt nicht der Art von Mannequin, die Madeleine Vionnet im Allgemeinen schätzte; für die Modeschauen bevorzugte sie eine üppige Schönheit wie die rothaarige Antoinette. Dennoch, bei der Arbeit an ihren Kreationen bediente die geniale Couturière sich gern Lotkas, drapierte den Stoff hier, raffte ihn dort zusammen, veränderte alles durch einen Hauch wallender Duftigkeit; ihre Hände setzten das Bild, das sie sich von dem neuen Kleid gemacht hatte, mit fast instinktiver Sicherheit um. Für Madame Vionnet waren Entwürfe nämlich erst ausgereift, nachdem sie an einer Holzpuppe und dann an einem Mannequin aus Fleisch und Blut ausprobiert waren. Ihr Ausscheiden, so schrieb die Chefin Lotka ins Zeugnis, »beraubt mich eines der Mädchen, an denen ich meine Modelle besonders gern kreiert habe. Ich bedauere sehr, dass sie uns verlässt.«

Lotka hatte den Entschluss, Vionnet zu verlassen, nach vier Jahren äußerst harter Arbeit gefasst. Nicht, dass sie ihrer Chefin oder den Mitarbeiterinnen etwas vorzuwerfen gehabt hätte. Sie waren allesamt reizend gewesen. Die Intimität der überhitzten Kabinen, wo die halbnackten Mannequins auf die Launen einer Kundin warteten, bevor sie in die prachtvollen Gewänder schlüpften; das Lachen und die Vertraulichkeit zwischen diesen hübschen jungen Frauen – das alles hatte die sittsame Lotka zuerst schockiert. Später machte sie sich bewusst, dass sie dort die Zärtlichkeit gefunden hatte, die von Grobianen wie dem Sohn ihrer alten Vermieterin nicht zu erwarten war. Als der Glücksrausch des Anfangs verebbte, begann die gedämpfte, enge, dem Luxus verschriebene Atmosphäre sie jedoch zu bedrücken. Die wilde junge Frau, die Lotka im Grunde geblieben war, empfand solch ein Ambiente als unnatürlich. Die Zeit war gekommen, einen richtigen Beruf zu erlernen und sich gültige Papiere zu besorgen, damit sie regulär arbeiten konnte, ohne befürchten zu müssen, ausgewiesen zu werden – damit sie sich, kurzum, dauerhaft in Frankreich niederlassen konnte. Sie nahm eine Stelle beim Kosmetikkonzern Elisabeth Arden an.

In Karpel Leitners Zimmer ist der Tee kalt geworden. Lotkas Stimme ist heiser vom langen Reden. Sie hat jetzt nur noch den Wunsch zu schlafen. Der Onkel, er ist stolz auf das hübsche Mädchen, zu der seine Nichte sich entwickelt hat, nickt beifällig. Jetzt ist sie also eine Französin – eine Ehre für unsere Rasse. Und ihr neumodischer Beruf, Kosmetikerin – ist das eine gute Sache? Von ihrem jüngeren Bruder Willy hat sie kaum etwas berichtet; der lebt doch jetzt ebenfalls in Paris – sehen die beiden sich denn nicht? Mittlerweile wohnen die drei ältesten Kinder Berthas in Frankreich – ausgezeichnet. Wir werden auch fortziehen, hier wird das Leben für unser Volk zu schwer.

Am nächsten Tag steigt Lotka wieder in den Zug, eine kümmerliche Bimmelbahn diesmal, die die hundert Kilometer von Krakau bis Zakopane puffend und paffend zurücklegt. Die Fahrt ist eine Strapaze. Der Zug ist überfüllt. Die Jacken der Skiläufer verströmen den scharfen Geruch nasser Wolle. Der Fensterbeschlag trübt die Sicht auf die Berge der Tatra. Doch als sie dann aussteigt und auf die Holzplanken des winzigen Bahnhofes tritt, da liegen die blendenden Schneelandschaften wieder vor ihr, da sieht sie wieder den eisig klaren Himmel, atmet sie wieder die scharfe Luft, die sie so sehr vermisst hat. Die Pension Granit ist ein bescheidenes Fremdenheim, wo ihr vornehmes Auftreten und ihre Garderobe aus dem Rahmen fallen. Was soll's – sie wird sowieso meistens auf den Pisten sein! Da sie eine gute, schnelle, unermüdliche Skifahrerin ist, wird sie sehr bald von den Champions des Wintersportorts umringt. Um sie herum gruppiert sich, wie immer, ein Hof von Männern, die von ihrem Lächeln und ihrer Lebenslust fasziniert sind. Die Bande wird untrennlich, ob sie nun mit Rucksäcken vor den Chalets wartet, in Straßenkleidung durch Zakopane läuft – wo ein örtlicher Fotograf einen Schnappschuss macht von Lotka, der eleganten Pariserin im taillierten Kostüm mit Pelzkragen, passendem Muff und den Stiefeletten mit hohen Absätzen – oder in Abendkleidung gemeinsam speist. In einem Restaurant wird die strahlende, sonnengebräunte Lotka in einem schwarzen Kleid mit tiefem Ausschnitt gesehen.

Die Arbeit als Vorführmodell bei Elisabeth Arden ist in weite Ferne gerückt. Gelegentlich findet sie in der Pension Post vor, eine melancholische Karte von Mopse, der arme Schatz fleht sie inständig an: »Komm bald heim, vor allem aber betrüg mich nicht.« Auf einer Postkarte hat Mopse sich selbst gezeichnet, wie sie die Tage und sogar die Stunden zählt, und neben einer schönen Skiläuferin in Zakopane ein rotes Herz ... Mopse hat wirklich eine zeichnerische Begabung und bereits zwei schöne Kohlezeichnungen von Lotka gemacht.

Lotka ist von diesen Liebesbriefen gerührt und schreibt oft zurück. Diese sorglosen Ferien will sie sich aber durch nichts verderben lassen.

Nicht einmal durch die Briefe von Jacques de Prévaux.

2

BRIEFLICHE EROBERUNG

Vor einem Monat hat Lotka ihn kennen gelernt, an einem regnerischen Abend im November 1933, bei Mopse. Sie mochte noch so schön sein – aber dass die Wege der bescheidenen Kosmetikerin und des Fregattenkapitäns sich kreuzten, das war nicht eben zu erwarten gewesen.

In jenen Tagen verbrachte Lotka fast all ihre Abende bei Mopse, manchmal blieb sie auch über Nacht. Die Bekanntschaft mit der berühmten Mopse, deren Extravaganzen Stadtgespräch waren, verdankte sie Ruth, jener Ruth, die eben aus Cannes zurückgekehrt war, wo Mopse sie in den grandiosen Luxushotels wie eine Prinzessin verwöhnt hatte. Mopses skandalöser Ruf hatte das Maison Vionnet erreicht: eine Kollegin Lotkas, auch sie ein Modell, zählte zu einer Gruppe von Opiumraucherinnen, der auch Mopse angehörte. Dieser Wirbelwind der Leidenschaften hatte Lotka fasziniert; sie hatte die junge Deutsche bewundert, ohne begreifen zu können, wie sie sich zur gleichen Zeit und mit immer der gleichen Aufrichtigkeit ständig von neuem zu verlieben vermochte, während ihr Herz den zwei Männern ihres Lebens in Treue zugetan war: dem Schriftsteller René Crevel, mit dem sie für einige Zeit verlobt gewesen war, und dem Maler Carl von Ripper, den sie 1929 geheiratet hatte und in den sich dann Crevel vernarrte. So begann eine *ménage-à-trois*, in der merkwürdige Sequenzen von Besuchen in Homosexuellen-Bars und Opiumhöhlen mit Aufenthalten in Schweizer Sanatorien abwechselten.

An besagtem Novemberabend also weilte Lotka in Mopses Wohnung, als die Türglocke läutete. Mopse stellte den Gast vor – »ein alter Freund aus Berliner Tagen«, erklärte sie.

Jacques war nach Ablauf seiner Dienstzeit im Fernen Osten wieder in Paris und wollte seine Bekanntschaft mit Mopse erneuern, die er in Berlin hofiert hatte. Jacques und Blandine hatten René Crevel und seine Freundin Mopse 1928 in Berlin empfangen und den Kontakt mit den beiden seither weiterhin gepflegt. Da der Schriftsteller sich fast immer in der Schweiz aufhielt, sahen sie Mopse sogar öfter als ihn; Mopse war auch mit Gide und Éluard befreundet und bewegte sich in literarischen Kreisen, in denen auch sie verkehrten. Der Unterhaltung konnte Lotka, um die Wahrheit zu sagen, an diesem Abend nicht aufmerksam folgen. Sie war vollauf damit beschäftigt, die Wirkung seines Blickes abzuschütteln, der sie verlegen und unsicher machte.

Lotka und Jacques hatten nicht die Zeit, um sich oft zu treffen, kamen sich dank einiger weniger Begegnungen jedoch nahe genug, um eine Reihe von gemeinsamen Interessen festzustellen. Sie besuchten Konzerte, diskutierten über Bücher und versprachen einander, sich gleich nach Lotkas Rückkehr aus Polen wieder zu sehen. Sie weiß kaum etwas über Jacques. Er ist ein schöner Mann in der Blüte des Lebens, mit einem bezaubernden Lächeln, ein Charmeur, den man nicht vergisst, wenn man ihn einmal getroffen hat, und den man gerne wieder sehen möchte. Sie ist beeindruckt von seinen Augen und von seiner Art, einen Menschen so anzuschauen, als ob es niemand anderen auf der Welt gäbe. Er hat allerdings auch etwas an sich, das sie ratlos macht. Auf der langen Strecke von Paris nach Krakau hatte sie oft an ihn gedacht, ohne sich über ihn klar werden zu können. Ein Verführer, der bei Frauen leichte Erfolge gewohnt war? Ohne Zweifel, das war ihm anzusehen; er schien zu meinen, dass ihm Frauen in den Schoß fielen. Lotka hatte in ihm aber auch eine Einfachheit und Strenge, eine Zurückhaltung gespürt, die im Widerspruch zu ihren ersten Eindrücken stand und ihre Neugier weckte. Er war von einem ganz anderen Schlag als die Männer, mit denen sie bisher verkehrte.

Lotka hat sich gemacht während ihrer neun Jahre in Paris. Sie spricht ein makelloses Französisch – mit einem nur ganz leichten Akzent, den man reizend findet –, und Milan und Jeanne haben ihr die Türen zur Pariser Welt geöffnet. Jeanne ist Journalistin; bei ihr begegnet Lotka Schriftstellern und Kritikern. An den Unterhaltungen hatte sie sich zunächst scheu, dann mit wachsendem Selbstvertrauen und sogar einigem Erfolg beteiligt. So hatte ihr unter anderem auch André Malraux den Hof gemacht. Eines Abends, sie saßen in der Brasserie Lipp, hatte er ihre Hand genommen und unter großem Getue behauptet, ihr die Zukunft aus der Hand zu lesen. Auf einmal erbleichte er und wollte nicht sagen, was er gesehen hatte. Als Lotka sich frisch machen gegangen war, hatte er Jeanne anvertraut, ihre Schwägerin werde ein tragisches Ende nehmen. Lotka stellte fest, dass sie sich in den literarischen Kreisen sehr wohl fühlte. Sie hatte sich an der Sorbonne eingeschrieben; die Vorlesungen der philosophischen Fakultät vermittelten ihr die Bildung, die ihr bisher fehlte. Besonders die Lyrik hatte es ihr angetan. Mit einer verwirrenden Sicherheit konnte sie seitenweise tadellose Alexandriner im Stile Paul Géraldys dichten, der damals in Mode war.

Mit Jacques verbinden sie also gemeinsame Neigungen, die Liebe zur Literatur und der Hang zu endlosen Diskussionen über die Kunst, das Glück, den Sinn des Lebens; allerdings mit einer für sie neuen Ernsthaftigkeit, die sich krass von dem mondänen Gerede in Jeannes Salon abhebt. Am Tag vor ihrer Abreise nach Polen hatte er darauf bestanden, dass sie drei oder vier seiner Lieblingsbücher in den Koffer packte, ihr Urteil schien ihm viel zu bedeuten. Sie fühlt sich durch solches Zeichen von Anteilnahme geschmeichelt; doch von da bis zur Liebe ... Denn, keine Frage, hier geht es von Anfang an um Liebe – eine fordernde, drängende Liebe, und dazu ist Lotka nicht bereit. Sie schätzt ihre Freiheit.

Nun beunruhigen sie Jacques' Briefe. In der Hoffnung, in Ruhe gelassen zu werden, hat sie ihm ihre Adresse, die Pension Granit, nicht genannt und nur ganz vage erwähnt, er könne ihr nach Zakopane schreiben, postlagernd: nicht ahnend, dass er so viele polnische Postämter – in Krakau, Zakopane, Jaroslaw, Warschau – geradezu fieberhaft Tag für Tag mit Briefen überschwemmen würde. Der erste Brief, den sie zwischen zwei Skiwanderungen abholte, gefiel ihr. »Es ist immer schön zu wissen, dass man geliebt wird«, hat sie erwidert. Ihre kurze Antwort löst eine Welle feuriger, ungeduldiger Briefe aus, die ihr immer die gleiche Frage stellen: »Lieben Sie mich? Werden Sie mich lieben?« Sie war noch nicht in ihren Zug gestiegen, als er schon einen Brief von ihr erwartete: »Schreiben Sie mir aus Wien, Ihrer ersten Zwischenstation, die Worte, die mein Fieber lindern werden.« In der Gewalt seiner Leidenschaft, in seiner Verzweiflung über die Trennung fordert Jacques alles – verlangt er zu viel. Manchmal wird er sich dessen bewusst, gibt sich reuig, ohne Reue zu empfinden: »Ich bin mir selber böse, weil ich Sie bestürme, weil ich mich Ihnen so beharrlich aufdränge« – um ein paar Tage später zu weinen: »Wie können Sie mir nur so lange nicht schreiben?«

Am Ende wird er wirklich aufdringlich. Schließlich hat sie lediglich ein paar Abende mit ihm zusammen verbracht, sie hat ihm nichts versprochen – woher nimmt er sich das Recht, sie bis nach Zakopane zu verfolgen? Die wilde Lotka rebelliert. Sie ist doch ein freier Mensch! Sie schreibt ihm keine einzige Zeile mehr. Sowieso hat sie keine Zeit, ist von morgens bis abends beschäftigt. Und als er dann in seiner Sturheit so weit geht, ihr ein Telegramm (Rückantwort bezahlt!) zu schicken: »TELEGRAPHIEREN SIE, OB BRIEFE ANKOMMEN. BEKÜMMERTES SCHWEIGEN. ICH LIEBE SIE«, antwortet sie kurz knapp: »BRIEFE ERHALTEN. MEINER FOLGT. TIEF GERÜHRT« und saust davon, zur Kohorte ihrer Bewunderer.

Es ist in Jaroslaw, dass Lotka schwach zu werden beginnt.

Jacques hat ihr nämlich weiterhin geschrieben, und sie muss nun einmal zum Amt, um ihre Post abzuholen. Nach und nach wird auch sie ungeduldig, ist kaum wieder draußen, auf der verschneiten Straße, als sie auch schon, ohne die Handschuhe auszuziehen, das Kuvert aufreißt und die zwei oder drei Blatt eng beschriebenes Papier entfaltet – selbst auf dem Rand befinden sich, quer, noch ein paar Zeilen. Sie fühlt sich von diesen Worten der Liebe, von diesen Ausdrücken der Verehrung gefangen: »Sie sind ALLES, was mein Dasein auf Erden rechtfertigt; all meine wirren Sehnsüchte, meine chaotischen Hoffnungen sind auf Sie gerichtet; ich selbst bin gar nichts mehr, kann nichts mehr sein außer einem leidenschaftlich erregten Verlangen nach Ihnen.« Gefangen ist sie auch von seinen flehentlichen Bitten: »Ich vergehe vor Bangen. Welche grausame Prüfung haben Sie mir auferlegt? Wann werden Sie mir gestatten, wieder zu hoffen?« Und von Versprechungen: »Ich werde mit sanften, feierlichen Worten zu Ihnen sprechen, die Sie bis in die Tiefen Ihrer Seele durchbohren werden ... Ich verspreche Ihnen ein großartiges, ein herrliches Leben, getragen von dem leidenschaftlichen Gefühl, dass wir auf höchsten Höhen leben, hoch oben in den Lüften, aller Mittelmäßigkeit, allen gewöhnlichen Freuden, niedrigen Vergnügungen und Demütigungen des Schicksals entrückt.«

Tag um Tag wird sie mit Zärtlichkeiten überhäuft, mit Beteuerungen der Liebe umgarnt, von Lobpreisungen ihrer Schönheit eingehüllt. Ob sie ihm nun drei nichts sagende

Worte schreibt oder schweigt, ganz gleich – er deutet alles in seinem Sinne, er schwelgt in den tragischen Tönen der großen Liebesleidenschaften. Was immer sie auch macht – er interpretiert es als Zeichen ihrer Liebe. Unmerklich ist sie von Seidenfäden eingewickelt, wie die Beute einer Spinne. Wie könnte sie aber auch solch süßer Verwicklung widerstehn?

Dennoch versucht sie verzweifelt, sich dagegen zu wehren. Ihr gefällt ihr zwangloses Leben, sie will ungebunden bleiben. Mit Natascha, Mopse oder wem immer ausgehen, in Lesbenbars die Närrin zu spielen, tanzen, in modischen Kellern Jazz hören, neue Menschen kennen lernen, umworben werden – das alles hat ihr bisher vollauf genügt. Ein paar belanglose Liebschaften haben ihr die Vorstellung vermittelt, dass Liebe ein angenehmes Gefühl ist, das nicht dauert. Sie hat begriffen, durchaus, dass es auch noch andere Formen der Liebe gibt, doch »eine große Liebe«, eine alles verzehrende Leidenschaft, die neben sich niemand und nichts anderes duldet – so etwas ist ihr, Gott sei Dank, erspart geblieben; sie hat sich in aller Unschuld das Versprechen abgenommen, sich niemals zu verlieben. Und die großspurigen Worte Jacques' (»Ich preise den Schmerz, den Sie mir zufügen werden«) bestärken sie in ihrem Entschluss. Solche Gewaltsamkeit macht ihr Angst, widerstrebt ihr von ganzem Herzen.

Gleichzeitig haben all diese leidenschaftlichen Briefe in ihr aber etwas tief Verborgenes geweckt. Und wenn es sie nun tatsächlich gäbe, diese Liebe, diese Glückseligkeit des Einswerdens mit einem anderen Menschen? Plötzlich ist sie nur mehr von einem Verlangen beseelt: Sie muss zurück nach Paris, will Jacques wieder sehen, sich vergewissern, dass das, was ihm sein Instinkt sagt, der Wahrheit entspricht, und sich außerdem ihm einfach in die Arme werfen und ihn nie mehr verlassen. Es ist klar, offenbar, endgültig. Es ist, als ob über alles Vergangene der Vorhang gefallen wäre. Die Ferien haben für sie auf einmal keine Bedeutung mehr, Polen kommt ihr fahl und langweilig vor. Sie wünscht, sie wäre wieder in Paris. Bleibt allerdings noch ein paar Tage bei ihren Eltern, in Jaroslaw, der Abstecher nach Warschau wird jedoch gestrichen.

Die Lotka, die jetzt wieder in den Zug steigt, ist wie verwandelt: Jacques hat sie mit Briefen belagert, mit seiner Korrespondenz-Offensive erobert, und sie kehrt völlig besiegt heim nach Paris.

Beide zittern sie vor Jubel und Bangen. Jacques befindet sich in einem Zustand der Panik. Lotka hat ihm geschrieben: »Der Augenblick naht, da ich Sie lieben werde« – das kann nur untertrieben sein, klar, doch danach kein einziges Wort mehr. Bereut sie das Geständnis ihrer Liebe? Er durchläuft Wechselbäder von freudiger Erregung und Verzweiflung. Er ist überzeugt, dass der erste Blick, den sie ihm zuwirft, über sein Schicksal entscheiden wird; er kann nicht mehr schlafen. In diesem Februar 1934 kommt es in Paris zu gewaltsamen Unruhen; wie ein Nachtwandler durchschreitet er sie, sieht nur noch mehr Veranlassung, sein Leben ganz der Liebe zu widmen. Er zieht, wie im Fieberwahn, Bilanz: Er ist bereits 45, na gut, aber unverbraucht, das Beste hat er in sich zu bewahren gewusst, all diese verborgenen Schätze wird er ehrerbietig Lotka zum Geschenk machen. Ja, er ist ihrer würdig. Als Blandine mit den Kindern nach Paris zurückkehrt, vermag das seinen Traum kaum zu stören, obwohl es die Sache insofern erschwert, als Lotka ihn nun nicht mehr zu Hause anrufen kann.

Und falls sie ihn liebt – ah, *falls* sie ihn liebt! Wie soll er dem Verlangen solcher Liebesleidenschaft begegnen? Er weiß, wie schwer es ihm fällt, seine innersten Regungen zu offenbaren – ihm, dessen betörenden Blicken selbst die schönsten Frauen nicht widerstehen können. Ihm wird mit einem Male bewusst, daß er im Grunde schüchtern ist. Er hätte es nicht gewagt, die Zauberworte, die Empfindungen, die lyrischen Stimmungen, mit denen er in seinen Briefen an Lotka Seite um Seite füllte, in ihrer Gegenwart auszusprechen.

Als Lotka in der Gare de l'Est aus dem Zug steigt, steht ein bleicher, völlig niedergeschlagener Jacques auf dem Bahnsteig. Sie werden gerade genug Zeit haben, sich zu umarmen und sich zuzuflüstern, dass sie einander lieben, ja, für immer, für das ganze Leben; denn Jacques ist eben, endlich, zum Kommandanten eines Stützpunkts ernannt worden und muss für zwei Jahre fort, nach Rochefort.

3

ROCHEFORT

Nach seinen acht Auslandsjahren in Berlin und China kehrt Prévaux wieder zur Marinefliegerei zurück. In Cuers-Pierrefeu hatte er einen Stützpunkt befehligt, wo die Luftschiffe noch eine zentrale Aufgabe erfüllten, wenngleich damals bereits andere Flugtypen entwickelt wurden: Wasserflugzeuge und Flugzeuge, die von Trägerschiffen aus operierten. Rochefort ist 1934 der letzte Luftschiff-Stützpunkt – es gibt dort ein halbes Dutzend *vedettes* und Geleit-Luftschiffe sowie Prototypen von halbstarren Luftschiffen. Rochefort dient aber vor allem als Ausbildungszentrum für Luftschiff-Piloten – die letzten erhalten ihr Diplom im Jahre 1936 – sowie für Bodenpersonal und Flugzeugmechaniker.

Jacques ist froh, in die vertraute, so vielseitige Welt der Seeluftstreitkräfte zurückzukehren – die Picketty-Hangars und die übrigen riesigen Hallen, die gemäß der Dimensionen von Luftschiffen errichtet wurden, die Vorhöfe, Wasserstoffwerke, Gasometer, Gasleitungen, die Funkstation, der Ankermast der Luftschiffe. Dazu die charakteristischen Geräusche der Startvorbereitungen für Luftschiffe: das Klappern der Holzpantinen von zweihundert Matrosen des Rangiertrupps, die auf das Trompetensignal losrennen, um die Triebwerkgondel aus dem Hangar zu holen und sie bis zum Befehl des Kapitäns – »Loslassen« – auf dem Boden zu halten; die kalte Dusche des abgeworfenen Ballasts, die auf die unterdrückt Fluchenden herniedergeht; und schließlich das gleichmäßige, kaum vernehmbare Rauschen des *peau de vache*, der langsam himmelwärts steigt.

Diese *peaux de vache* (»Kühbälger«) – die liebevolle Bezeichnung der Luftschiffe geht auf den Anblick der dicken gelben Gummihülle zurück – hatten fast ausnahmslos 15 Jahre ihren guten, zuverlässigen Dienst geleistet – ein Beweis ihrer Robustheit. In Rochefort wurden ferner »revolutionäre« Prototypen getestet wie die vom Fähnrich zur See Brossard befehligten *vedettes* V-11 und V-12. Er wird der letzte Luftschiff-Pilot sein; sein V-12, ein 50 Meter langes, geschmeidiges Luftschiff in Kleeblattform, wird seinen letzten Einsatz 1937 fliegen. Jacques steuert diese ungewöhnlich schnelle, empfindliche Maschine mehrere Male – sie ist das leistungsstärkste Modell, das der französischen Marine je zur Verfügung gestanden hat, ist aber nie nachgebaut worden.

Der spätere Admiral de Brossard hat es Prévaux nie vergessen, dass er ihn in seinen Bemühungen um Flugerlaubnis für diesen Prototyp beim Technischen Dienst der Marine unterstützte. Im Unterschied zu den Ingenieuren, die Brossard für einen Träumer und Spinner halten, hört Prévaux ihm mit Wohlwollen zu, wenn er seine Entdeckungen präsentiert. Prévaux steht zu seinen Leuten, verteidigt sie, betrachtet es nicht als seine Aufgabe, ihren Abenteuergeist zu zügeln. So erinnert Brossard sich später einmal beispielsweise daran, wie viel Verständnis Prévaux ihm nach einem denkwürdigen Abenteuer mit einem Ballon entgegenbrachte. Es war im Februar 1935: Der Ballon mit seinen fünf Mann Besatzung geriet in einen Sturm, der ihn nach siebenstündigem Flug in der Nähe von Béthune zu einer recht dramatischen Landung zwang. Als Pilot hatte Brossard sich schuldig gemacht, weil er trotz der Vorhersagen von widrigem Wetter am Auslaufen festgehalten hatte. Prévaux fuhr nach Paris, um ihn zu verteidigen, und hielt in seinem nachsichtigen Bericht fest: »Bei jungen Offizieren ist ein Übermaß an sportlichem Geist sehr verzeihlich.«

Doch die Zeit der Luftschiffe geht ihrem Ende entgegen. Die Marine bevorzugt mittlerweile die Maschinen der Flugzeugträger und vor allem Wasserflugzeuge, von denen immer neue Prototypen hergestellt werden. In solchen oft genug noch unzuverlässigen Maschinen steigen tollkühne Flieger auf und überfliegen die Ozeane oder den afrikanischen Kontinent. Nungesser und Coli, Costes und Le Brix, Bonnot, Mermoz unternehmen Testflüge in Aufklärungs-Wasserflugzeugen, die speziell für die Marine gebaut werden. In Rochefort trainieren Piloten auf so unterschiedlichen Maschinen wie der sehr gelungenen und beliebten Potez 25, der CAMS 37 – einem Doppeldecker mit Rumpf, dem gleichen Modell wie die Maschine, die 1926 die Strecke von Berre bis Saint-Louis-du-Sénégal zurücklegte –, der FBA 17, und einer sogar noch viel merkwürdigeren Maschine, dem sogenannten *autogire*, das am Ende nie gebaut wurde, heute aber als Vorstufe des Hubschraubers betrachtet wird. Der Stützpunktkommandant fliegt selbstverständlich nicht so häufig wie die Piloten, weil er ja noch andere Aufgaben zu erledigen hat, doch Jacques de Prévaux sieht es als seine Pflicht an, sich persönlich ans Steuer der verschiedenen Flugzeugtypen zu setzen – was etwas völlig anderes ist als einen Ballon oder ein Luftschiff zu lenken.

Prévaux ist folglich überarbeitet. Er hat in Rochefort über tausend Leute zu befehligen und zu motivieren, er muss Ausschüsse leiten, Flugzeugbauer für beratende Komitees finden und zusammenrufen, Inspektionen vornehmen, Berichte abfassen, Truppen mustern. An einem Morgen hat er, wie er voller Stolz notiert, siebzehn Besucher empfangen, die 40-Stunden-Woche eingeführt, eine Inspektion vorgenommen, zehn Berichte geschrieben und 150 Papiere unterzeichnet. Seine Gewissenhaftigkeit treibt ihn dazu, stets mehr als das unbedingt Notwendige zu tun. Es ist ihm unmöglich, eine Sache, die sofort erledigt werden könnte, auf die lange Bank zu schieben. Sein Büroleiter hat versichert, es sein »ein wahres Vergnügen« gewesen, »mitzuerleben, wie alle anhängigen Aufgaben mit minimalem Zeitaufwand erledigt wurden«. Doch Jacques de Prévaux ist ganz in seinem Element: Er ist eine geborene Führungspersönlichkeit. Er, der sonst immer solche Schwierigkeiten hat, sich zu äußern, versteht es hier auf völlig natürliche Weise, mit seinen Leuten einen Kontakt herzustellen und sie gleichzeitig seine Autorität und sein Wohlwollen spüren zu lassen. Da er selbst als Arbeitstier bekannt ist, kann er von anderen tatsächlich viel verlangen; seine verständnisvolle Haltung wiederum macht die harte Disziplin erträglicher. Seine stets liebenswürdigen Umgangsformen verschaffen ihm die Hochachtung und Zuneigung seiner Leute. Die schärfsten Inspektionen scheinen weniger Furcht erregend, wenn sie von einem Chef durchgeführt werden, der die Hand in der Hosentasche hat: »Das hat uns für ihn eingenommen«, hat der Matrose Camille Migaud erklärt, der damals zum Bodenpersonal gehörte. Alle spüren das Charisma von Jacques de Prévaux. Beim Abschied erhält er von seinen Männern »ganz außergewöhnliche Bekundungen der Zuneigung«.

Neben der eigentlichen Arbeit hat Jacques auch noch den gesellschaftlichen Verpflichtungen nachzukommen, die einem Offizier in Garnisonsstädten obliegen, wo sich das Leben um mehr oder weniger verbindliche Termine dreht: sie sind kultureller Art (Konzerte, Aufführungen von gastierenden Wanderbühnen, Kino), sportlicher Natur (Tennis, die Jagd); sie umfassen Wohltätigkeitsveranstaltungen und bürgerliche Riten wie das wöchentliche Bridgespiel oder »informelle« Diners. Wenn man die unvermeidliche Unterstützung der Veranstaltungen des Aeroklubs, unumgängliche Zeremonien wie die Ansprache zur Preisverleihung am Lycée Rochefort, das jährliche Garnisonsfest mit seinen Spielen und einem Ball, die Empfänge zu Ehren des Admirals auf Inspektionsreise dazurechnet, lässt sich erkennen, dass Jacques ein mehr als ausgefülltes gesellschaftliches

Leben führt. Er entledigt sich all dieser Verpflichtungen mit ungezwungener Höflichkeit. Die Lokalzeitung widmet ihm bei seinem Abschied eine ganze Spalte und bedauert es, ihn zu verlieren: »diesen liebenswürdigen, zurückhaltenden Mann, diesen feinsinnigen Gelehrten, dessen vornehme Art sich in seinem Verhalten, seiner Ausdrucksweise und seinem Denken verrät ... Die städtischen Behörden und örtlichen Honoratioren schätzen sich glücklich ob der Beziehungen, die sie mit ihm pflegen durften, und vermögen sich nur in lobender Weise zu äußern über das Taktgefühl, das er ihnen gegenüber stets bewiesen hat.«

In Rochefort bewohnen die Prévaux' eine schöne Villa mit großem Garten. Sie führen ein mehr oder weniger normales Familienleben. Die Töchter – neun und dreizehn Jahre alt – haben endlich einmal einen Vater, der zu Hause ist. Sie werden noch immer betreut von ihrer Gouvernante, von der treuen Miss, die in der Familie Ollivier tätig ist, seit sie die kleine Blandine hütete, und die Familie nie, nicht einmal für Ferien, verlassen hat. Was aber Blandine angeht – sie langweilt sich in dieser kleinen Provinzstadt zu Tode. Mit den anderen Offiziersfrauen, mit denen sie Umgang zu pflegen hat, verbindet sie gar nichts, und sie empfindet die Geselligkeiten der Marine als unerträgliche Bürde. Sie spielt Klavier, schließt ihr Buch über Mussolini ab und entflieht, sooft es eben geht, nach Paris, wo sie ihre enge Freundin Charlie wiedertrifft.

Das Bild eines harmonischen Familienlebens ist bloße Fassade. Schon in Berlin hatten Jacques und Blandine sich auseinander gelebt, und das Verhältnis zwischen Vater und Töchtern ist durch die Reserviertheit beeinträchtigt, unter der Jacques selbst am meisten leidet. Vor allem aber gibt es da Lotka.

4

EIN DOPPELLEBEN

Jacques denkt ständig an sie. Zur Verwunderung des Admirals fordert dieser Arbeitsbesessene alle Urlaube ein, auf die er Anspruch hat, und rast nach Paris, um die Zeit in Lotkas Armen zu verbringen. Für ein paar Tage des Glücks, von dem beide drei Monate lang im Voraus träumen. Jacques kann vor Aufregung nicht schlafen, wenn der Urlaub näher rückt. Und Lotka wird ganz schwach in den Knien. Wird der Urlaub widerrufen oder verschoben, dann erfasst sie solche Verzweiflung, dass Jacques sich Sorgen macht.

In Paris ist der gestrenge Fregattenkapitän fröhlich und jung wie niemals zuvor, sogar übermütig; er interessiert sich für Mode, fürs Tanzen, für Lyrik, kurzum: für eher frivole Dinge. Er ist 46 Jahre alt; Lotka gegenüber hat er freilich behauptet, er sei vierzig; eine Lüge, die offenbar glaubwürdig ist, weil Lotka ihm dann nämlich voller Stolz berichtet, ihre Freundinnen hätten ihn erst für 35 gehalten. Er ist durch eine strikte Erziehung geprägt worden, die Gefühlen misstraute und die Regungen des Fleisches missbilligte, und hatte sich unter dem Druck großgeschriebener moralischer Werte und der Pflicht ganz in sich zurückgezogen. Die Liebe zu Lotka befreit ihn von seinen Hemmungen und schenkt ihm ein Selbstvertrauen, das er in seinen bisherigen Affären nie erlebt hat. Endlich glücklich und entspannt, blüht er auf. Es ist das erste Mal, dass er liebt und geliebt wird.

Dann nimmt er traurig den Zug zurück nach Rochefort. Und die Tür ist kaum hinter ihm ins Schloss gefallen, da erlöscht die eben noch so fröhliche und amüsante Lotka wie eine Kerze, sie bricht schluchzend zusammen, weil sie ohne Jacques nicht leben kann. Und er hat unten am Treppenaufgang bereits einen Liebesbrief in den Briefkasten geworfen; ein weiterer wird am Bahnhof aufgegeben; im Zug schreibt er ihr erneut, mit betörenden, verwirrenden Worten: »Wir werden die Grenzen des menschlichen Glücks erforschen.« Während seiner zweijährigen Dienstzeit in Rochefort können die beiden nie länger zusammen sein als drei Tage hier oder dort, eine Woche zu Ostern, zwei Wochen im Sommer, noch ein paar Tage im Herbst.

Sie leben von den Worten der Liebe, von herzzerreißenden Briefen und verrückten Telegrammen. Ein Tag ohne Brief, und sie geraten schon in Panik; ein zu kurzer Brief, und ihnen wird bang. Jacques passt den Matrosen ab, der die Post verteilt; er verschiebt Übungen, bis die Post des Tages ausgetragen worden ist; und die wunderschöne Feier der Segnung des Meeres kommt ihm unendlich lang vor, weil er sich um einen pensionierten Admiral kümmern muss und nicht eine Sekunde allein ist, um Lotkas Brief zu lesen. Er hat jedoch immerhin seine Arbeit, der er sich mit ganzer Kraft widmen kann, sodass er die Trennung leichter erträgt; im Übrigen ist er intellektueller als sie und empfindet beim täglichen Schreiben an die Geliebte eine gewisse Befriedigung. Lotka dagegen ist anfälliger, verletzlicher. Der ewige Wechsel von Glück und Verzweiflung ist zu viel für ihre Nerven. Ihre Arbeit als Vorführmodell bei Elisabeth Arden ist langweilig, dort grassieren Klatsch und üble Nachrede. Just in dem Moment, da Jacques nach Paris kommt, wird Lotka von ihrer Firma nach Marseille geschickt; er ist obendrein furchtbar eifersüchtig. Sie kann nicht verstehen, warum er sich nicht scheiden lässt; sie glaubt nicht länger an seine Liebesbeteuerungen, die Versprechungen eines Glücks, das immer nur in der Zukunft liegt. Eines Abends im Februar bringt sie einen letzten Hilfeschrei an ihn auf die Post (Wird er wieder bloß mit schönen Phrasen antworten? Oder wird er kommen, um mit ihr zusammenzuleben?) und schluckt danach zwei Röhrchen Schlaftabletten.

Diesmal hat Jacques große Angst, dass er sie verlieren könnte. »Wenn wir davongehen müssen, werden wir uns gemeinsam, eng umschlungen verabschieden«, schreibt er ihr, »aber lass uns erst einmal leben, und nach unserem Tod, der, selbst wenn es ein natürlicher Tod ist und noch lange aussteht, ein gemeinsamer Tod sein wird, ich weiß es, werden wir für immer vereint sein und uns in den Kreislauf der Wiedergeburten mischen, an die meine buddhistische Seele glaubt.« Doch Jacques begreift nun endlich, dass Lotka nicht länger nur von seinen Worten allein leben kann; dass der seidene Kokon, mit dem er sie allabendlich umspinnt, sie nicht länger gegen ihren Todeswunsch zu schützen vermag. Er selbst will nicht mehr von ihr getrennt leben müssen, und da sein Dienst in Rochefort dem Ende entgegengeht, beginnt er sich nach einer Position in Paris umzuschauen.

Es dürfte doch so schwer nicht sein, eine seinen Qualitäten gemäße Position zu finden, auf die er außerdem auf Grund vorzüglicher Dienstbeurteilungen Anspruch hat. Admiral Walser, der Oberkammandierende der Marine in Rochefort, hat Prévaux, wie alle bisherigen Vorgesetzten, in die Akte geschrieben: »Ein Elite-Offizier.« In Anbetracht seines Alters und seiner bisherigen Laufbahn kann er eigentlich nur eine Wahl treffen: das Centre des hautes études navales (CHEN), das ganz zu Recht als »Admiralsschule« bezeichnet wird. Das renommierte Institut nimmt jährlich ein Dutzend *auditeurs* auf, besonders brillante höhere Offiziere, um ihnen eine strategische Gesamtperspektive zu vermitteln, mit der sie sich dann ihre Ordenssterne verdienen können. Dort bewirbt sich Jacques also. Er schreibt an den Marinestabschef Admiral Darlan: »Da die Wechselfälle der Karriere mich so lange vom Dienst in der Flotte und von der Theorie des Seekrieges fern gehalten haben, könnte nichts mir dienlicher sein als solche Unterweisung.« Er betont, dass er über die notwendigen organisatorischen Fähigkeiten für die höheren Befehlsposten und Positionen im Generalstab verfüge, in denen er der Marine am besten zu dienen vermöchte. Sein Gesuch wird von seinem unmittelbaren Vorgesetzten Admiral Walser, von Admiral Castex wie auch von dem ehemaligen Marineminister François Pietri unterstützt, dessen Nachfolger an der rue Royale, Senator Gasnier-Duparc, sich ebenfalls für ihn verwenden will.

Es gibt nur ein Problem: Mit seinen 48 Jahren hat er die vorgeschriebene Altersgrenze überschritten; ein zusätzlicher Grund, argumentieren seine Fürsprecher, dieser brillanten Karriere (Korvettenkapitän mit 35, Fregattenkapitän mit 39 Jahren), die ins Stocken geraten zu sein scheint, einen neuen Anstoß zu geben. Ein paar Gerüchte lassen Jacques befürchten, dass alte Geschichten – der Opiumgenuss in der Zeit des Ersten Weltkrieges, der unglückliche Zwischenfall in Berlin – seiner Beförderung schaden könnten; man versichert ihm aber, das seien Kavaliersdelikte, über die längst Gras gewachsen sei. Andererseits macht er die Entdeckung, dass Admiral Berthelot ihn in China nicht in dem erhofften Maße gelobt hat: Berthelot fand ihn »anmaßend« und hielt dieses Urteil schwarz auf weiß in Jacques' Personalakte fest. Berthelot hatte ihn doch tatsächlich kritisiert, weil er seiner, des Admirals Einschätzung des chinesisch-japanischen Kräfteverhältnisses widersprochen hatte. Nach einer offenen Aussprache lassen der Minister und Admiral Darlan Prévaux Recht widerfahren und akzeptieren ihn mit einer Ausnahmebewilligung (wegen seines Alters) als *auditeur* am CHEN. Nach einer Bewährungszeit wird er im Juli 1937 zum Kapitän zur See befördert und für das Jahr 1937/38 problemlos als *auditeur* am Collège des hautes études de défense nationale angenommen, das als übliche nächste Stufe nach der »Admiralsschule« gilt.

Die Kurse dieser Institute finden in Paris statt. Ihnen gehen jedoch praktische Lehrgänge voraus. Im Herbst 1938 kehrt Prévaux zu seinem Heimathafen Toulon zurück, um dort für ein paar Wochen Nachtübungen zur Verteidigung der Küste durchzuführen und zu begutachten: U-Boot-Fahrten, Geschütz- und Torpedo-Einsätze und Einsätze von Wasserflugzeugen. Wie recht er doch tat, das CHEN zu absolvieren! Zum einen stellt er gleich am ersten Tag des Kurses fest, wie wenig er auf dem wichtigen Gebiet der Defensivtheorie weiß, zum anderen sind seine Vorstellungen von Taktik längst überholt. Und was die neue Waffengattung angeht, die Luftwaffe, so kennt er sie zwar aus der Perspektive des Piloten, aber nicht in strategischer Hinsicht. Natürlich kann er dafür durchaus Entschuldigungen vorbringen: Sein insgesamt zehnjähriger Dienst in Berlin und in China haben ihn lange von Frankreich entfernt und eher auf die Diplomatie, den aktiven Dienst und die Führung von Stützpunkten ausgerichtet. Dass er sich unter gleichrangigen Offizieren bewegt, die mehr wissen als er, stellt für ihn allerdings eine völlig neuartige Situation dar – er ist bisher stets Klassenbester gewesen –, die ihn in seinem Stolz trifft.

Jacques schuftet wie ein Besessener, um die Lücken zu füllen. Wenn die Tagesarbeit getan ist, sein Körper vom hektischen Tempo der Übungen und Vorlesungen erschöpft und ihm von den vielen neuen Erkenntnissen der Schädel brummt, nimmt er zum nächtlichen Studium noch einen Aktenstoß mit aufs Zimmer. Er will partout der Beste sein. Er hat sich schon als Kind vorgenommen, »nur auf den höchsten Gipfeln zu leben und zu lieben«. Inzwischen ist er sich des eigenen Wertes bewusst und um so stolzer, als er das Verdienst für seine Erfolge ganz allein sich selbst zuschreibt. Seine Familie, seine Umwelt haben mit dem, was aus ihm geworden ist, nicht das Mindeste zu tun: »Mein Geist, meine Intelligenz, mein Wert – was immer an mir edel und stolz ist, ist auf Grund eigener Leistung mein eigen.« Und deshalb muss er der Beste sein – um nicht seine Selbstachtung zu verlieren; um seine Vorgesetzten davon zu überzeugen, dass sie Grund haben, ihm zu vertrauen; damit Lotka stolz auf ihn ist; und weil die Trolley de Prévaux' eben immer die Besten sind. Das hat er übrigens seiner Ältesten, Daniela, am ersten Schultag mit auf den Weg gegeben: »Wenn du bedenkst, wer deine Eltern und deine Großeltern sind, dann musst du immer zu den drei Besten zählen.«

In Paris, wo sich die *auditeurs* der »Admiralsschule« an der avenue Octave-Gréard einfinden, ist die Arbeit weniger anstrengend. Die Vorlesungen über Strategie (»Die Expedition zu den Dardanellen«), angewandte Gefechtstheorie (»Die nächtlichen Angriffe von Torpedobooten«) oder den Einsatz von Gasen im Krieg sind recht aufschlussreich. Die *auditeurs* hören eine Menge von z.T. brillanten Vorträgen, so den des Vizeadmirals Castex mit dem nüchternen Titel »Von Dschingis Khan bis Stalin oder: Die wechselvollen Resultate eines strategischen Manövers«. Prévaux hat zudem das Glück festzustellen, dass sich seine Anstrengungen gelohnt haben; denn als er an der Reihe ist, wird sein Vortrag über »Die Entwicklung der deutschen Marinestrategien von 1914 bis 1918 und ihre Verknüpfung mit der generellen Kriegsstrategie« mit allgemeiner Zustimmung aufgenommen.

Glücklich ist er aber vor allem, weil er Lotka nahe ist. Er kann sie täglich sehen, sie mit »Rohrpostbriefen« überhäufen, die binnen einer Stunde zugestellt werden. Infolgedessen kann er ihr sogar mehrmals am Tag schreiben ... Er führt das klassische Doppelleben eines verheirateten Mannes, der ein Verhältnis hat. Das bereitet ihm zunächst nicht allzu viele Skrupel. Um seine Briefe diskret auf die Post zu bringen, eilt er abends aus dem Hause am quai de Passay; manchmal kommt er dann für die Nacht nicht mehr heim.

Lotka dagegen ist gar nicht glücklich. Sie ist viel zu lauter, um Jacques mit einer anderen zu teilen; viel zu leidenschaftlich, um sich mit den paar Stunden zufrieden zu geben, die er seinem ehelichen Zuhause entwendet. Sie ist seit Mai 1937 arbeitslos und wird von Geldsorgen geplagt. Ihre vor ein paar Jahren nach Paris emigrierten Eltern leben in Armut; wegen unbezahlter Rechnungen ist ihnen gerade das Gas abgedreht worden. Lotka leidet unsäglich, weil sie den Eltern nicht zu helfen vermag; und von Jacques darf sie keine Unterstützung erwarten, er hat kein Privateinkommen und muss von seinem Offizierssold Frau und Kinder ernähren. Lotkas Mutter, die energische Bertha, in Jaroslaw einst die Chefin des *Chic parisien*, nimmt alles klaglos hin: das Exil, die Entbehrungen, das hektische Leben in der Großstadt. Die Leitners sind tapfere Menschen, deren Wahlspruch lauten müsste: Durchhalten. Aber Bertha kann es nicht mit ansehen, wie sich ihre Tochter verzehrt. Lotka ist noch immer schön, o ja – doch wie schlecht sie aussieht, und dann dieser unsagbar traurige Blick ... Daran ist natürlich die unglückliche Liebesgeschichte schuld; ihr hübsches Kind ist viel zu gut für diesen verheirateten Mann, der sich nicht zur Scheidung entschließen kann. Mit dem verschwendet Lotka nur ihre Zeit, dabei gäbe es doch so viele Männer, die sie glücklich machen könnten.

Mit einem anderen als Jacques glücklich sein? Unmöglich, unvorstellbar, widerspricht Lotka aus tiefstem Herzen. Im Übrigen, Glück hin, Glück her, ist ihr Schicksal seit jenem Abend im November 1933 – nun schon vor vier Jahren! – mit Jacques' Schicksal verknüpft. Doch dann wird ihr plötzlich alles zu viel: die vielen Tage, die sie in ihrem Apartment im Quartier Latin zubringt, wo sie stumpfsinnig auf die an die Wand gehefteten Fotos von Jacques starrt; das ewige Warten, nicht mehr, wie früher, auf seine Briefe, sondern auf ihn selbst – und ein einziger Blick von ihm würde genügen, sie würde vor Liebe schmelzen und alle Zweifel vergessen –, und die Weinkrämpfe, die sie jedes Mal erschüttern, wenn er wieder fort ist; die ewigen Ermahnungen, sie müsse Geduld haben; das ganze Leiden, das einfach ihre Kräfte übersteigt. Sie beschließt, mit ihm zu brechen. Nicht dass sie seiner überdrüssig wäre – wie könnte sie seiner je müde werden? Sie hat auch nicht aufgehört, ihn zu lieben. Es ist nur so, dass ihre geistige Gesundheit auf dem Spiel steht. Sie wird verreisen. In die Vereinigten Staaten, wo sie schon einmal gelebt hat. Sie wird wieder nach Polen fahren, nach Zakopane. Sie hat schließlich, Gott sei Dank, immer noch Freundinnen und Freunde, die sich freuen würden, wenn sie sich wieder ihnen zuwendet. Vielleicht wird sie ihn mit der Zeit ja auch vergessen ... Auf jeden Fall keine Briefe, bloß das nicht. Und um ihm zu zeigen, dass sie es ernst meint, schickt sie ihm seine Briefe zurück.

Jacques ist so bestürzt, dass er ihr in allem zustimmt und verspricht, keinen Kontakt mit ihr aufzunehmen. Drei Monate hält er es durch. Wie ein Verrückter irrt er durch die Stadt, verbringt ganze Nächte unter Lotkas Fenster. Er kann die Trennung nicht ertragen; ihm ist schon der Gedanke unerträglich, dass er sie nie wieder sehen wird. Er sagt sich zum x-ten Male, sie müssten Geduld haben und warten, dass Blandine in die Scheidung willigt. Er hat ihr gegenüber das Thema zum ersten Mal angeschnitten, als sie noch in Rochefort wohnten. Sie hat ihm abwechselnd gedroht (seine Karriere und seine Ehre zu zerstören) und ihn angefleht, ihn daran erinnert, dass er selbst doch keinen Sou besitzt. Seit zwei Jahren kämpft sie um ihn. Doch nichts kann ihn bewegen, zu ihr zurückzukehren. Nichts vermag ihn zu trennen von seiner Mätresse ...

Von seiner »Mätresse«, oder noch gemeiner, »dieser Kreatur« – wie Lotka von einigen seiner Verwandten geschimpft wird. »Eine Frau ohne Religion und Vaterland, die doch bloß einen Körper besitzt, ein vulgäres Nichts, eine Eiterbeule«, stößt eine Tante hervor, die selbst gewiss ein Ausbund an Tugend ist. Eine andere Tante versucht ihren Neffen wieder auf den geraden Weg von Sitte und Anstand – gemeint sind diskrete Liebschaften – zu führen: »Ich weiß wohl, dass du kein Heiliger bist« (das scheint nicht weiter schlimm), »aber was bist du doch für ein Feigling!« (Die Logik dieser Argumentation ist einigermaßen schwierig nachzuvollziehen.) Im Grunde sind alle der Meinung, der arme, unschuldige Jacques habe sich einwickeln lassen von dieser »unverschämten Frau, die weder deiner Rasse angehört noch deinen Glauben teilt und keine moralischen Skrupel kennt, sonst hätte sie dich nicht so verhext«. (Diese Teufelin.) Die gemäßigteren Familienmitglieder halten Jacques eher für krank. Wie sonst ließe sich denn erklären, dass er die Scheidung will, wenn nicht durch Verhexung oder Krankheit, durch das Paranormale oder Pathologische? Der Einzige, der Jacques versteht, ist sein Cousin Roland de Margerie, den die neue Affäre zunächst amüsiert und neugierig macht, bis er dann zu seinem Erstaunen merkt, dass sie andauert, und zu dem Schluss gelangt, dass Jacques diesmal wirklich liebt. Er beklagt den psychischen und physischen Zustand seines Cousins. Wird Jacques den Mut besitzen, die Scheidung zu vollziehen? Roland bewundert seinen »alten Bruder« und ist neidisch auf ihn, als er diesen Mut tatsächlich aufbringt. »Ich habe zu meiner Erleichterung erfahren, dass du den Entschluss gefasst hast!« Er ahnt Jacques' finanzielle Probleme und schenkt ihm prompt einige wertvolle Gemälde.

Im Herbst 1938 erklärt sich Blandine endlich bereit, einer Scheidung im gegenseitigen Einverständnis zuzustimmen. Das Verfahren nimmt seinen Gang. Jacques' Anwalt schätzt, dass es recht bald zum Abschluss kommt, zudem Jacques die meisten Bedingungen seiner Frau akzeptiert: ja, sie darf den ehelichen Namen weiter führen, ja, er überlässt ihr die Möbel … Er empfindet nichts als Verachtung für den »Kleingeist« dieser Kreise und lehnt es ab, sich wegen der »silbernen Löffel« zu streiten. Bald wird er frei sein – und pleite, aber was macht das schon? Anders als erwartet, werden die Sitzungen des Schiedsgerichts zu bitteren Auseinandersetzungen, und nach dem Scheitern aller Bemühungen um einen gütlichen Vergleich zieht sich die Sache endlos in die Länge. Die Scheidung wird erst im Juli 1939 ausgesprochen, unmittelbar vor Ausbruch des Krieges.

Als die Mitteilung Prévaux erreicht, weilt er in Dakar.

5

AUF DER *DUGUAY-TROUIN*

Toulon, 12. August 1938. Prévaux geht an Bord des Kreuzers *Duguay-Trouin*, zu dessen Kommandeur er soeben ernannt worden ist. Als er das Fallreep hochklettert und die Seeleute Haltung annehmen, kommt ihm wieder eine andere *Duguay-Trouin* in den Sinn, das Schulschiff, auf dem er, damals ein junger Fähnrich zur See, nach dem Abschluss der Marine-Akademie eine Reise um die Welt machte. Hätte er damals gedacht, dass er dreißig Jahre später im Sessel des »Alten« sitzen und die Manöver leiten würde? Mit zwanzig ist man rasch verblendet, da träumt man von Karrieren im D-Zug-Tempo, von blitzschnellen Beförderungen; er jedenfalls hatte nicht erwartet, dass es so lange dauern würde.

Der 8.000-Tonnen-Kreuzer, den Jacques befehligt, ist ein modernes, äußerst seetüchtiges Schiff. Es schafft die bemerkenswerte Geschwindigkeit von 30 Knoten, ohne dass seine acht Kessel überstrapaziert würden. Seine Größe – 181 Meter lang, 17 Meter breit – ermöglicht eine wirksame Bestückung mit schweren Geschützen. Die Besatzung umfasst beinah sechshundert Mann, darunter 26 Offiziere. Für die nächsten zehn Monate wird die *Duguay-Trouin* zur Schulungsdivision der Mittelmeerflotte gehören und nur kurz für die Geschützpraxis und zu Übungen längs der Küste zwischen Toulon und den Inseln von Lérins auslaufen, sonst für Reparaturen und zu Experimenten im Hafen liegen.

Dieser Kreuzer ist eine Welt für sich. Ein Schiff dieser Größe auf See zu kommandieren ist kein Pappenstiel, schon gar nicht für Jacques, der wenig seemännische Erfahrung besitzt; er hat ja zuvor bloß ein Kanonenboot und eine Korvette befehligt. Außerdem hat er auf Grund der schlechten

Witterung während der drei ersten Tage an Bord alle Schwierigkeiten zu meistern, die ein Schiffskommandant normalerweise erst nach einem halben Jahr im Griff hat. Und die Offiziere der *Duguay-Trouin* hegten eine besondere Hochachtung für den vorherigen Kapitän; was die Kompetenz des Neuen angeht, der fast seine ganze Laufbahn an Land verbracht hat, so haben sie gewisse Zweifel. Sie hoffen, dass Prévaux ein akzeptabler Kommandant sein wird; dass er ein waschechter Seemann ist, erwarten sie jedenfalls nicht – eine Herausforderung, die Jacques selbstverständlich annimmt. Er brennt darauf, besonders heikle Manöver mit Erfolg abzuschließen und seinen Mut unter Beweis zu stellen – etwa während einer Geschützübung vor Salins d'Hyères. Es regnet ganz widerlich, und das bei steigendem Seegang und zunehmender Windstärke. Na und? Umso besser. »Ich habe durchgehalten. All meine Offiziere haben abgewartet, wie ich wohl reagieren würde, und insgeheim gehofft, dass ich Befehl geben würde, unverzüglich zu unserem Ankerplatz umzukehren. Ich habe sie noch eine Stunde lang auf die Folter gespannt und weiter schießen lassen, um meine Autorität zu festigen. Es ist eine harte, rasche Lehre, aber ich glaube, dass sie mich inzwischen als ›Seemann‹ betrachten. Das ist schon eine Leistung.«

Eine Woche nach Übernahme des Kommandos – »eine sehr schöne, äußerst bewegende Zeremonie, diese Musterung der ganzen Mannschaft auf der makellos sauberen Brücke, all die blitzblanken Matrosen, die einem so offenherzig und schon mit solcher Verehrung in die Augen schauen« – fühlt sich Prévaux an Bord zu Hause. Er hat seine prächtige, in Rot und Schwarz gehaltene Kapitänssuite bezogen, hat seine Überseekoffer ausgepackt und einen Haufen Bücher, ein paar chinesische Kuriositäten und Porträtfotos von Lotka herausgenommen, um die steife Atmosphäre der Empire-Möblierung ein wenig aufzulockern.

.cques de Prévaux im Alter von
völf Jahren (Lille, 1901)

Fähnrich zur See Jacques de Prévaux
im Jahre 1915

Jean Roulier (Toulon, 1915)

Auf der *Descartes* in Montréal, 1913. Fähnrich Jacques de Prévaux in der ersten Reihe links

Jacques de Prévaux in der Montur eines Luftschiffpiloten (Saint-Cyr, 1917)

Kapitänleutnant Jacques de Prévaux, Kommandant des Stützpunkts Marquise-Rinxent (September 1919)

)ie Hochzeit von Blandine Ollivier und
ıcques de Prévaux in der
farrkirche von Saint-Augustin (April 1920)

\uf der *Diligente* (Toulon, 1924). Sitzend der
Korvettenkapitän Jacques de Prévaux

Fregattenkapitän Jacques de Prévaux, Marineattaché in Berlin (1929)

Jacques de Prévaux in China (1932)

Jacques de Prévaux mit dem befehlshabenden Offizie
der amerikanischen Streitkräfte auf den Philippinen
(Manila 1932)

Die Leitners in New York (1906). Von links nach rechts: Bertha mit Lotka auf dem Arm, Milan und Isidore

Das Geschäft *Au chic parisien* in Jaroslaw (1923). Bertha Leitner ist die Zweite von rechts, rechts von ihr Lotka

Mannequin (wahrscheinlich Lotka) bei Vionnet

Lotka in den dreißiger Jahren

Postkarte von Mopse an Lotka (1934)

Lotka in Zakopane (Januar 1934)

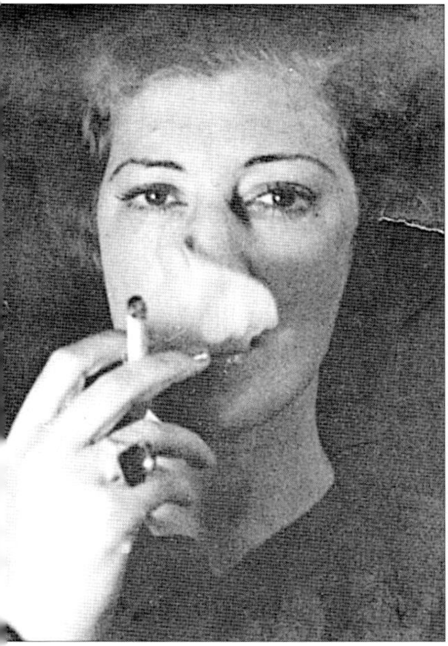

Lotka (in den dreißiger Jahren)

Jacques (in den dreißiger Jahren)

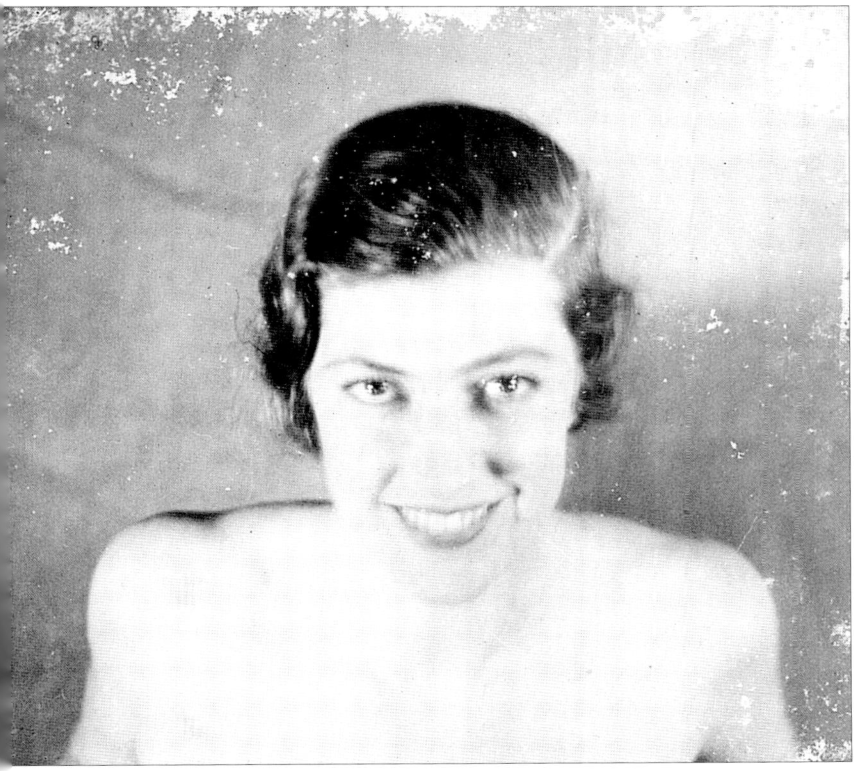

Lotka (in den dreißiger Jahren)

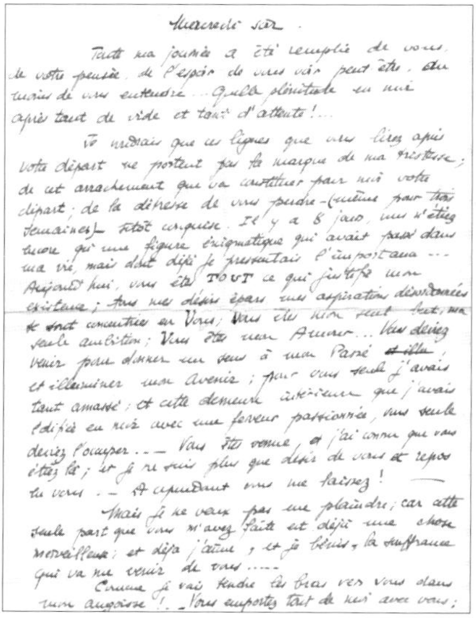

Mercredi soir.

Toute ma journée a été remplie de vous, de votre pensée, de l'espoir de vous voir peut-être, du moins de vous entendre... Quelle plénitude en moi après tant de vide et tant d'attente!...

Je voudrais que ces lignes que vous lirez après votre départ ne portent pas la marque de ma tristesse; de cet arrachement que va constituer pour moi votre départ; de la détresse de vous perdre — (même pour trois semaines) — sitôt conquise. Il y a 8 jours, vous n'étiez encore qu'une figure énigmatique qui avait passé dans ma vie, mais dont déjà je pressentais l'importance... Aujourd'hui, vous êtes TOUT ce qui justifie mon existence; tous mes désirs épars, mes aspirations désordonnées se sont concentrés en Vous; Vous êtes mon seul but, ma seule ambition; Vous êtes mon Amour... Vous deviez venir pour donner un sens à mon Passé ~~et illu~~ et illuminer mon Avenir; pour vous seule j'avais tant amassé; et cette demeure intérieure que j'avais édifiée en moi avec une ferveur passionnée, vous seule deviez l'occuper... — Vous êtes venue, et j'ai connu que vous étiez là; et je ne suis plus que désir de vous et repos en vous. — Et cependant vous me laissez! —

Mais je ne veux pas me plaindre; car cette seule part que vous m'avez faite est déjà une chose merveilleuse; et déjà j'aime, et je bénis, la souffrance qui va me venir de vous.....

Comme je vais tendre les bras vers vous dans mon angoisse!.. Vous emportez tout de moi avec vous;

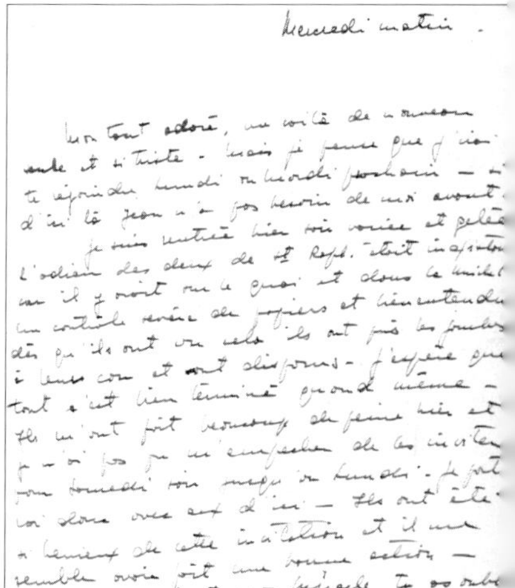

Mercredi matin.

Mon tout adoré, me voilà de nouveau seule et si triste — mais je pense que j'irai te rejoindre lundi ou mardi prochain — si d'ici là Jean n'a pas besoin de moi avant [illegible]

Je suis rentrée hier soir [illegible] [illegible] l'odieux des deux de St Raph. [illegible] [illegible] il y avait sur le quai et dans le [illegible] un contrôle sévère des papiers et bien entendu dès qu'ils ont vu cela ils ont pris les [illegible] à leur cou et ont disparu — j'espère que tout s'est bien terminé quand même — Ils m'ont fait beaucoup de peine hier et [illegible] [illegible] pour samedi soir [illegible] ou lundi. — [illegible] Ils ont été [illegible] [illegible] de cette [illegible] et il me semble avoir fait une bonne action — [illegible]

Mon Tout et mon [illegible] [illegible] pour le payement de l'électricité — [illegible] [illegible] que le certificat

Briefe von Jacques an Lotka (links) und von Lotka an Jacques (rechts)

cques de Prévaux (1936)

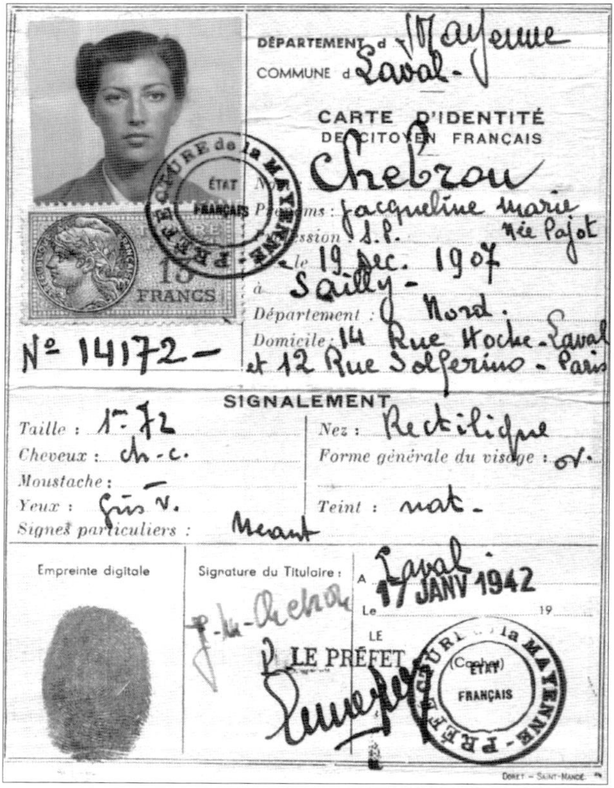
DÉPARTEMENT d Mayenne
COMMUNE d Laval

CARTE D'IDENTITÉ
DE CITOYEN FRANÇAIS

PRÉFECTURE de la MAYENNE
ÉTAT FRANÇAIS

Nom: Chebrou
Prénoms: Jacqueline Marie
Profession: s.p. née Pajot
Né le 19 déc. 1907
à Sailly
Département: Nord
Domicile: 14 Rue Hoche - Laval et 12 Rue Solferino - Paris

15 FRANCS

N° 14172

SIGNALEMENT

Taille: 1m72
Cheveux: ch.-c.
Moustache: —
Yeux: gris v.
Signes particuliers: Néant
Nez: Rectiligne
Forme générale du visage: ov.
Teint: mat.

Empreinte digitale

Signature du Titulaire:

A Laval
Le 17 JANV 1942
LE PRÉFET

PRÉFECTURE de la MAYENNE
(Cachet)
ÉTAT FRANÇAIS

DORET – SAINT-MANDÉ

Lotkas falscher Personalausweis auf den Namen
von Jacqueline Marie Chebrou (Januar 1942)

Lotka in *La Cisampo* (1942)

·tka in *La Cisampo* (1942, Sammlung Germaine Sablon)

Isidore und Bertha Leitner vor ihrem Geschäft in der rue Legendre, Paris (193

Chère Madame, 1-3-43-

Mon mari et moi nous partons demain mati
pour une destination inconnue. Nous somme
courageux. Je vous prie de prévenir
mon amie Rue St Placide. Je n'écris
pas à mes enfants et je vous prie de ne
rien leur écrire. Je vous remercie p
les services que vous m'avez rendus.
Je vous envoie mes amitiés

Bertha Leitner

Bertha Leitners letzte Postkarte aus Drancy (1. März 1943)

Jacques (1943)

Lotka mit Aude (1943)

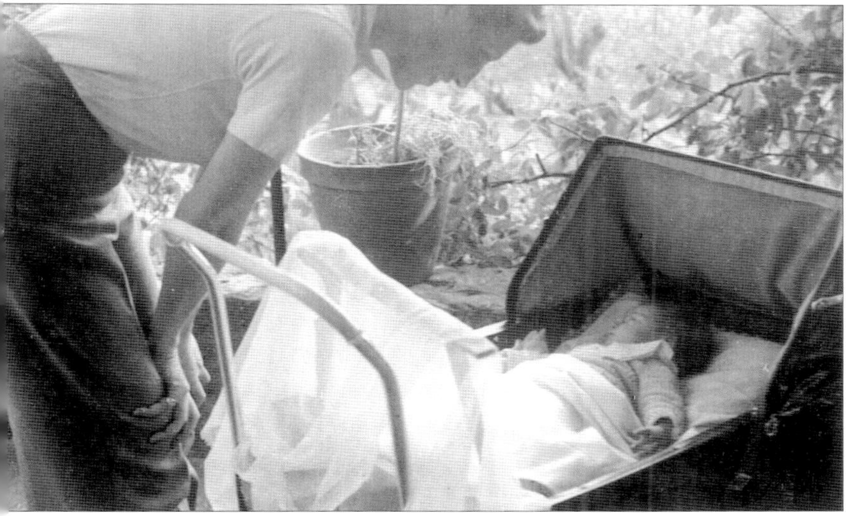

Lotka mit Aude (1943)

Und wieder tut er das, was alle Seeleute auf See machen: die Nase in den Wind halten und über das Wetter reden. Er arbeitet wie ein Besessener, liest abends Rilke und Péguy, und während der Mahlzeiten studiert er außenpolitische Zeitschriften, um die tschechoslowakische Krise zu verstehen. Seine Offiziere hat er bereits in der Hand, nur auf Grund seiner Ausstrahlung. Er liebt sein Schiff, er liebt seine Mannschaft, und da es mit seiner Scheidung nun vorangeht, wird Lotka bald seine Frau sein.

Unterdessen tanzt Europa nach Hitlers Pfeife, und wann immer er vorgibt, den Frieden zu wollen, atmet Europa auf. Der Anschluss Österreichs im März 1938 hat nur wenig Aufsehen verursacht in Frankreich, das mehr mit den eigenen Regierungswechseln und sozialen Problemen beschäftigt ist. Mit der Sudetenkrise nimmt die Spannung im September merklich zu. Lotka, von der Brutalität der Reden Hitlers auf dem Nürnberger Parteitag geängstigt, ist von einem baldigen Kriegsausbruch überzeugt und versucht, ihre Eltern aus Paris zu evakuieren. Jacques gibt sich Mühe, Lotka zu beruhigen: Das ist doch nur Bluff, Hitler würde niemals gegen den Rat seiner Generäle und Admiräle vorgehen und einen Krieg riskieren, der für ihn von vornherein verloren wäre. Außerdem sind die Diplomaten nicht untätig, die Regierungen in Paris und London werden Prag schon dazu bringen, notfalls noch einmal nachzugeben; sie setzen alles daran, um einen Krieg zu verhindern, selbst für den Fall, dass Hitler tatsächlich in der Tschechoslowakei einmarschiert ... Es ist die Sicht der Dinge gemäß dem »Geist von München«, welcher die Außenpolitik Frankreichs und Großbritanniens beherrscht. Kurz darauf beruhigt der Erfolg des Münchener Abkommens die öffentliche Meinung: die Gier des Ungeheuers nach Land scheint befriedigt. Ob die entschiedene Haltung Daladiers, der Léon Blum als Ministerpräsident abgelöst hat, auch zu dieser Entwicklung beigetragen hat?

Das Kriegsgespenst taucht erst wieder auf, als deutsche Panzer im März 1939 in die Tschechoslowakei einrollen; und diesmal scheint die Gefahr noch bedrohlicher. Die *Duguay-Trouin* liegt derweil zu einer Generalüberholung auf der Werft in Toulon, was das Schiff für mehrere Monate stilllegt. Im Rahmen einer Reorganisation der französischen Seestreitkräfte wird im Juni das 5. Geschwader mit Lorient als Stützpunkt gebildet. Ihm wird auch die *Duguay-Trouin* zugeteilt, die deshalb zur Bretagne zurückkehrt, wo sie weiterhin als Schulschiff dienen soll. In den folgenden zwei Monaten wächst aber die Kriegsgefahr. Nach der Tschechoslowakei wird Polen die nächste Zielscheibe der Deutschen, und die jüngsten diplomatischen Initiativen scheinen immer weniger geeignet, den Ausbruch des Krieges zu verhindern. Am 25. August zieht sich das 5. Geschwader in Brest zusammen; dort nimmt die *Duguay-Trouin* die volle Munitionierung mit 24 Torpedos an Bord; die auszubildenden Kanoniere werden durch eine Kampfmannschaft ersetzt. Am 30. August empfängt Prévaux Konteradmiral Moreau an Bord, der das Geschwader befehligen wird, und sticht mit Kurs auf Dakar in See. Als er dort vor Anker geht, ist Deutschland schon in Polen einmarschiert, haben Frankreich und England Deutschland bereits den Krieg erklärt.

Das Ablegen des Kreuzers hat Lotka nicht miterleben wollen. Es ist ohnehin so, dass Jacques aus Carnac zurückgerufen wurde, wo er sie nach seinem Standortwechsel getroffen hat; sie bekam ihn dort allerdings kaum zu Gesicht, und er war mit seinen Gedanken ohnehin woanders. Da konnte sie genauso gut nach Paris heimfahren. Sie hasst Abreisen, Züge, das Abschiednehmen auf Bahnhöfen, Kriege, die Marine und Schiffe, die ihren Liegeplatz verlassen und ihren geliebten Jacques entführen. Er hat sie wieder einmal verlassen, und sie ist, wie in all diesen Fällen, wie am Boden zerstört. Was soll nun aus ihr werden? Sie ist ganz auf sich gestellt, völlig allein in Paris. Der Kosmetiksalon, wo sie wieder Arbeit gefunden hatte, ist von einem amerikanischen Unternehmen gekauft, das gesamte Personal entlassen worden. Seit sechs Monaten hat sie sich vergeblich nach einer neuen Anstellung umgeschaut, sie wartet verzweifelt darauf, dass die Privatkundinnen, die sie vorher betreut hat, sich wieder bei ihr melden, doch in solchen Zeiten hat Schönheitspflege keine Priorität. Lotka besitzt keinen Sou. Um die Miete zu sparen, zieht sie in die rue Legendre zu ihren Eltern. Mit ihnen kann sie wenigstens über ihren Geliebten sprechen. Ansonsten schließt sie sich ein, sie liest, mit einiger Mühe, aber gewissenhaft, *Die Geschichte der deutschen Armee* und *Das Leben Jesu*. Sie verabredet sich mit niemandem – Jacques ist furchtbar eifersüchtig, und im Übrigen verspürt sie wenig Lust zum Ausgehen. Sie lebt ganz in der Erwartung seines täglichen Briefes und füllt Seite um Seite mit ihrer großen, schön geschwungenen Schrift.

Sie kann sich noch immer nicht an diese Trennungen gewöhnen. Jedes Abschiednehmen verursacht ihr von neuem einen herzzerreißenden Schmerz; hinterher fühlt sie sich halb tot. Sie liebt ihn maßlos, mit einer absoluten Liebe, sie erlebt Anwallungen, in denen sie vor lauter Angst verrückte Schwüre tut und Beschlüsse fasst, mit ihm gemeinsam aus dem Leben zu scheiden. Tag um Tag hat sie ihn angewimmert, sie sei seine Sklavin, sie wolle ihn ganz und gar, sie liebe ihn mehr und mehr, aber das sei noch gar nichts, er werde schon sehen, wenn sie erst richtig zusammen sein würden ... Aber bitte, bitte, er müsse ihr jeden Tag schreiben, sonst werde sie vergehen, und er müsse von seinem Admiral Urlaub verlangen, weil sie nun einmal ohne ihn nicht leben kann.

Diesmal ist die Trennung, wenngleich nach wie vor schmerzvoll, allerdings weniger dramatisch. Das hat vor allem damit zu tun, dass Lotka langsam doch zur Seemannsfrau wird. Sie fügt sich in ihr Schicksal wie all diese grünen Witwen, die in jedem Luftzug die Rückkehr ihres Mannes schnuppern. Sie macht sich des Wetters wegen Sorgen, zittert, als sie im *Paris-Soir* liest, dass im Mittelmeer ein Sturm tobt und die Flotte ihre Manöver abbrechen und in Ajaccio Zuflucht suchen musste. Sie leidet solche schreckliche Angst, »nicht wegen Deiner Fähigkeiten als Kapitän, um Gottes willen, nein, ich weiß doch, was für ein bewundernswürdiger Seemann Du bist, aber wegen des Schiffes, das nicht sehr zuverlässig ist«. Sie schaudert bei der Lektüre seiner lebhaften Schilderung des 30-stündigen Ringens mit den tosenden Elementen. Sie mahnt ihn zärtlich: »Geliebter, Du fährst wieder zur See. Du weißt doch, dass ich das überhaupt nicht mag. Ich mag es, wenn Du an Land bleibst. Tu so etwas bitte nie wieder.« Allmählich vermischen sich in ihren Briefen die Erkundigungen nach den Verhältnissen auf See mit der Frage: »Liebst Du mich auf immer und ewig?«

Die Scheidung ist endlich ausgesprochen worden. Sie sieht sich der Liebe Jacques' versichert – soweit es möglich ist, dass eine Wahnsinnsleidenschaft sich jemals beruhigt – und sieht dem gemeinsamen Leben »während der nächsten vierzig Jahre« entgegen. Seit Beginn des Scheidungsverfahrens im November 1938 hat sie damit gerechnet, Jacques im Frühjahr drauf heiraten zu können. Sie hat ihn ihren Eltern vorgestellt. Er hat feierlich, sichtlich bewegt, um die Hand ihrer Tochter angehalten: »Ich gehöre jetzt zu deiner Familie«, sagt er. Bertha und Isidore erliegen seinem Charme und sind außer sich vor Dankbarkeit für das Glück, das er ihrer Lotcienka schenkt; er bringt ihnen die ganze Kindesliebe entgegen, die er nach dem Tod seiner Mutter verdrängt hatte und die er sich nunmehr auszudrücken traut. Doch die Scheidung zog sich hin; das Urteil war erst im Juli 1939, wenige Tage vor Beginn der Gerichtsferien, ergangen.

Mit der Hochzeit müssen sie sich also weiterhin gedulden; vor allem müssen sie den amtlichen Bescheid abwarten. Sodann braucht Jacques für seine Wiederverheiratung die Genehmigung der Marine. Immerhin ist er nun frei. »Wenn wir verheiratet sind«, schreibt Lotka, »werde ich Dir überallhin folgen, das ist dann sowieso mein absolutes Recht, ja, sogar meine Pflicht. Du wirst mir nie wieder entkommen, selbst wenn es Krieg gibt, ich werde Dich keine Sekunde mehr aus den Augen lassen. Ich werde mich als Matrose verkleiden (Hosen stehen mir ausgezeichnet) und an Bord kommen und Dein Diener sein und Dein Bett mit Dir teilen. Und dann werden manchmal nachts Schreie aus Deiner Kajüte zu hören sein, und die Männer werden Dich für etwas halten, was Du überhaupt nicht bist. Und es wird höheren Orts Beschwerden geben, aber sie werden Augen und Ohren zumachen, weil Du ein Genie bist und die Marine Dich nicht entbehren kann, und deshalb werde ich weiterhin nach Herzenslust schreien können.«

In Dakar stößt die *Duguay-Trouin* auf die *Primauguet*, einen Kreuzer des gleichen Typs. Für einen Monat werden sie die 6. Kreuzer-Division des 5. Geschwaders bilden und den Auftrag haben, französischen Schiffen Geleitschutz zu geben, britische Konvois auf der Durchfahrt zu schützen und auf Patrouillenfahrten nach feindlichen Schiffen Ausschau zu halten. Ihr Operationsgebiet ist immens groß: Im Norden wird es begrenzt von den Kanarischen Inseln, nach Süden erstreckt es sich bis Sierra Leone, westwärts reicht es bis zum 30. Längengrad, also etwa bis zur Mitte des Atlantischen Ozeans. Sie versuchen, deutsche Frachtschiffe abzufangen, die in Afrika Zuflucht genommen haben und nun in ihre Häfen zurückkehren wollen – so beispielsweise die *Amasis* und die *Chemnitz*. (Letztere wird geentert.) Gelegentlich lauern sie auf größeres Wild: die *Ostmark*, den (zivilen) Flugzeugträger der Lufthansa; den Hilfskreuzer *Altmark* und sogar das schnelle legendäre Schlachtschiff *Graf Spee*. Solche Abfang-Missionen enden nicht immer erfolgreich. Selbst wenn alle Mittel aufgeboten werden, gelingt es deutschen Schiffen, durch die Maschen zu schlüpfen. Ein Schiff aufzuspüren, dessen Besatzung weiß, dass sie verfolgt wird, und das sich irgendwo zwischen Brasilien und der afrikanischen Westküste bewegt, entspricht in etwa der Aufgabe, eine Nadel im Heuhaufen zu finden. So konnte die deutsche *Windhuk* einer englisch-französischen Gemeinschaftsoperation entkommen, obwohl die Franzosen drei Kreuzer und zwei Zerstörer und die Briten einen Flugzeugträger einsetzten.

Da lebt Prévaux in der feuchten, klebrigen Luft der Äquatorzone praktisch auf der Kommandobrücke. Er könnte sich auf der schmalen Koje seines Kartenraums ausruhen, sieht sich aber als Schiffskommandant verpflichtet, ständig in Bereitschaft zu sein, um den Wachoffizieren beim geringsten Alarmzeichen beistehen zu können. Solch erschöpfende Fahrten mit durchwachten Nächten und einer Atmosphäre nervöser Spannung wechseln mit Perioden so genannter Ruhe im Hafen, wo das Schiff überholt und über die zurückliegenden Patrouillenfahrten Berichte verfasst werden müssen. Die Regenzeit hüllt den Senegal in einen warmen Dunst. In den stickigen Kabinen des stählernen Schiffskörpers, wo die Temperatur auf 35 Grad Celsius steigt und die Bullaugen der Stechmücken halber geschlossen bleiben, wird Schlafen nahezu unmöglich. Eine zusätzliche Irritation ergibt sich aus der Anwesenheit des Konteradmirals an Bord. Es ist zwar so, dass Prévaux nach wie vor die *Duguay-Trouin* kommandiert und Admiral Moreau das Geschwader befehligt. Doch obwohl ihre Kompetenzen klar abgegrenzt sind, ist die Situation einigermaßen unerquicklich. Prévaux sieht seine Unabhängigkeit beeinträchtigt. So kommt er nicht umhin, die Mahlzeiten gemeinsam mit dem Admiral einzunehmen, und muss ihm jederzeit zur Verfügung stehen. Mitte November löst dieses Problem sich dann von selbst, weil das 5. Geschwader aufgelöst wird.

Danach kann Jacques frohen Herzens seine alte Gewohnheit wieder aufnehmen, für sich allein zu arbeiten, wenn er nicht auf Dienst ist. Er widmet sich erneut ernster Lektüre, fängt ein neues Tagebuch an und unterhält einen literarischen Briefwechsel mit mehreren Freunden, die es ihm hoch anrechnen, dass er trotz seiner Verpflichtungen als Kommandant eines Kreuzers zu Kriegszeiten mit ihnen in Verbindung bleiben will. Er hat sich mit Kapitänleutnant Debat angefreundet, lädt ihn häufig in seinen Salon ein oder trifft ihn, Zigarette in der Hand, im Kartenraum oder auf der Kommandobrücke, und während der vierstündigen Wache setzen die beiden ihre gelehrten Gespräche über Buddhismus, päpstliche Enzykliken und auch über Politik fort. Jacques schätzt diesen brillanten Offizier, seine Kultiviertheit und seine geistigen Qualitäten. Georges Debat, den das reservierte, fast arrogante Verhalten Prévaux' zunächst befremdet hat, erkennt, das es zurückgeht auf eine Kontaktscheu und die Angst, missverstanden zu werden. Eine gewiss nicht unbegründete Besorgnis, weil Jacques zu einer knappen und ein wenig kryptischen Ausdrucksweise neigt. Die Schiffsbesatzung betrachtet ihn in der Tat – voller Hochachtung – als »wandelndes Lexikon« oder »Intellektuellen«.

Seine Offiziere versuchen ihm ein wenig Zerstreuung zu verschaffen und ihn zu bewegen, mit ihnen auszugehen. Da ihm ein Automobil zur Verfügung steht, kann er die Gegend erkunden und beispielsweise an den Strand oder zum Europäischen Club fahren. Man tanzt in der Dunkelheit, die der Sperrstunde zu verdanken ist, schmachtende Tangos oder amüsiert sich in einem Bordell. In Dakar gibt es mehrere; sie unterscheiden sich nach den finanziellen Mitteln ihrer

Kundschaft. Das eleganteste und teuerste heißt *Chez Maman Cernay* und liegt mitten im Zentrum der Stadt; die Bar und die Bungalows, in denen sich die Zimmer befinden, führen auf einen idyllischen Garten mit Blumen und Kokospalmen hinaus – es ist der angenehmste, luftigste Ort in ganz Dakar, viel angenehmer noch als der Club. Als der Kommandant der *Duguay-Trouin* angekündigt wird, läuft ihm Maman Cernay, tüchtige Geschäftsfrau, die sie ist, zur Begrüßung entgegen. Die beiden fallen einander in die Arme; sie kennen sich von früher, aus Shanghai, wo auch Maman Cernay ihre Karriere begann. Seither sind beide aufgestiegen. Prévaux lädt seine Offiziere großzügig *Chez Maman Cernay* ein; selbst den Leutnants, die sie in ihrem Kielwasser hinter sich herziehen, wird ihre Gunst zuteil. Ein junger Fähnrich gewinnt Einlass, obwohl die Preise dieses Etablissements seine Möglichkeiten bei weitem übersteigen. Er erinnert sich voller Dankbarkeit: »Wie Könige sind wir behandelt worden. Als wir Dakar verließen, hat Madames Stellvertreterin mir ein Medaillon mit der Jungfrau Maria geschenkt – es sollte mir Glück bringen.«

Auf der *Duguay-Trouin* beschäftigt sich Jacques, so wie früher auf der *Altair*, mit seinen religiösen Überlegungen. Er holt die alten Werke der indischen Philosophie aus dem Koffer und liest die heiligen Schriften wieder, die er fast auswendig kennt, einige der Upanishaden, die Bhagavad-Gitâ und die Bücher Rabindranath Tagores. Er studiert alles, was er über christliche Spiritualität finden kann, und überlässt sich ganz den Regungen seiner frommen Seele. Kirchlich gebunden ist er allerdings weiß Gott nicht, und er lehnt es ab, sich als Katholiken zu bezeichnen – dafür hat er viel zu sehr unter dem »Treibhaus« der religiösen Erziehung gelitten, die ihm die Jesuiten aufzwangen. Den katholischen Glauben an ein höchstes Wesen, an einen gütigen Gott, an das individuelle Schicksal des Menschen hat er sich bewahrt, so wie er auch einige wenige Riten beibehalten hat, die diesen Glauben bezeugen: das Gebet und die Verehrung der Jungfrau Maria.

Seine Frömmigkeit speist sich nun aus der Notwendigkeit, an die Überlegenheit der Kräfte des Geistes über die Mächte des Bösen zu glauben, die von Hitler verkörpert werden. Es ist wichtiger denn je zu verteidigen, was gegen die Barbarei der Nazis steht: die jüdisch-christlichen Werte. Im Band der absoluten Liebe zwischen Lotka und ihm drücken sich eben diese Werte aus; davon ist er fest überzeugt. Die leichtfertige Lotka hat eine innere Wandlung durchgemacht. Sie ist nachdenklich geworden und fromm, aber auf slawische Art, mit einer schlichten Sentimentalität, mit Tränen und Gefühlsausbrüchen. Jacques hat ihr ein Foto seiner Mutter geschenkt, die starb, als er noch ein Kind war. »Ich bete jeden Abend zu Gott«, schreibt ihm Lotka, »damit er ein Wunder tut und uns vor diesem Krieg bewahrt, ich küsse das Bild Deiner lieben Mutter und netze es mit meinen Tränen, ich flehe sie an, Dich zu segnen und zu behüten.«

Zu welchem Gott betet sie? Aus Polen emigriert und von ihren religiösen Wurzeln abgeschnitten, haben sich die Geschwister Leitner fast gänzlich vom jüdischen Glauben gelöst, ohne ihm deshalb abgeschworen zu haben. Lotka hatte fast vergessen, dass sie Jüdin ist. Die Ankunft ihrer Eltern in Paris und die Verfolgung der Juden durch die Nazis haben sie wieder an ihre Ursprünge erinnert; der Gedankenaustausch mit Jacques gibt ihr den Mut, ihren Glauben zu bekennen. Im September feiert sie gemeinsam mit ihrer Familie das Jom-Kippur-Fest. Im Oktober macht sie in einem Augenblick panischer Angst das Gelöbnis, sich zum Christentum zu bekehren, wenn Jacques wieder heil nach Hause kommt. Sie ertappt sich dabei, wie sie sich bekreuzigt und in den Kirchen Kerzen anzündet. Ein Verrat, zweifellos, sie spürt aber keine Gewissensbisse.

Die unablässigen Patrouillenfahrten haben die *Duguay-Trouin* bis an die Grenzen ihrer Belastbarkeit strapaziert. Sie muss zur Reparatur und Überholung zu ihrem Stützpunkt zurückkehren. Sobald der Kreuzer, der die *Duguay-Trouin* ablöst, an der Küste von Französisch-Westafrika eintrifft, gibt Prévaux Befehl, Kurs gen Norden zu nehmen. Wegen des Nebels und wegen der Kälte, die die Mannschaft nicht mehr gewohnt ist, und wegen des hohen Seegangs, der dem Schiff nicht wohl tut, wird es eine schwierige Überfahrt. Die *Duguay-Trouin* läuft am 18. Januar in Lorient ein und legt in der Marinewerft an, wo sie für die nächsten fünf Monate stillliegt.

Sobald Jacques Urlaub bekommt, eilt er nach Paris, um Lotka wieder zu sehen. Sie hat eine kleine Wohnung im gleichen Gebäude an der rue de la Pompe gemietet, wo sie vor dem Krieg gewohnt hatte. Sie ist außer sich vor Freude, seit sie weiß, dass Jacques kommt. Mit aller Kraft wirft sie sich auf den Umzug und die Hochzeitsvorbereitungen. Bei aller Geldknappheit braucht sie doch wenigstens einen Ring und ein Hochzeitskleid ... Glücklicherweise hat sie noch eine Menge Freundinnen in der Modebranche, die ihr gern behilflich sind.

Die Zeit rast. Jacques' Urlaub nähert sich schon dem Ende, und die Formalitäten für die Hochzeit sind keineswegs abgeschlossen. Ein bestimmtes Papier steht noch immer aus. Das amtliche Scheidungsurteil ist zwar endlich eingetroffen, doch die Marine stellt besondere Bedingungen: Ohne ihre ausdrückliche Genehmigung kann Jacques keinen Ehebund schließen. Um sie zu erhalten, muss er ein positives Gutachten des vorgesetzten Offiziers über die »Sittsamkeit der künftigen Ehefrau und die Schicklichkeit des geplanten ehelichen Bundes« beibringen. Dieses Papier wird erst nach einer doppelten – zivilbehördlichen und militärischen – Erkundigung zu »Lage und Ruf der Zukünftigen sowie ihrer Eltern« ausgestellt. Die Gendarmerie hat an der rue de la Pompe wie an der rue Legendre, wo Lotkas Eltern wohnen, dem Hausmeister Fragen gestellt und Details wissen wollen über Lotkas Umgang, ihre Lebensgewohnheiten; um welche Uhrzeit sie abends nach Hause kommt, ob allein oder nicht; ob sie manchmal auswärts schläft. Lotka bekam eine persönliche Vorladung und wurde nach den Eltern, Brüdern und Schwestern befragt. Das Ergebnis stellt die Marine zufrieden, und am 29. Februar teilt Admiral Devin mit, dass er die »Genehmigung erteilt« für »diesen Ehebund, der die notwendigen moralischen Bedingungen erfüllt«.

Jacques und Lotka heiraten am 12. März in Paris, zwei Tage, bevor sein Urlaub zu Ende geht, was diesmal allerdings keine Trennung bedeutet. Lotka wird Jacques nach Lorient folgen; als seine Ehefrau hat sie das Recht, an seiner Seite zu sein. Sie mieten eine Wohnung an der rue du Port, eine dieser hellen, windigen Straßen in Hafennähe, nur wenige Minuten von der Marinewerft entfernt. In der kleinen Küstenstadt erregt die außergewöhnliche Schönheit der jungen Ehefrau des Kommandanten Aufsehen. Sie mag sich noch so sehr zurückhalten, sich unauffällig grau oder dunkelblau kleiden, ihr überschwängliches Wesen zügeln, sich an die Sitten und Bräuche halten, die üblich sind in der Offiziersgesellschaft – nichts kann die Ausstrahlung dieser hoch gewachsenen, blonden jungen Frau in der Blüte ihrer 35 Jahre mindern.

Nach sechs Wochen des Lebens zu zweit muss Jacques sich wieder seinem Kommando widmen. Die *Duguay-Trouin* ist repariert und instandgesetzt, ihre Stabilität verbessert, ihre Flak verstärkt worden; sie ist zum Auslaufen bereit. Ab jetzt ist Prévaux der französischen Flotte im östlichen Mittelmeer zugeteilt, die gewöhnlich als Einsatzgruppe X bezeichnet wird. Eigentlich hätte die *Duguay-Trouin* noch einige zusätzliche Übungstage gebraucht, bevor sie in See sticht, aber der deutsche Einmarsch in Belgien und den Niederlanden macht es notwendig, die Entsendung der neu gebildeten Flotte zu beschleunigen. Für Jacques de Prévaux sind es die letzten Tage an Land. Er muss die Mannschaft antreiben, sich bei den unerlässlichen Überprüfungen des Kreuzers zu beeilen, und gleichzeitig den Admiral zu überreden versuchen, das Auslaufen um ein paar Tage zu verschieben, damit sein Schiff voll einsatzfähig wird.

Am 17. Mai läuft die *Duguay-Trouin* endlich mit Kurs auf Alexandria aus. Trotz der Erschöpfung nach den anstrengenden Vorbereitungen und trotz des Schmerzes, Lotka verlassen zu müssen, tut dieser Aufbruch Prévaux gut. Er ist sich bewusst, dass die kommenden abschließenden drei Monate seines auf zwei Jahre befristeten Postens die letzten seines Lebens als Schiffskommandant sein werden. Ihm bleiben nur mehr hundert Tage, die tiefe Befriedigung zu erleben, die ihm seine Stellung auf der Kommandobrücke vermittelt. Er hätte zweifelsohne die Möglichkeit gehabt, von Bord zu gehen; man hätte für ihn bestimmt eine Stellung an Land gefunden, und er hätte voller Glück mit Lotka zusammen sein können. Doch sein Pflichtgefühl ist stärker. Er muss die reguläre Dauer seines Kommandos bis zuletzt durchstehen. Er schuldet es seinen Offizieren, seiner Besatzung, sich selbst. Er rechnet damit, Mitte August zurück zu sein.

6

ALEXANDRIA

Die *Duguay-Trouin* erreicht den Hafen von Alexandria am 24. Mai. Abgesehen von dem Alarm, den ein in der Nähe operierendes deutsches U-Boot auslöst, als der Kreuzer Lorient verlässt, verläuft die Überfahrt ruhig. Immerhin, die Beobachtungsposten sind permanent besetzt; eine Mannschaft hält sich für einen Einsatz bereit, während eine andere die Ausrüstung wartet und sich, wann immer Zeit dazu bleibt, ausruht. Der Kommandant hält seine Leute auf Trab; an Bord herrscht ein strenges Regiment, um die rund sechshundert Matrosen so zur Arbeit zusammenzuschweißen, wie es für die Gefechte unerlässlich ist, mit denen alle rechnen.

Die Einsatzgruppe X unter dem Kommando von Vizeadmiral Godfroy besteht aus einem Schlachtschiff, vier Kreuzern und drei Torpedobooten. Das kleine, schnelle und leichte, wohl bestückte Geschwader hat die Aufgabe, einerseits den freien Verkehr im Suez-Kanal sicherzustellen – eine für die Alliierten lebenswichtige Route –, andererseits die Küsten Italiens unter Druck zu setzen für den wahrscheinlichen Fall, dass Mussolini in den Krieg eintritt. Das trifft am 10. Juni ein, zur großen Erleichterung all dieser Seeleute, die sich nichts anderes wünschen als zu kämpfen und die fest überzeugt sind, dass sie die italienischen Schiffe besiegen werden. Prévaux notiert, es sei der Mannschaft arg schwer gefallen, die Untätigkeit zu ertragen und auszuharren, doch »heute beginnt unser aktiver Dienst. Keiner von uns zweifelt an unserem Sieg oder dass dieser Sieg der Größe der Sache entsprechen wird, die wir verteidigen, sowie der Opfer, die er uns kosten wird. Und ich weiß, dass alle an Bord bereit sind, diese Opfer zu bringen.«

Doch es soll zu keiner Seeschlacht kommen. Das Geschwader kreuzt zwischen den griechischen Inseln, durchfurcht die Meere, versucht einen Überraschungsangriff auf die Dodekanes und eine Landung in Rhodos, um dann auf Tobruk in Libyen zuzuhalten, wo eine Flugaufklärungsstaffel italienische Kreuzer beobachtet zu haben glaubt – aber der Feind hält sich zurück, und die *Duguay-Trouin* kehrt in den Hafen zurück, ohne Gelegenheit zum Kampf bekommen zu haben. Die Männer sind so enttäuscht, dass sie nicht einmal mehr die Schönheit der Mittelmeerküsten genießen können, vor denen die glatte Meeresoberfläche im weichen Licht schimmert.

Ein letztes Mal, am 22. Juni, schickt das Geschwader sich an, gemeinsam mit den ebenfalls in Alexandria liegenden britischen Seestreitkräften in Aktion zu treten. Es soll sich an einem groß angelegten Angriff in der Bucht von Taranto beteiligen, für den die englische Flotte unter dem Befehl von Admiral Sir Andrew Cunningham die Führung übernimmt. Seinen Offizieren stellt Prévaux die Operation folgendermaßen dar: »Wir wissen, dass die italienischen Seeleute den Schutz ihrer Häfen und ihrer Minenfelder ungern aufgeben. Werden sie morgen und übermorgen mehr Mut an den Tag legen als gestern? Werden sie sich dem Kampf verweigern, nach dem wir uns sehnen? Falls dem so ist, werden die vier Gruppen unserer Flotte bis unmittelbar vor den feindlichen Küsten voneinander unabhängig operieren. Die ersten drei Gruppen werden zur Meerenge von Messina hinauffahren und den großen Flottenstützpunkt Augusta in Sizilien beschießen. Unsere Gruppe wird die Küste von Tripolis bis kurz vor Tunesien angreifen.«

Daran schließen sich Ermahnungen an, die den Zweck verfolgen, die Kräfte zu mobilisieren, welche durch die beunruhigenden Nachrichten von der Front, von dem Befehl zu einem allgemeinen Rückzug und der Eroberung von Paris durch die deutschen Truppen geschwächt sind. »Wir alle hoffen auf einen Kampf ... In diesen für unser Land so tragischen Augenblicken spüren wir überdies den instinktiven Drang, uns unserer Brüder würdig zu erweisen, die in Dünkirchen und in der Schlacht von Frankreich gekämpft haben, ihnen durch unseren Sieg über den Feind der letzten Stunde zu beweisen, dass es Grund gibt für unseren unerschütterlichen Glauben an die Zukunft Frankreichs.« Ein Sieg würde außerdem dem wachsenden Defätismus in der französischen Regierung Einhalt gebieten. Die Flotte will kämpfen.

Zu spät. Der Befehl »Klarmachen zum Gefecht« erfolgt am 22. Juni um 22.30 Uhr. Die französischen Schiffe haben bereits die Anker gelichtet und wollen eben in See stechen, als sie ein erstes Telegramm erreicht: Ablegen verschoben. Wenige Minuten danach trifft ein zweites ein: Auslaufen annulliert. Die Engländer sind aber bereits in See gestochen. Die französische Mannschaft ist völlig perplex. »Als ich in die Schiffsmesse kam«, erzählt Georges Debat später, »hatten sich all meine Kameraden, um die dreißig Offiziere, um das Radiogerät geschart, die meisten stehend, nervös und mit ernsten Mienen. Eine senile Stimme gab den Waffenstillstand bekannt, redete von Ehre und Würde, solche Sachen ... Danach herrschte Stille. Nur zwei oder drei Offiziere gaben einen Kommentar ab: ›Wenn der Marshall (Pétain) es sagt ...‹ Alle waren traurig, verschlossen ... In dieser Nacht hat, wie ich weiß, kaum einer von uns schlafen können.«

An Bord der *Duguay-Trouin* herrscht totale Niedergeschlagenheit. Prévaux spricht von »Verrat« und fordert seine Offiziere auf, »die Zähne zusammenzubeißen und sich auf Rache vorzubereiten« – eine Rache, deren Stunde bald kommen würde, davon sind alle überzeugt. Die Telegramme und

Botschaften, die einander seit den ersten Anzeichen von Verhandlungen zwischen den Krieg Führenden gejagt hatten, sie stärkten zunächst den entschiedenen Willen, weiter zu kämpfen, dann kam die Nachricht von der demütigenden Niederlage und schließlich das blanke Entsetzen über die erhaltenen Befehle: Sie sollen sich ergeben, ohne gekämpft zu haben, und ihre intakten Waffen an die Macht übergeben, die gestern noch der Feind gewesen ist.

Gemäß dem Waffenstillstand, der an eben diesem 22. Juni in Rethondes unterzeichnet wird, soll die unbesiegte Hochseeflotte dann allerdings, im Unterschied zur sonstigen militärischen Rüstung, nicht an Deutschland ausgeliefert werden, sondern in die Heimathäfen zurückkehren, wo die Mannschaften unter Aufsicht der Sieger entlassen und entwaffnet werden sollen. So lautet die von der französischen Regierung formulierte Bedingung, die Hitler akzeptiert hat. Als Großadmiral Darlan die Marine dazu aufruft, ihren Kampf einzustellen, erklärt er solche Vorzugsbehandlung als »Tribut für ihr Verhalten während der Feindseligkeiten und als Anerkennung ihrer Tapferkeit«. Darlan schwört, er habe den Text des Waffenstillstandsabkommens gründlich geprüft: Seine Klauseln seien nicht »unehrenhaft«; die Flotte werde nicht »übergeben«, sondern »unter deutscher Aufsicht entwaffnet«. Ein Unterschied. Er, Darlan, glaube Hitlers Wort, dass er unsere Flotte respektieren würde, und er finde es glaubhaft, dass die deutschen Soldaten unsere im besetzten Brest vor Anker liegenden Kriegsschiffe freundlich im Auge behalten und sie nicht für ihre Zwecke verwenden würden. Er sichert sich zusätzlich ab und erlässt geheime Befehle für den Fall, dass der Feind oder andere ausländische Streitkräfte sich der französischen Schiffe zu bemächtigen versuchen sollten.

Die Marine wird von einer ungeheueren Bestürzung erfasst. Vizeadmiral Godfroy mahnt die Mannschaften der

Einsatzgruppe X am 23. Juni zu Geduld und Ruhe. Die Waffenstillstandsbedingungen sind ihm selbst noch nicht bekannt, er betont jedoch: »Wir wissen ja, was die Versprechungen der Deutschen wert sind.« Drei Tage später, am 26. Juni, trifft die Mitteilung Darlans ein, in der er verlangt, die unterzeichneten Vereinbarungen »ehrlich« auszuführen. Wie kann man da nicht erstaunt sein, vor allem, wenn man die Situation der französischen Schiffe bedenkt?

Die meisten haben die französischen Häfen am Ärmelkanal und Atlantik verlassen können. Einige wenige ausgenommen, die englische Häfen erreicht haben, haben sie sich nach Französisch Westafrika oder ins Mittelmeer zurückgezogen, in die beiden Flottenstützpunkte Mers el-Kébir und Alexandria. Dort liegen sie zusammen mit ihren Verbündeten von gestern, die jedoch weiterkämpfen. Die französischen Seeleute sind verbittert darüber, dass sie untätig im Hafen bleiben müssen, und schauen neiderfüllt dem Ablegen der englischen Geschwader zu. Die Engländer wiederum beäugen diese intakten Schiffe misstrauisch, welche auf Grund des deutsch-französischen Waffenstillstands festliegen – eine lockende Beute für den Feind, ein entscheidender Faktor für den weiteren Kriegsverlauf, falls sie in die Hände der Deutschen gerieten.

Churchill allerdings setzt, im Unterschied zu Darlan, kein Vertrauen in Hitlers Unterschrift. Er rechnet damit, dass die Deutschen und die Italiener sich trotz ihrer Versprechen der französischen Schiffe bemächtigen werden, die in ihre Heimathäfen zurückkehren. Er fasst den Beschluss, die französischen Schiffe, falls nötig, unter Einsatz von Gewalt, entweder auf seine Seite zu ziehen oder zu neutralisieren, bevor sie vom Feind aufgebracht und gegen England verwendet werden. Admiral Sir James Somerville, der die Einsatzgruppe H in Gibraltar befehligt, stellt Admiral Gensoul, dem Befehlshaber der in Mers el-Kébir liegenden französischen

Atlantikflotte, ein Ultimatum: Gensoul wird aufgefordert, sich der britischen Flotte anzuschließen und den Krieg fortzusetzen oder seine Schiffe in Mers el-Kébir unter britischer Kontrolle zu entwaffnen. Allerdings wird ihm noch eine – ehrenhafte – Alternative freigestellt: das Geschwader in die Antillen zu führen, wo es unter amerikanischer Kontrolle neutralisiert würde. Admiral Gensoul lehnt sämtliche Bedingungen der britischen Admiralität brüsk ab, ohne sie im Einzelnen zu erörtern. Die Briten eröffnen das Feuer, versenken die *Bretagne* und machen drei weitere Schiffe gefechtsuntüchtig. In dem Kampf verlieren 1.300 französische Matrosen das Leben.

In Alexandria ist die Lage anders. Eigentlich sollte die Einsatzgruppe X in Beirut entwaffnet werden. Sie wird aber in Alexandria »zurückgehalten«. Ohne Einwilligung der Briten kann sie nicht auslaufen, denn das französische Geschwader liegt ganz hinten im Hafen und sitzt somit gewissermaßen in der Falle – ein Fall von höherer Gewalt. »Die britische Admiralität wünscht – für den Fall, dass die Deutschen oder Italiener, wie schon so oft, sich nicht an die Abmachungen halten – jedes Risiko auszuschließen, dass ihnen unsere Schiffe in die Hände fallen, und weist höflich auf die Notwendigkeit hin, uns in Alexandria festhalten zu müssen«, erklärt Vizeadmiral Godfroy. Das »höflich« ist keine bloße Floskel. Die Beziehungen zwischen den beiden Admirälen sind ausgezeichnet. Vielleicht weil Sir Andrew Cunningham eine Französin und Vizeadmiral Godfroy eine Engländerin zur Frau hat? Der Oberkommandierende der Einsatzgruppe X bemüht sich, seine Offiziere vom guten Willen der Briten und davon zu überzeugen, dass die alten Verbündeten immer noch Freunde sind.

In der Offiziersmesse besteht eher die Neigung, die Briten mit Misstrauen zu betrachten, ja, sie sogar zu hassen. Das geht über ein Wiederaufflackern der alten Rivalität zwischen den beiden Flotten hinaus; die von der Vichy-Propaganda sorgsam geschürte Anglophobie hat eher etwas mit Ereignissen der jüngsten Vergangenheit zu tun. Haben die Briten in Dünkirchen etwa nicht darauf bestanden, nur ihre eigenen Streitkräfte zu evakuieren, und die französischen Soldaten damit an Guderians Einheiten ausgeliefert? Hat London etwa nicht einem gewissen de Gaulle Zuflucht gewährt, an dem Rundfunk und Presse in Frankreich kein gutes Haar lassen? Die britischen Verdächtigungen schließlich empfindet man als Beleidigung: Als ob die französische Marine vorhätte, Verrat zu begehen und ihre Schiffe den Deutschen oder Italienern auszuhändigen! Die gegenseitige Sympathie der befreundeten Admiräle wird von den französischen Mannschaften keineswegs geteilt.

Am 4. Juli gerät die Situation fast außer Kontrolle, als seitens der Briten die Aufforderung ergeht, die Franzosen sollten sich ihnen entweder anschließen oder die Waffen niederlegen, und als dann die Nachricht vom Angriff auf das französische Geschwader in Mers el-Kébir eintrifft. Als auf der Achterbrücke der *Duguay-Trouin* die Morgenschicht zur Wachübernahme erscheint, stellt sie mit Erstaunen fest, dass der Kreuzer von britischen Schiffen eingeschlossen ist, die in fünfzig Meter Entfernung Anker geworfen und die Geschützrohre auf sie gerichtet haben – die Gefechtsstände sind bemannt. Ein Konflikt scheint unvermeidlich, es sei denn, die beiden Admiräle, die Verhandlungen aufgenommen haben und deren Schnellboote hin und her flitzen, finden eine Lösung, die mit der Ehre der Franzosen und dem Sicherheitsbedürfnis der Engländer vereinbar ist.

Prévaux ist der Meinung, dass alles getan werden muss, um ein neuerliches, absurdes Blutvergießen zu verhindern. Er beschließt, den britischen Matrosen, die ihre Geschütze auf die *Duguay-Trouin* gerichtet haben, zu beweisen, dass die französische Marine – jedenfalls die Einsatzgruppe X –

ihre Einstellung gegenüber den alten Verbündeten nicht geändert hat und sie keinesfalls als Feinde betrachtet. »Mannschaft auf die Posten zum Anstreichen!« Die Kalfatsitze werden heruntergelassen. Die Matrosen, die nur wenige Zentimeter von den Kanonenschlünden entfernt in der Luft schweben, beginnen mit Fleiß den Schiffsrumpf zu bearbeiten, während sie mit gleichgültiger Miene vor sich hin pfeifen. Die Offiziere beobachten belustigt die Verlegenheit auf den Gesichtern der Briten. Ist es nicht albern, auf eine Mannschaft anzulegen, die friedlich das Schiff streicht? Wäre die britische Admiralität wirklich dazu imstande, Befehl zu geben, auf eine unbewaffnete Mannschaft zu schießen, die ihrer Tagesroutine nachgeht?

Da, plötzlich das Dröhnen herannahender Bomber. Es sind aber nicht die Briten, die die Franzosen beschießen. Es handelt sich um einen Luftangriff seitens der Italiener. Das britische Geschwader schlägt selbstverständlich zurück, aber auch die Einsatzgruppe X, automatisch, ohne Befehle abzuwarten, die zweifelsohne nicht gegeben worden wären. Am Ende des Alarms kehren die Mannschaften auf ihre Posten zurück. Die Briten richten ihre Kanonen wieder auf die Franzosen, die französischen Matrosen kehren zu ihren Farbeimern zurück. Aber die Spannung hat etwas nachgelassen.

So kann es nicht weitergehen. Die beiden Admiräle missbilligen das von Churchill ausgegebene Ultimatum, das nur groteske Folgen zeitigen kann – ein Blutvergießen auf Seiten der Franzosen und Engländer zum Vorteil des Feindes. Doch ist auf beiden Seiten viel guter Wille und Vernunft erforderlich, um die verheerenden Auswirkungen des Angriffs von Mers el-Kébir zu überwinden. Nach einer mehrstündigen Unterredung erzielen die Admiräle ein Gentlemen's Agreement. Sir Andrew Cunningham verpflichtet sich, keinen Versuch zu machen, die französischen Schiffe mit

Gewalt an sich zu bringen; Godfroy seinerseits gibt sein Wort, dass seine Flotte nicht versuchen wird, auszulaufen oder sich selbst zu versenken. Die Mannschaften der Einsatzgruppe X bleiben auf freiem Fuß und dürfen an Land gehen; die Reservisten werden allerdings aus dem Dienst entlassen. Dieses Abkommen wird bis 1943 in Kraft bleiben.

»Zu Beginn haben wir alles unternommen, uns zu widersetzen«, schreibt Prévaux. Unmittelbar vor dem Waffenstillstand hatte eine gewisse Hoffnung bestanden, den Kampf gegen die Deutschen vom Nahen Osten aus fortzusetzen. General Mittelhauser, Weygands Nachfolger als französischer Oberbefehlshaber in Syrien, hatte erklärt, er sei gegen den Waffenstillstand und bereit, an der Seite der Briten den Krieg weiterzuführen. Er muss sich jedoch bald den Befehlen Weygands und Darlans beugen, und er akzeptiert Darlans Versicherungen, dass die Flotte intakt bleiben würde. Die Unterwerfung Mittelhausers und die von General Noguès in Rabat wird zu einem entscheidenden Faktor, was die Alternativen angeht, die der Einsatzgruppe X offen stehen: entweder den Waffenstillstandsvertrag »loyal« auszuführen, d. h. untätig im Hafen von Alexandria zu verharren, oder sich der Bewegung anzuschließen, die de Gaulle in London aufzubauen beginnt: den Seestreitkräften des Freien Frankreich.

Der Aufruf des Generals ist an Bord der *Duguay-Trouin* vermutlich nicht gehört worden; die Nachricht erreicht die Mannschaft aber bald danach über Landkontakte der Seeleute. Ihre Reaktion ist mehr als skeptisch. Zunächst einmal sind sie zuversichtlich, dass es dem liberal denkenden Vizeadmiral Godfroy gelingen wird, eine Lösung zu finden, die sich mit der Ehre der Marine vereinbaren ließe. Dann beginnen sie, den Versicherungen zu glauben, die Darlan – der Großadmiral! – und Pétain – der Marschall Frankreichs, der Sieger von Verdun! – abgeben. Und schließlich hetzen die Propaganda Vichys und die Empörung über das Blutbad von Mers el-Kébir die Mannschaften gegen die Idee auf, mit den Briten zusammen zu kämpfen. Wie es außerdem der Zufall so will, können die Leute, die den Gaullisten in Alexandria begegnet sind, sie überhaupt nicht leiden. Einige missfallen ihnen, weil »sie in Ägypten gemütlich ihren Geschäften nachgehen, während sie all die anderen in die Kämpfe jagen«, andere wiederum, weil sie reiche orientalische Juden sind, deren »taktlose Begeisterung« für den Gaullismus den in der Flotte latenten Antisemitismus von neuem entfacht; was aber die zu de Gaulle übergelaufenen Matrosen angeht – die gelten als »fragwürdige Figuren«.

All diese Argumente bestärken die politisch ohnehin konservative Marine in ihrer Neigung, eine Autorität anzuerkennen, die den Anspruch erhebt, die moralische Ordnung und die unwandelbaren Werte des christlichen Frankreich zu repräsentieren. »In einer Marine«, bemerkt Georges Debat, »in der alle Offiziersmessen seit zwanzig Jahren täglich *L'Action française* *beziehen«, könne es gar nicht anders sein. Die Tatsache, dass sich 1940 nur ein winziger Bruchteil der Marine de Gaulle anschließt, ist also kaum verwunderlich. Von den Schiffsmannschaften der Einsatzgruppe X sind es weniger als zweihundert.

Kapitänleutnant Honoré d'Estienne d'Orves gehört zu der ersten Gruppe, die am 9. Juli nach London aufbricht. Vor der Abreise will er jedoch mit Prévaux reden, dessen »Widerstandssinn« und dessen Sympathien für de Gaulle bekannt sind. D'Orves weiß, dass Prévaux – obwohl er wie alle Offi-

* *L'Action française* war eine auf der äußersten Rechten angesiedelte Tageszeitung, die die katholisch-monarchistischen und antisemitischen Ansichten einer politischen Gruppe gleichen Namens vertrat (A.d.Ü.).

ziere zu einem nahezu automatischen Gehorsam gegenüber Befehlen erzogen worden ist, die über eine Befehlskette nach unten weitergegeben werden – die Niederlage nicht einfach so hinnehmen kann. Waffenstillstand hin, Waffenstillstand her, für ihn »sind unsere Feinde noch immer die Deutschen«. Mit den »Deutschen« meint er nicht die anständigen Leute, die er in Berlin schätzen gelernt hat, sondern ein totalitäres, verbrecherisches und rassistisches Regime. In seinen langen Gesprächen mit Debat brandmarkt er den »Zusammenbruch aller Wertvorstellungen, die unseren Stolz und unsere Würde begründeten«. Sich der Naziherrschaft zu widersetzen war für ihn keine Frage »eines gewöhnlich deutsch-französischen Krieges ... sondern eines geistigen Kampfes bis auf den Tod gegen diese Religion der Rasse und des Blutes«. Während sich jedoch die Mehrheit der Offiziere in dem Frankreich wieder erkennt, das Marschall Pétain verkörpert, beklagt Prévaux nicht nur die militärische Niederlage seines Landes, sondern auch die Tatsache, dass Frankreich sich nicht seiner Verantwortung stellt, dass es sich allzu rasch unterworfen hat und dass das ganze französische Volk untertänig seinem Führer folgt.

Sollte er sich also der Bewegung anschließen, die de Gaulle in London aufbaut? Jacques empfindet Hochachtung für ihn. Er hat seine Theorien zum Panzerkrieg studiert und war von seinen innovativen taktischen Vorstellungen angetan. Wenn das französische Heer den Empfehlungen des jungen Obersten de Gaulle gefolgt wäre und die Verteidigungspolitik entsprechend umgestellt hätte, hätten die Panzer Guderians sich massiven französischen Panzerdivisionen gegenübergesehen. Im Übrigen bewundert Prévaux das Ehrgefühl und den Mut dieses Offiziers, der Befehlen den Gehorsam verweigert hatte.

Nach der Unterredung mit d'Estienne d'Orves beschließt Prévaux dennoch, an Bord der *Duguay-Trouin* zu bleiben.

Es ist, wie er Debat erläutert, eine Frage der Verantwortung. Kapitänleutnant d'Estienne d'Orves ist Adjudant von Admiral Godfroy, ein jüngerer Offizier, dessen dienstliche Funktion jetzt ohnehin fast zur Bedeutungslosigkeit schrumpft; für die Einsatzgruppe X hat sein Abgang nach London keine großen Konsequenzen; und sein Entschluss betrifft schließlich niemand außer ihn selbst. Da ist die Situation des Kommandanten der *Duguay-Trouin* eine völlig andere; er ist für das Schiff und für die Mannschaft verantwortlich; es ist wichtig, dass die *Duguay-Trouin* einsatzbereit bleibt bis zu dem Moment, wenn sich die Lage ändert, der unterbrochene Kampf endlich wieder aufgenommen wird und Frankreich – davon ist Jacques überzeugt – seine Ehre zurückgewinnt. Er ist nicht frei, eine rein persönliche Entscheidung zu treffen. In dem Augenblick, wo er seiner Pflichten entbunden ist, wird er nicht zögern, sich zu engagieren.

Eben diese Einstellung wird von vielen Marineoffizieren geteilt, deren ehrliche Sympathie dem Freien Frankreich gehört – was erklärt, warum sich in jenem Sommer des Jahres 1940 so wenige de Gaulle anschließen. Nur ein einziger Flaggoffizier – Vizeadmiral Muselier, der gegen seinen Willen von Darlan in den Ruhestand versetzt worden ist –, macht sich auf den Weg nach London, wo er zu dem General stößt, ohne eigentlich zu wissen, auf was er sich damit einlässt. Und unter den 172 Seeleuten von der Einsatzgruppe X, die sich dem Freien Frankreich anschließen, befinden sich bloß neun Offiziere, deren ranghöchster – Fregattenkapitän Auboyneau, der Stabsquartiermeister der Einsatzgruppe X – eine Stufe niedriger steht als Prévaux.

Im August erkrankt Jacques – wieder einmal an Anämie –, er erholt sich, hat einen neuerlichen Rückfall und muss am Ende nach Frankreich zurückgeschickt werden.

Seine Verabschiedung auf der *Duguay-Trouin* ist äußerst bewegend. Es ist sein letztes Schiff, sein letztes Kommando zur See, und ein letztes Mal tritt die Mannschaft für ihn zur Flaggenparade an. Am Tag vorher haben die Unteroffiziere ihn zu einem Abschiedstrunk eingeladen. Dicht gedrängt stehen sie in ihrem Quartier, das nicht dazu gedacht war, so viele Männer auf einmal zu fassen, und sprechen verlegen über ihre Treue, ihre Pflicht, ihr blindes Vertrauen zu ihm und die wunderbaren Erinnerungen an ihren Kommandanten, die sie stets im Herzen bewahren werden: »Wir hegen eine tiefe Zuneigung für Sie, Kapitän.« Er ist streng und erbarmungslos, wenn es die Disziplin betrifft, doch er besitzt etwas, das sie sich nicht zu erklären vermögen: »Persönlichkeit«, »Charisma«, »eine gewisse Aura« – und die ganze Mannschaft wäre für ihn durchs Feuer gegangen.

Eine Delegation kommt zu ihm, mit der Bitte um ein Foto. Der Fotograf, der das Porträtbild in Alexandria macht, traut seinen Augen nicht: Vor seinem Geschäft stehen 400 Matrosen Schlange wegen eines Abzugs, den sie jeder auf eigene Kosten anfertigen lassen; oft wollen sie sogar eine Vergrößerung haben. Drei Monate nach dem Abschied von Prévaux tauchen an den Wänden der Mannschaftsquartiere und an den Spindtüren riesige Porträts auf, die dort bis Kriegsende hängen bleiben.

DRITTER TEIL

VOX UND KALO

1

AM MARINEGERICHTSHOF

Seit der Abreise ihres Mannes am 17. Mai hat Lotka, wie bei jeder Trennung, in Angst gelebt. Diesmal ist es noch schlimmer, weil sie nicht weiß, wo er weilt; denn Jacques durfte ihr den Zielort der Einsatzgruppe X nicht nennen. Sie ahnt allerdings, dass er sich im östlichen Mittelmeer aufhält, und tippt auf Grund einiger Anspielungen auf ein »Land mit einer ungemein komplizierten Mythologie«, auf Ägypten. Es beruhigt sie zu wissen, dass die *Duguay-Trouin* weit von allen Kampfzonen entfernt ist – bis zum Kriegseintritt Italiens. Sie erhält nämlich während der fünf Monate seiner Abwesenheit von ihm keinerlei Nachricht. Sie schickt ihm, wie immer, Briefe und Telegramme, ohne auf den Gedanken zu kommen, dass sie ihn nie erreichen.

Zum Kummer der Trennung gesellen sich materielle Sorgen – sie hat keinen Sou mehr – und die Panik jeden neuerlichen Fliegeralarms. Sie hat Jacques fest versprochen, vernünftig zu sein und in den Luftschutzkeller zu gehen; bald kommt sie auf die Idee, dass es sinnvoll wäre, auch ihr kostbarstes Hab und Gut in Sicherheit zu bringen: das wundervolle Porzellanservice, die Jade-Figuren und die chinesische Jungfrau aus Elfenbein. Das Auf und Ab auf den Treppen erschöpft ihre Kräfte. Jeden Tag scheint das Donnern der Bombardierungen Paris näher zu kommen.

Sie verzehrt sich vor Sorge um ihre Eltern. Roland de Margerie weist sie darauf hin, mit welchem Tempo die deutschen Truppen näher rücken, und rät ihr, die Eltern unverzüglich zu evakuieren. Am Tag vor dem Einmarsch der Deutschen verlässt sie inmitten der Menge von flüchtenden Einwohnern gemeinsam mit ihren Eltern die Hauptstadt.

Sie finden Zuflucht auf dem Lande, in Ludes nahe Le Mans. Doch die dörfliche Stille von Ludes verstärkt Lotkas Angst nur noch mehr. Sie stellt sich vor, dass Jacques' Briefe endlich angekommen sind, dass sie sich bei der Hausmeisterin an der rue de la Pompe stapeln. Wie hat sie sich nur einer solchen Pflichtverletzung schuldig machen und nicht an Ort und Stelle sein können, um die Post von ihm zu öffnen? Lotka hält es nicht mehr aus und fährt zurück nach Paris. Umsonst. Von Jacques nicht ein Wort. Den August verbringt sie dann bei ihrer Schwägerin Jeanne in Cheilly.

Als sie Mitte Oktober erfährt, dass Jacques repatriiert wird, beschließt sie sofort, nach Toulon zu fahren. Ganz Frankreich zu durchqueren und die Demarkationslinie zwischen der besetzten Zone und Vichy-Frankreich zu überschreiten – das ist ein riskantes Unterfangen; man benötigt einen Passierschein. Wie bekommt man ihn? Ein gelangweilter Beamter erklärt ihr die Prozedur: Es genügt, dass sie eine ärztliche Bescheinigung beibringt, wonach ihr Mann in Toulon medizinisch behandelt wird und lebensgefährlich erkrankt ist. Sie soll warten, bis sie diese Bescheinigung in Händen hat, dann wiederkommen und ihr Gesuch einreichen. Lotka kann sich ausrechnen, wie lang sich das hinziehen wird angesichts der Langsamkeit der Verwaltung und der unsicheren Postwege. Es kommt für sie überhaupt nicht in Frage, in Paris herumzulungern, während Jacques auf französischem Boden weilt und krank in Toulon liegt. Sie zögert nicht eine Minute, springt in den Zug und macht sich Mut, sie werde es doch wohl noch schaffen, »fröhlich vor sich hin pfeifend, mit den Händen in der Tasche über die Demarkationslinie zu kommen«. Und irgendwie gelingt ihr das tatsächlich, und so steht sie am Hafen, als das Schiff anlegt, das Jacques aus Alexandria zurückbringt.

Er hatte Krankenurlaub bekommen. Nach der Diagnose des Arztes der Einsatzgruppe X litt er an Nierenentzündung, hämolytischer Anämie und erhöhtem Blutdruck. Dass er krankgeschrieben wurde, überraschte die ihm untergebenen Offiziere, die nicht ahnten, wie ernst sein Gesundheitszustand war; manche beneideten ihn sogar, weil er früher heim nach Frankreich durfte.

Die erzwungene Untätigkeit der Einsatzgruppe X in Alexandria hat Prévaux sicherlich bedrückt. Er langweilte sich, er grämte sich auf einem Schiff, das inmitten eines verschlafenen Geschwaders im Hafen festsaß. Die Mannschaft begab sich, kaum war die Ausgangssperre aufgehoben, an Land und vergnügte sich beim Tennisspiel im Sportclub oder brachte ein wenig Schwung in die Gartenpartys. Die Matrosen nisteten sich in Alexandria ein und suchten sich Freundinnen. Der Leiter des französischen Gymnasiums, Marcel Fort, stellte ihnen seine Sportplätze zur Verfügung und jagte sie dann wieder fort, weil er es »satt hatte mit anzusehen, wie sie Fußball spielen, als ob nichts geschehen wäre«. Manche Offiziere mieteten sich eine Wohnung in der Stadt. Für Jacques besaßen die belanglosen Ereignisse des gesellschaftlichen Lebens auch diesmal keinerlei Reiz. Er ging ohnehin selten an Land, blieb lieber in seiner komfortablen Kabine an Bord, um zu lesen, um Lotka fast täglich einen langen Brief zu schreiben oder um mit Georges Debat zu diskutieren.

Doch ganz gleich, wie groß seine Langeweile und wie stark seine Sehnsucht nach Lotka war – es wäre nicht seine Art gewesen, sich deswegen krankzumelden. Am 7. Oktober ordnete der Stab der Einsatzgruppe X aus gesundheitlichen Gründen seine Repatriierung an; die Heimreise sollte über Jerusalem und Beirut gehen, und man bat ihn, Diplomatengepäck mitzunehmen. Man hielt seinen Zustand für so ernst, dass er Erlaubnis bekam, im Schlafwagenabteil zu reisen – ein ungewöhnliches Privileg. Im Libanon wurde er bei seiner Ankunft in ein Krankenhaus eingewiesen, bevor er auf dem Lazarettschiff *Sphinx* weiterreiste. Zielhafen ist Toulon; nach der Genesung soll er nämlich wieder im III. maritimen Bezirk Dienst tun.

Jacques rechnet fest damit, dass er sehr bald wieder eine Befehlsposition erhält. Er ist ein äußerst gewissenhafter, unermüdlicher Arbeiter, stolz darauf, nie krank zu sein, und schaut auf Leute herab, die sich solchen Luxus erlauben. Kaum in Toulon angekommen, eilt er also nach Vichy in dem Bemühen, eine Unterredung mit Darlan und eine neue Aufgabe zu bekommen. Er hofft auf »einen entlegenen diplomatischen Posten«. Er antichambriert eine Weile im Ministerium, begegnet einer ganzen Reihe von Leuten, die ihm aber nur vage Versprechungen machen. Mit leeren Händen fährt er nach Toulon zurück.

In dieser Zeit wohnt er mit Lotka in einem unscheinbaren Haus mit grässlichem Namen, der Villa Binder, in dem Ort Le Canadel. Aber was macht das schon? Sieben Jahre, nachdem sie sich ineinander verliebten, acht Monate nach ihrer Hochzeit beginnen sie endlich ein gemeinsames Leben. Da sie bisher alles in allem lediglich ein paar Wochen zusammen verbracht haben, Jacques' Marinedienst und seinen damaligen, wie auch immer reduzierten ehelichen Verpflichtungen abgetrotzt, hat das Einrichten einer Wohnung für die beiden etwas Bleibendes an sich. Es bloß als ein »gemeinsames Leben« zu bezeichnen, wird ihrem innigen Zusammensein allerdings nicht gerecht. Was es ihnen wirklich bedeutet, schildert Jacques in einem Brief an Kouba Distenfeld, dem Mann von Lotkas jüngerer Schwester Mania: »Nach all den Monaten der Sorge, die auf die langen Jahre des Wartens folgten, dürfen Lotka und ich uns ganz dem Glück hingeben, das wir endlich in Händen halten und das wir uns nie mehr nehmen lassen.« Und doch sollte dies unglaubliche Glück, in dem »einer durch und für den andern lebt«, dieses Glück, dessen sie nicht müde werden, bald von neuem eine Unterbrechung erfahren. Jacques muss auf seine Gesundheit Acht geben. Er wird ins Militärkrankenhaus von Toulon eingewiesen, wo er die ärztlichen Anweisungen zu befolgen hat, sich vor allem aber der Gesundheitskommission der Marine präsentieren muss, deren Urteil über seine Rückkehr in den aktiven Dienst entscheidet.

Anfangs leidet er unter schrecklicher Langeweile. Er vermisst, was ihm auf Erden das Liebste und Wichtigste ist: Lotka und die Bücher. Bevor er ins Krankenhaus ging, hat er in den Buchhandlungen der Stadt gesucht, aber die Werke Gides nicht gefunden, die er gern neben sich auf dem Nachttisch gehabt hätte. Es gelingt ihm jedoch, sich Ausgangserlaubnis zu verschaffen – es ist selbst Offizieren eigentlich streng verboten, das Krankenhaus zu verlassen. »Aber«, so gibt er offen zu, »ich habe den Ärzten gleich gesagt, dass ich ihre Regeln, was mich betrifft, nicht akzeptiere, und wir haben uns darüber verständigt.«

Dank des Krankenhausaufenthalts und wiederholter Genesungsurlaube geht es ihm gesundheitlich langsam besser. Seine Anämie wird durch Ruhe und Behandlungen geheilt; der erhöhte Blutdruck dauert an und berechtigt ihn zu einer Urlaubsverlängerung, über die Prévaux sich diesmal freut. Er war überglücklich, zwei weitere Monate gemeinsam mit Lotka verbringen zu können – zumal die beiden gerade in eine hübsche Villa in Pramousquier umgezogen sind; das Leben in Toulon mit seiner »bedrückenden Atmosphäre von Verweichlichung, Gewöhnung und Anpassung« hatte ihn deprimiert.

Nach sechs Monaten bekommt Jacques im Juli 1941 endlich eine neue Stellung, die ihn allerdings überrascht – er ist jedoch überzeugt, dass es sich nur um eine Übergangslösung handelt, bis Vichy für ihn eine »echte« Aufgabe findet. Er wird zum Vorsitzenden des Ersten Stehenden Marinegerichts in Toulon ernannt, wo er den Fregattenkapitän Bonnot ablöst. Man gewährt ihm die kurze Frist von einem Monat, damit er sich mit den ihm fremden gerichtlichen Prozeduren vertraut macht. Anschließend bemerkt er stolz, dass er bereits alles begriffen hat und, obwohl die übrigen Richter wesentlich jünger sind, die langen, trockenen Sitzungen in überhitzten Räumen viel besser durchzustehen vermag als sie – dass er sie durchaus bis zum Abend fortsetzen könnte. Er gewinnt auch den Eindruck, dass durch ihn in einer Form Gerechtigkeit geschehen könnte, die weniger brutal, zeitsparend und nicht so oft fahrlässig wäre.

In seinem Arbeitszimmer im ersten Stock der Hafenpräfektur am Place d'Armes, wo er die rätselhaften Dossiers studiert, die ihm immer erst in letzter Minute übergeben werden, nimmt er nur zu gern seine alte Gewohnheit wieder auf, in der Nacht zu arbeiten, und er überlässt sich ganz seiner zwanghaften Neigung, alles mit äußerster Gründlichkeit zu erledigen. Ansonsten führt er das Leben eines Einsiedlers, wie er es praktiziert, seit er Lotka kennt, und er schreibt ihr weiterhin täglich Briefe, in denen er sie seiner Liebe versichert und sie anfleht, »nicht mit anderen Männern oder mit Frauen zu flirten«, und ihr bekennt, wie schrecklich es ihm fällt, sich montagmorgens für die Zeit bis Freitag von ihr loszureißen …

Vichy merkt allerdings sehr bald, dass Prévaux nicht der richtige Mann ist für die Aufgabe, Matrosen zu verurteilen, die sich dem Freien Frankreich angeschlossen haben. Auf Grund seiner strikten Amtsauffassung, seiner unabhängigen Denkweise und der Entschiedenheit, mit der er sich darum bemüht, seine Kontrahenten zu überzeugen, gibt er einen hervorragenden Gerichtsvorsitzenden ab, nicht aber eine

Bauernfigur. Außerdem lassen seine Urteile eine Tendenz zugunsten von Widerstandskämpfern erkennen. Das Marinegericht in Toulon steht während dieser Zeit in dem Ruf, hart gegen die Franzosen vorzugehen, welche die Besatzungsmacht unterstützen, und gegenüber Patrioten, welche sich bereits der Résistance angeschlossen haben, Nachsicht walten zu lassen. Prévaux hat diesen Schritt selber noch nicht getan, seine Wahl jedoch längst getroffen, wie er gelegentlich bekennt.

Er pflegt zudem äußerst dubiose Kontakte, etwa mit Oberst Paillole. Der Oberst hat unter dem harmlos klingenden Namen »Landarbeiten« einen Nachrichtendienst aufgebaut; später wird er in den Geheimdienst des Generals Giraud eintreten. 1940–41 betreibt er Spionageabwehr für Vichy, für das Amt für antinationale Umtriebe; seine Untergrundzentrale befindet sich in Marseille. Oberst Paillole hat bezeugt, dass »die Marinebasis in Toulon die wichtigste Stütze der keimenden Widerstandsbewegung in dieser Region Frankreichs gewesen ist, und dass dies der entschiedenen Haltung Prévaux' zu verdanken war«.

Es ist durchaus möglich, dass der Nachrichtendienst von Vichy und dessen Chef Darlan von dubiosen Vorgängen in dem Marinegefängnis Wind bekommen haben, das auf dem Werftgelände untergebracht ist. Nicht, dass dort Häftlinge verschwunden wären; aber in dem Gefängnis treffen Pakete ein, die streng geheime Unterlagen der Spionageabwehrdienste enthalten, für die Prévaux, unter erheblichen persönlichen Risiken, sich dieses ungewöhnliche Versteck ausgedacht hat.

Die Entlassung Prévaux' kommt abrupt, ohne jegliche Vorankündigung. Er wird am 16. Dezember zu Vizeadmiral Marquis, dem Hafenkommandanten, bestellt, der ihm mitteilt, der Stab des III. Maritimen Verteidigungsdistrikts habe ihm einen langen Urlaub »bewilligt«. Die Order kommt in

Wirklichkeit von der Regierung in Vichy; das Papier, das ihm überreicht wird, trägt den Briefkopf des Staatssekretariats der Marine, und die auf den 14. Dezember datierte Unterschrift ist die von Großadmiral Darlan, dem Verteidigungsminister. Als er das Wort »bewilligt« liest, zuckt Prévaux zusammen. Er hat keinen Urlaubsantrag eingereicht. Er ist, wie er dann erkennen muss, eines der ersten Opfer des Gesetzes vom 8. November 1941, das die Suspendierung von Offizieren vom aktiven Dienst betrifft. Der Wortlaut ist eindeutig: »In keinem Fall kann solch eine Suspendierung auf Antrag bewilligt werden.« Sie ist das Ergebnis eines »Beschlusses« durch den Staatssekretär, dem der Offizier untersteht (also durch Darlan). Auf Grund einer Regierungsmarotte schreibt das Gesetz vor, dass der Hafenkommandant den Betroffenen seinen Wortlaut zu zeigen hat, aber »nicht autorisiert ist, ihnen zu gestatten, eine Abschrift anzufertigen« und, insbesondere, es in den Unterlagen zu erwähnen. Admiral Darlan hat Prévaux in der Vergangenheit zu begutachten gehabt; so hat er als Chef des Marinestabes 1937 dem frisch beim Centre des hautes études navales eingetretenen *auditeur* in die Personalakte geschrieben: »nachlässiges Erscheinen« – was nun wirklich nicht Jacques' Stil war –, »intelligent, zu intrigant.«

Der Admiral reicht Jacques das Papier zur Unterschrift und erläutert, ein wenig verlegen, die Maßnahme liege im Rahmen der allgemeinen Politik einer »Auffrischung des Kaders«, die darauf abziele, die Beförderung all jener Offiziere zu verhindern, die für zu alt gehalten werden – ein Argument, das keinerlei Glaubwürdigkeit besitzt. Denn mit 53 wäre er ein recht junger Konteradmiral gewesen (1941 beträgt das Durchschnittsalter der Konteradmiräle im aktiven Dienst 57 Jahre), und falls es wirklich darum ginge, den Altersdurchschnitt herabzusetzen – warum fängt man dann nicht mit den 43 Kapitänen an, die älter sind als er, oder mit den rund hundert Offizieren eines höheren Dienstalters als seinem?

Es ist schlicht so, dass Prévaux von seinem Amt abberufen wird, nachdem es gegen ihn eine Beschwerde gegeben hat – wegen seiner Nachsicht gegenüber Matrosen, die als »Deserteure« gebrandmarkt werden, und wegen der Laxheit, mit der er Anweisungen der Regiergung von Vichy ausführt, die exemplarische Bestrafungen verlangt. Im Juli 1941 – also vor dem Zeitpunkt, als Jacques sein Amt übernimmt – haben die französischen Militärgerichte (in drei Fällen) die Todesstrafe verhängt und Angeklagte zu lebenslänglich, zur Aberkennung der Staatsbürgerschaft und unehrenhafter Entlassung verurteilt, ganz zu schweigen davon, dass für Familien von »Abweichlern« die Zuweisungen gestrichen wurden.

Als Prévaux an diesem Abend – zum letzten Mal! – seine Uniform in den Schrank hängt, überkommt ihn eine tiefe Niedergeschlagenheit. Mit der Marine ist es für ihn nun vorbei – einfach so. Der Beruf, den er über alles liebt, die Freude des Kommandierens, die Nachtwachen mit dem beruhigenden Surren der Maschinen im Hintergrund, die Musterung der Mannschaft in ihren Paradeuniformen, die präzise durchgeführten Manöver, die Disziplin, die Zuneigung seiner Leute – das alles ist nun aus und vorbei. Fünfunddreißig Jahre seines Lebens sind passé. Unter dem brutalen Hinauswurf leidet sein Stolz als Berufsoffizier. Hätte er aber überhaupt noch die Chance einer Beförderung gehabt, nachdem er als Vorsitzender des Marinegerichtshofes bereits acht Monate lang auf der Wartebank gesessen hat?

Nach einer schlaflosen Nacht sieht Prévaux seine Lage am Morgen in einem anderen Licht. Von nun an ist er imstande, »ohne Ausflüchte und ohne Heuchelei ganz er selbst« zu sein. Statt sich krank zu ärgern, weil er vergeblich auf klare Befehle zum Kampf gegen die Streitkräfte des Feindes und zum

Widerstand gegen die Besatzer wartet, steht es ihm endlich frei, seine ganze Kraft und all seine Zeit dem Kampf zur Befreiung Frankreichs zu widmen. Er ist nicht länger zur Zurückhaltung und dazu verpflichtet, den Befehlen von oben Folge zu leisten, die doch bisher stets dazu führten, dass er die Pflicht, die ihm das eigene Gewissen gebot, hintansetzte.

Im Übrigen hat er seine Unabhängigkeit bereits tags zuvor offen zu zeigen begonnen, als er Admiral Marquis klarmachte, was er, Prévaux, von seiner Verabschiedung aus der Marine hielt und für welche Seite er sich entschieden hatte: »Es ist nun alles andere als unehrenhaft, zu den Geächteten zu zählen – ganz im Gegenteil.«

Ein schönes gaullistisches Bekenntnis. Darlan ahnt nicht, dass er der Résistance mit der Entlassung Prévaux' eine hervorragende Führungspersönlichkeit geschenkt hat.

2

DAS ABENTEUER DER RÉSISTANCE

Die entscheidende Begegnung findet im November 1941 statt. Prévaux wartet nicht, bis sein von der Marine »bewilligter Urlaub« beginnt, sondern nimmt bereits vorher mit einem Widerstandsnetz Fühlung auf. Der reife Mann, der in Toulon unauffällig ein Bistro betritt, geht ein großes Risiko ein: Er ist immerhin der Vorsitzende des Marinegerichts.

Er kommt zu einem Geheimtreff mit einem der örtlichen Leiter des Résistance-Netzes F2. Der Morgen ist kühl. Am Hafen von Toulon schiebt Auguste-Henry Brun (Volta*) die Tür des Café de la Rade auf. Es ist die Zeit des zweiten Frühstücks, im dem Lokal drängen sich Arbeiter aus der Marinewerft, die laut über die neuesten Nachrichten diskutieren. Brun erregt kein Aufsehen. Sein Gesicht ist bekannt: er gehört zwar nicht zur Marine, ist aber ein aktives Mitglied des CFCT, des militanten Französischen Bundes Christlicher Arbeiter, und macht in den Bistros dieser Gegend oft seine Runde. Er geht an den Tischen vorbei und grüßt hier und da zurück, während er sich im rauchgeschwängerten Raum nach dem unbekannten »Freund« umschaut, den er treffen soll.

»Er ist um die fünfzig und wirkt streng«, hat John Ulysse Mentha (Certigny) ihm mitgeteilt. »Er wird im hinteren Raum neben der Tür auf dich warten. Und pass auf, er ist ein hohes Tier, ein gaullistischer Marineoffizier, der sich den Streitkräften des Freien Frankreichs anschließen will.«

* Jedes Mitglied der Résistance hatte einen *nom de guerre* oder Decknamen, der bei der ersten Erwähnung in Klammern angegeben wird (A.d.Ü.).

»Zu schön, um wahr zu sein«, hat Brun gemurmelt. »Man hat ihn wahrscheinlich nur geschickt, uns zu infiltrieren. Ich riskiere meine Enttarnung. Und das kann die Gruppe sich im jetzigen Moment am allerwenigsten leisten. Hast du das bedacht?«

Die kleine Gruppe von Résistants, der Brun angehört, macht eine schwierige Phase durch. In der Region haben die Verhaftungen zugenommen, sodass man die Sicherheitsvorkehrungen verstärkt hat.

»Einige von uns haben ihn getroffen, und sie sind überzeugt, dass er in Ordnung ist. Hör zu, deine Anweisungen: Wenn du ihn entdeckt hast, gehst du auf ihn zu und reichst ihm die Hand. Dann wird er dir Folgendes sagen ...«

Das Treffen verläuft jedoch auf eine völlig unübliche Weise. Es ist nämlich der »Freund«, der Brun identifiziert und die Initiative ergreift: Er erhebt sich und geht auf Brun zu. Ein schlechter Anfang, denkt Brun; er ist über die Leichtsinnigkeit des Neuen erbost. Seinen Chefs gegenüber verhehlt er anschließend keineswegs, welch schlechten Eindruck Prévaux (Vox) auf ihn gemacht hat. »Ich bin zur Verabredung gegangen, aber Vox hat *mich* kontaktiert. Er hat gewusst, wer ich bin. Das ist mir aus Sicherheitsgründen gar nicht recht gewesen.«

Brun ist also misstrauisch und gibt seine Identität nicht gleich preis. Gewiss, der andere sagt das vereinbarte Passwort. Trotzdem, er könnte ja auch ein *agent provocateur* sein. Würde ein Offizier sich etwa auf diese Art verhalten? Nein, schließt der Widerstandskämpfer: »Ich habe ihm erst die Hand gegeben, nachdem er mir als Referenz den Namen eines hohen Offiziers genannt hat. Den stellvertretenden Kommandanten der *Tourville*.«

Zwei Monate und etliche Unterredungen später wird Jacques de Prévaux Mitglied des F2-Netzwerks. Er nimmt seine »Arbeit« offiziell im April 1942 auf, ist zu dem Zeitpunkt aber schon einige Zeit in das Abenteuer der Résistance involviert. Als einfacher Informant unterwirft der Fregattenkapitän sich nun dem Befehl eines Arbeiters von der Marinewerft. Der Diplomat geht in den Untergrund. Der zu Disziplin und Gehorsam erzogene Soldat rebelliert gegen die Militärhierarchie. Der Mann fortgeschrittenen Alters findet die Kraft, ein neues Leben anzufangen.

Dass Prévaux im Herbst 1941 mit dem F2-Netz der Résistance in Berührung kommt, ist eine Folge seiner nur wenige Monate dauernden Tätigkeit als Vorsitzender des Marinegerichts in Toulon.

Jacques macht die Bekanntschaft eines gewissen Abraham, entweder durch die Vermittlung von dessen Schwester, einer Anwältin – sie hat in einem Fall, der vor Jacques verhandelt wird, die Verteidigung des Angeklagten übernommen –, oder über einen gemeinsamen Freund namens Gérard. Prévaux und Abraham finden einander sofort sympathisch. Sie stellen fest, dass sie beide den Romancier Charles Péguy bewundern, und in der Wohnung der Abrahams sieht Jacques dann sogar den Dichter Léon-Paul Farque wieder, dem er in Paris begegnet ist. Prévaux wird ein regelmäßiger Gast der Abrahams, die er jede Woche zu seiner, wie er scherzhaft bemerkt, »nicht-arischen Bridgepartie« besucht – es ist sein einziger Ausgang in Toulon. Ob man dort wirklich nur Karten gespielt hat?

Marcel Abraham versteht nicht nur was vom Kartenspiel. Dieser hervorragende Akademiker, ein Literaturprofessor und Schulrat der Akademie von Paris, ist Kabinettschef von Jean Zay gewesen, bevor Zay 1940 seines Ministeramtes enthoben wurde. Als Marcel Abraham nach der Zerschlagung des Musée de L'Homme-Netzes Paris verlassen muss, sucht er Zuflucht bei seinen Angehörigen in Toulon. Er gehört der

Widerstandsbewegung Franc Tireur an und schreibt gelegentlich für die gleichnamige Untergrundzeitung.

Dieser Zweig der Résistance, der sich im Herbst 1940 in Lyon gebildet hat, verdankt sein Entstehen einer Hand voll Freunden, die zum Kampf gegen die Besatzer entschlossen sind. Sie sind verbittert und aufgebracht über den Waffenstillstand und lehnen das Vichy-Regime ab. »Die Gründungsmitglieder«, schreibt D. Veillon, »sind links orientiert: Sozialisten, Radikale, Aktivisten der Gruppe Jeune République. Sie verbinden mit ihrem Protest gegen Hitler und den Nazismus ... und ihrem Kampf gegen die deutsche Besatzungsmacht eigene politische Vorstellungen (die Wiedereinführung der republikanischen Freiheiten, die Rückkehr zur Demokratie, die Verstaatlichung von Banken und Großindustrie); das unterscheidet sie von den anderen Gruppen.« Der Franc-Tireur-Kreis will jedoch, ohne allen ideologischen oder klassenkämpferischen Fanatismus, alle zusammenbringen, die sich für die Freiheit oder, genauer gesagt: für die Freiheiten und die Menschenrechte einsetzen. Auch kommt es zum Beispiel überhaupt nicht in Betracht, die antiklerikalen Töne anzuschlagen, die in radikalen Kreisen sonst üblich sind. Solche feinen Nuancen sind wichtig, um zu verstehen, warum Prévaux sich für die gesellschaftspolitischen und ethischen Positionen von Franc-Tireur und F2 entscheidet.

Der Kreis verteilt, zunächst in Lyon, Flugblätter, die mit »France-Liberté« gezeichnet sind. Auf Anregung von Jean-Pierre Lévy, der die Führung auf Landesebene übernimmt, weitet die Bewegung sich dann über das gesamte Gebiet Vichy-Frankreichs aus. Das monatlich erscheinende Organ *Franc-Tireur* wird zur Förderung der Aktivitäten des Kreises gegründet. Als Jean-Pierre Lévy nach jemand Ausschau hält, der in der südlichen Zone die Verantwortung übernimmt, nennt ein Regimentskamerad ihm den Namen von Frank

Arnal, einem Polizistensohn, der der Sozialistischen Partei angehört und ein überzeugter Republikaner ist. Als Apotheker der Pharmacie de la Poissonnière kennt Arnal ganz Toulon; außerdem ist er Vorsitzender des Apothekerverbandes im Département Var. Arnal lehnt es jedoch ab, sich an den Franc-Tireur-Kreis zu binden – er gehört bereits der F2 an –, nennt Lévy aber den Namen von John Ulysse Mentha, dessen Wohnung dem F2-Netz anfangs als Briefadresse gedient hat. In dieser Zeit – und es gilt noch eine ganze Weile – stehen die verschiedenen Bewegungen und Netze in enger Verbindung und führen – allen Instruktionen zu vorsichtigem Verhalten zum Trotz – füreinander Aufträge aus; je nachdem, welche Gruppe dafür am besten Gelegenheit hat. Mentha übernimmt den ihm von Jean-Pierre Lévy angetragenen Auftrag und setzt sich im Midi für die Ziele von Franc-Tireur ein.

Diesem Mentha berichtet Marcel Abraham also von seinem Treffen mit Prévaux, dessen Sympathien – daraus macht Jacques nie ein Hehl – de Gaulle gehören. Auf einem Fest, das Marcel Abraham in der Wohnung seiner Mutter am place d'Armes in Toulon gibt, lernt Prévaux den Schiffsingenieur Jacques Lévy-Rueff kennen, der später – unter dem Decknamen Vir – in der F2-Zelle von Toulon sein Stellvertreter sein wird. Lévy-Rueff kann sich genau an die Äußerungen erinnern, die er im Wohnzimmer von Abrahams Mutter hört; sie sind nicht ungefährlich: Prévaux offenbart seine progaullistische Einstellung. Möglicherweise gibt er sogar zu verstehen, dass er nach London will.

Jacques stellt jedem, den er kennen lernt, die gleiche Frage: Wie kann man zu de Gaulle in London durchkommen? Eine schwierige Frage: Mentha besitzt kein Funkgerät und hat keine Möglichkeit, eine Verbindung herzustellen. Andererseits steht jedoch Azur, die F2-Zelle in Toulon, in ständigem Kontakt mit London. Mentha, der nicht nur Frank Arnal, sondern auch Auguste-Henry Brun kennt, bittet die beiden schließlich, diesen ungewöhnlichen Kandidaten – einen Fregattenkapitän – zu überprüfen und zu testen.

Nachdem Brun im Café de la Rade den ersten Kontakt mit Prévaux aufgenommen hat, trifft sich in einem Bistro am quai de Cronstadt ein anderer christlicher Gewerkschafter mit ihm, Gaston Havard (Foch), der im Azur-F2 einen höheren Rang einnimmt. Havard berichtet darüber: »Er war in Begleitung seiner jungen Frau. Ich habe ihm Fragen gestellt und ihm dann mitgeteilt, dass ich über keine direkten Wege verfüge, ihn nach England zu entsenden, aber versuchen könnte, durch mein Netz eine Mitteilung nach London weiterzuleiten. Inzwischen hatte er sich mir zur Verfügung gestellt, worauf ich ihm genau darlegte, was wir machten, und meinen Namen und meinen Beruf nannte: stellvertretender Lehrlingsausbilder in der Marinewerft. Er blieb dabei, dass er unter mir mitarbeiten und sich an die bei uns üblichen strengen Regeln halten wolle. Ich habe ihn daraufhin auf die Probe gestellt, indem ich ihm einige einfache Aufträge gab. Und dieser Schiffskapitän, der die Generalstabsakademie durchlaufen hat und Marineattaché in Berlin gewesen ist, hat die Befehle eines einfachen Werftarbeiters, wie ich es war, mit vorbildlichem Gehorsam ausgeführt. Er hat eine Situation, die wirklich ziemlich seltsam war, mit einem freundlichen Lächeln akzeptiert.«

3

EIN POLNISCH-FRANZÖSISCHES NETZ

Juni 1940. Der Waffenstillstand ist unterzeichnet. Die in Frankreich kämpfende polnische Armee befindet sich auf dem Rückzug. Es gelingt aber nur einem kleinen Teil dieser Truppen, sich einzuschiffen; viele Soldaten sitzen an der Atlantikküste fest. In Saint-Jean-de-Luz, an der Grenze zu Spanien, ist unter unbeschreiblich chaotischen Umständen soeben das letzte Schiff ausgelaufen. Tausende Soldaten sind zurückgeblieben, darunter auch zwei polnische Offiziere besonderer Art: Major Vincent Zarembski und Major Rygor Slowikowski, ehemalige Mitarbeiter des Nachrichtendienstes. Sie sind zunächst im Rahmen einer Organisation tätig, die für Soldaten geheime Überfahrten nach Spanien arrangiert; später gründen sie – sozusagen aus beruflichem Reflex – einen Nachrichtendienst in Frankreich. Sie haben keine Verbindung zu ihrem Hauptquartier und, zumindest am Anfang, auch kein Funkgerät, fangen aber an, »Pianisten« anzuwerben, weil sie damit rechnen, dass die Zeit kommen wird, wenn sie mit den Alliierten Kontakt aufnehmen können.

Zur gleichen Zeit beschließt die polnische Admiralität, die zusammen mit General Sikorski und der polnischen Exilregierung in London Zuflucht gefunden hat, einen Marinenachrichtendienst in Frankreich aufzubauen. Sie findet für diese schwierige Aufgabe schließlich auch den richtigen Mann: den Schiffsingenieur Thadeusz Jekiel. Er war eine Zeit lang zur französischen Marine abkommandiert und kennt sich in Frankreich und den dortigen Marinekreisen gut aus; das qualifiziert ihn für das Anwerben von Mitarbeitern, die natürlich Franzosen sein sollen. Seine nachrichtendienstlichen Kenntnisse beruhen allerdings bloß auf der Lektüre von Detektivromanen. Jekiel wird deshalb in einem mehrwöchigen Intensivkurs ausgebildet und dann mit den Namen von einem halben Dutzend möglicher Kontaktpersonen im September nach Marseille geschickt.

Dort tut er sich zunächst mit seinem Landsmann Zarembski zusammen, erzählt ihm, dass er mit dem Einverständnis der britischen Regierung handelt, übergibt ihm einen Detektorenempfänger und ein Verzeichnis der Kodezeichen. Vincent Zarembski (Tudor) lebt bis zu seiner Enttarnung im Dezember 1941 in Marseille; danach muss er verschwinden; später wird er Leiter des polnischen Nachrichtennetzes »Ekspozytura-France«, das seine Tätigkeit Ende 1942 einstellt. Sein Kollege Rygor Slowikowski begibt sich im August 1941 nach Algerien und baut dort das nordafrikanische Netz auf.

Im Midi knüpft Thadeusz Jekiel (Doktor) weitere Kontakte, die schließlich zur Formierung des Widerstandsnetzes F2 führen. Dort stößt er sehr bald auf Léon Sliwinski (Jean-Bol), dem er einen Brief überbringt. Sliwinski hat »die einmalige Begabung, Bekanntschaft mit Menschen zu machen, die einer erfolgreichen Durchführung seiner Projekte dienlich sind«. Danach rekrutiert er Gilbert Foury (Edwin). Im Speisewagen eines Zuges sieht er zufällig einen Kollegen wieder, den er in Le Havre kennen gelernt hatte: Jacques Lévy-Rueff (Vir), eben den Mann, dem Jacques de Prévaux bei Marcel Abraham begegnet ist. Und schließlich trifft er auf François Horowicz (François), der trotz seines polnischen Namens ein waschechter Franzose ist. Er ist Elektriker in einer Firma, die für die Marinewerft in Toulon arbeitet, und hat sich dort mit Gaston Havard (Foch) angefreundet.

Horowicz erwähnt Jekiel gegenüber eines Tages eine kleine Gruppe von Widerstandskämpfern in Toulon, die gemeinsam mit Havard nach Möglichkeiten einer Zusammenarbeit mit den Forces françaises libres in London suchen. »Da wir den Waffenstillstand nicht akzeptieren«, schreibt Havard in seinen Memoiren, »müssen wir an unseren Prinzipien festhalten und den Kampf weiterzuführen versuchen ... Wie können wir aber wirksam handeln? Wir sind der Meinung, dass in Frankreich derzeit ein Kampf mit den Waffen verfrüht wäre. Uns stehen nur drei Alternativen offen: Propaganda, Sabotage, Spionage ... Wir sind uns aber sehr wohl bewusst, dass [diese Arbeit] praktisch ohne Wirkung bleiben wird, außer wir stehen irgendwie mit den Streitkräften in Verbindung: also mit London. Und wie können wir mit den Engländern Verbindung aufnehmen?«

Unterdessen wirbt Havard weitere Mitarbeiter an und baut geheime Kommunikationswege auf. Der tatkräftige, autoritäre kleine Mann erweist sich als hervorragender Organisator. Obwohl er nicht gerade ein begnadeter Gärtner ist, gründet er als Cover für Geheimtreffs und -aktivitäten einen »Verband der Gärtnereiarbeiter im Département Var«. Und unablässig stellt er vertrauenswürdigen Freunden die entscheidende Frage, die auch Prévaux umtreibt und auf die Jekiel die Antwort weiß: Wie lässt sich ein Kontakt mit London herstellen?

Die Verbindung zwischen den Résistants in Toulon und dem Londoner Boten kommt schließlich dank François Horowicz zustande. Tadeusz Jekiel besucht an einem Oktoberabend des Jahres 1940 Gaston Havard. Sie erkennen, dass sie ein gemeinsames Ziel haben und dass die ihnen jeweils verfügbaren Mittel einander ergänzen – Havard hat die Leute, Jekiel die Übermittlungstechnik. Sie beschließen, zusammenzuarbeiten und sich dabei ausschließlich auf nachrichtendienstliche Informationen zu konzentrieren.

Auf diese Weise entsteht das »Azur«-Netz, der eigentliche Ursprung und Kern von F2, dank der Begegnung eines von der polnischen Zentrale in London entsandten Offiziers mit einem Agenten in der Marinewerft, einem Schiffsingenieur, einem Apotheker, einem Universitätsprofessor und einem Elektriker.

F2 nimmt seine Arbeit in Nizza auf. Unter Jekiels Führung und Sliwinskis Mithilfe entwickelt das Netzwerk sich rasch und verfügt bald über eine eigene Nachrichtenübermittlung. Im Unterschied zur »Ekspozytura-France« und der polnischen Widerstandsbewegung POWN besteht F2 hauptsächlich aus Franzosen. Sie lernen von ihren polnischen Anführern, wie man Untergrundaktionen durchführt – damit ist man in Polen vertrauter als in Frankreich. Ein weiterer Unterschied besteht darin, dass F2 bis zur Befreiung Frankreichs aktiv bleibt. Schließlich aber, und das ist möglicherweise ausschlaggebend, sind die F2-Agenten – anders als die des Tudor-Netzwerks – keine professionellen Nachrichtendienstler, sondern Widerstandskämpfer, deren Arbeit später als Militärdienst im Sinne des Krieg führenden Frankreich anerkannt wird. Sie sind keine Söldner, sondern überzeugte Patrioten, deren hohe Effizienz an der Front für die Experten in der Londoner Nachrichtenzentrale beim Dossier-Studium klar zutage tritt. Sie liefern, im Unterschied zu Berufsagenten, keine bezahlten Informationen. Die Mittel, die dem F2 von der polnischen Zentrale zufließen (das Geld kommt letztlich aus britischen Geheimdienstfonds), dienen dazu, die Kosten zu decken, den Agenten mit Rationierungskarten für Brot und Zigaretten zu helfen und ihre Familien im Falle von Verhaftungen zu unterstützen. Sie führen ihren Kampf nur für ein einziges Ziel: Frankreich aus dem Würgegriff der Nazis zu befreien. Im Kampf gegen diesen gemeinsamen Feind haben Nationalität, Klassenzugehörigkeit, politische oder religiöse Einstellungen dieser Agenten nicht die mindeste Bedeutung.

Als Prévaux im November 1941 von Havard rekrutiert wird, weiß er nichts von der polnischen Komponente des F2-Netzwerks, denn seine Kameraden und sein unmittelbarer Vorgesetzter sind Franzosen. Er reagiert völlig überrascht, als er erfährt, dass der Chef des Netzwerks, Sliwinski, ein Landsmann von Lotka ist. Im Übrigen werden mehr und mehr Franzosen angeworben.

F2 agiert zwar autonom, ist aber doch in das Tudor-Netzwerk integriert, was konkret heißt: die Informationen, die F2 sammelt, werden dem Geheimdienst des polnischen Generalstabs in London zugeleitet. Mehr nicht – nur heißt das eben, dass die Organisation unter polnischer Führung steht – eine Tatsache, die den meisten Agenten nicht bekannt wird, weil sie aus Sicherheitsgründen nur ihre unmittelbaren Kontaktpersonen und auch die nur unter dem Decknamen kennen. Nach der Befreiung sollten einige empört reagieren, als sie entdeckten, dass sie in Wahrheit für ein Netz von »Weiß-Polen« gearbeitet hatten, und sich über die (in einem Geheimdienst fraglos notwendige) Undurchsichtigkeit der Leistungsstruktur entrüsten. Daraus ergeben sich gelegentlich seltsame Situationen – so beispielsweise, als die Wege zweier Agenten sich in der Wohnung von Rose Blum kreuzen. Rose ist eine mannhafte Putzmacherin, die alle Agenten auf der Durchreise in Toulon beherbergt, und diese beiden Agenten, die zu zwei verschiedenen Zweigen der F2 unterwegs sind, haben Order, sich gegenseitig zu beschatten. Die meisten Agenten, die von der Rolle der Polen in diesem Netzwerk erfahren, sind jedoch dankbar, schätzen ihr großes Engagement und ziehen die Arbeitsweise dieser Organisation den Methoden des BCRA* – des Nachrichtendienstes des Freien Frankreich – vor, die sie als oftmals verheerend beurteilen.

---

* *Bureau central des renseignements et d'action* von Oberst »Passy«

4

DIE TÄUSCHUNG

Zwei Monate nach ihrer ersten Begegnung am quai de Cronstadt weiß Havard Prévaux' Arbeit bereits zu schätzen: Seine Kontakte zu höheren Marineoffizieren sind einzigartig und seine organisatorischen Fähigkeiten von unschätzbarem Wert. Das Netzwerk will Prévaux unbedingt behalten und schlägt ihm vor, in Frankreich weiterzuarbeiten, anstatt nach London zu gehen.

Prévaux stimmt zu, stellt aber ungewöhnliche Bedingungen. Die erste Forderung ist unerhört: Er besteht darauf, den Chef des Netzes kennen zu lernen. In Anbetracht seines militärischen Ranges und der Leistungen, die von ihm zu erwarten sind, wird beschlossen, hier eine Ausnahme zu machen und die Bedingung zu erfüllen. Sliwinski hält eine Begegnung auch deshalb für ungefährlich, weil Prévaux eine Jüdin zur Frau hat. Es wäre persönlich zu riskant für beide, die Résistance zu verraten.

Die zweite Bedingung ist noch heikler. Prévaux will wissen, für wen er in letzter Instanz arbeitet. Wenn er – vorläufig, wie er meint – darauf verzichtet, sich der Führung der Forces françaises libres (FFL) in London anzuschließen, wo er auf Grund seines Offiziersranges Anspruch auf eine Spitzenposition zu haben glaubt, dann möchte er eine Garantie haben, dass er in Toulon tatsächlich für General de Gaulle tätig ist. Mehr noch, er will einen Befehl vom General persönlich, dass er für F2 arbeiten soll. Den übrigen F2-Agenten genügt es zu wissen, dass die von ihnen zusammengetragenen Informationen die Alliierten erreichen; für sie ist der entscheidende Punkt ein wirkungsvoller Einsatz gegen die Besatzer. Es ist wirklich paradox: Während Jean Moulin sich dezidiert bemüht, unterschiedliche Widerstandsgruppen unter dem Dach der FFL zu sammeln, kämpft Prévaux darum, offiziell der gaullistischen Bewegung anzugehören. Vergeblich, wie wir noch sehen werden.

Dass ihm so sehr an offizieller Anerkennung von dieser Seite liegt – ein Bedürfnis, das ihn nie verlassen wird –, ist leicht zu erklären. Zunächst einmal ist Prévaux Gaullist, obendrein ein Neubekehrter; seine Freunde nennen ihn neckend »Prévaux der Gaullist«. Er wird sich später, im Jahr 1943, auch bewusst für de Gaulle und gegen Giraud entscheiden. Außerdem ist er Loyalist; Erziehung, militärische Ausbildung und Offizierslaufbahn haben ihm Gehorsam und Treue gegenüber der gesetzlichen Autorität eingeimpft. Nachdem er den entscheidenden Schritt gewagt hat, sich den Befehlen der Regierung zu widersetzen, ist für ihn de Gaulle zur legitimen Autorität geworden.

Darüber hinaus ist es so, dass Prévaux, wenngleich er von Darlan entlassen wurde und obwohl er inzwischen einer Widerstandsgruppe in Toulon angehört, sich nach wie vor als Marineoffizier versteht. Für ihn sind jetzt die Führer der FNFL (Forces navales françaises libres) in London die rechtmäßigen Vorgesetzten; mit ihrem Kreis geht seine militärische Laufbahn weiter. Die besonderen Umstände (der Krieg, das Vichy-Regime in Frankreich, seine Entlassung aus der Marine) machen es erforderlich, dass er seine persönliche Position mit den FNFL klärt.

Und – Prévaux ist schließlich kein Politiker. Da er sich eigentlich nie für politische Bewegungen oder Parteien und das Gleichgewicht zwischen den verschiedenen Kräften in der Gesellschaft interessiert hat, versteht er sie kaum und misstraut er ihnen. Aufgefordert, sich in einer Widerstandsgruppe zu engagieren, überkommt ihn die Befürchtung, er könne manipuliert werden; deshalb verlangt er Sicherheiten. Und die Befürchtungen sind, wie sich zeigen wird, durchaus berechtigt. Er wird tatsächlich manipuliert.

Das erste Zusammentreffen zwischen Prévaux und Sliwinski findet am 25. Januar 1942 statt. Sliwinski hatte den polnischen Generalstab in London (Telegramm F/448/42) über das Ersuchen Prévaux' unterrichtet. Ihm wurde versichert, dass die Tätigkeit von Vox im F2-Netzwerk wirklich als Dienst in den Reihen der Forces françaises libres gewertet wird. Man musste nur noch einen Weg finden, Prévaux einen Beweis dafür zu liefern, dass die FFL seiner Ernennung zum F2-Agenten zugestimmt haben.

Jacques und Lotka warten in »La Cisampo«, ihrem kleinen Haus auf den Hügeln oberhalb von Pramousquier, auf Sliwinski beziehungsweise, korrekt gesagt, auf Jean-Bol. Lotka hat die Jadebecher und die letzte Flasche Noilly-Prat aus dem Schrank geholt und überlegt, ob das nicht angesichts des Charakters der Begegnung doch ein wenig frivol wäre. Sie traut sich nicht, darüber mit Jacques zu sprechen, der eine Zigarette nach der anderen qualmt und auf die Wand starrt; er wirkt noch ernster als sonst. Die Zigarettenasche fällt auf den Boden, doch er reagiert nicht, als sie ihm den Aschenbecher hinschiebt. Sein hartnäckiges Schweigen verrät seine Nervosität: Ist es der Gedanke an die bevorstehende Begegnung mit dem Kopf des Netzwerks, das Warten auf einen handfesten Beweis für die Verbindung der F2 mit der Bewegung des Generals de Gaulle? Als Jean-Bol eintrifft, sind beide, Jacques wie Lotka, überrascht, einen groß gewachsenen, lebhaften, 26-jährigen Mann vor sich zu sehen, der einen sehr entschiedenen Eindruck macht. Und sein Handkuss zeigt Klasse.

»Ich möchte Ihnen einen einfachen Weg vorschlagen, wie Sie Gewissheit bekommen, dass sie wirklich für General de Gaulle arbeiten«, sagt Jean-Bol. »Nehmen wir einmal an, Sie sagen mir einen bestimmten Satz, und den würden Sie dann im Programm ›Les Français parlent aux Français‹ der BBC aus London hören. Würde Sie das überzeugen?«

»Ich glaube schon«, antwortet Jacques.

»Dann sagen Sie mir diesen Satz.«

Jacques schweigt für einige Sekunden, dann sagt er mit fester Stimme: »Gut. Dies ist meine Mitteilung: ›*J'embrasse ma Lotka chérie*‹.«

Jean-Bol schreibt die Worte auf, tritt ans Fenster und wirft das Stück Papier unauffällig über den Gartenzaun. Auf der Straße hat er einen seiner Agenten, einen Mann namens Bey postiert, mit der Anweisung, das Papier aufzuheben und die Mitteilung sofort an die Zentrale in Nizza durchzugeben; dort soll Lubicz, der Kryptograph, ihn verschlüsseln und nach dem üblichen Verfahren an London übermitteln. Die ganze Operation sollte nicht mehr als eine halbe Stunde beanspruchen.

Sliwinski bleibt in »La Cisampo«. Als die Sendezeit für das französische Programm aus London gekommen ist, macht er den Vorschlag, BBC einzuschalten. Prévaux hat nicht damit gerechnet, dass seine Botschaft noch am gleichen Abend ausgestrahlt werden würde; umso mehr ist er von der Effizienz und schnellen Arbeit des F2 beeindruckt, als er plötzlich hört: »*Un message important ... J'embrasse ma Lotka chérie* – ich wiederhole – eine wichtige Mitteilung – ich umarme meine liebe Lotka.« Tief bewegt und mit Tränen in den Augen nimmt der Kapitän zur See vor dem jungen Reserve-Oberleutnant der polnischen Armee Haltung an.

Weder Prévaux noch Sliwinski haben den mindesten Zweifel, dass die Mitteilung tatsächlich von den FFL kommt und dass de Gaulle persönlich von dem Eintritt des ehemaligen Kommandanten der *Duguay-Trouin* in seine Bewegung Kenntnis genommen hat.

Ein Jahr später kommen an der Koordination des F2 mit der gaullistischen Bewegung gewisse Zweifel auf, als die drei wesentlichen französischen Widerstandsgruppen sich unter dem Signum MUR* zusammentun, das F2 aber für sich bleibt und seine Informationen weiterhin dem britischen Geheimdienst und nicht dem BCRA zuleitet. Nach Ansicht Sliwinskis ist eine formale Angliederung des F2 an den BCRA nicht unbedingt notwendig, nachdem seine Chefs ihm noch einmal versichert haben, dass die von seinem Netzwerk geleistete Arbeit als Dienst im Rahmen der Résistance gewertet würde. Und was Havard angeht – er fühlt sich im F2 ausgesprochen wohl, wohingegen er die Methoden des BCRA scharf kritisiert.

Prévaux verlangt jedoch konkrete Garantien. Während der Reorganisation des Netzes nach der Besetzung der südlichen Zone durch die Wehrmacht hält er in einem Telegramm (vom 6. März 1943) fest, dass seine Mitarbeit beim F2 vorläufiger Natur sei, solange er nicht die Versicherung erhalte, dass er als dauerhaft in Diensten de Gaulles stehend registriert sei. Das Telegramm alarmiert den polnischen Geheimdienst, der Prévaux unbedingt als ständigen Mitarbeiter behalten will. Man bittet die britischen Kollegen, alles zu tun, um de Gaulles Zustimmung zu erlangen. Die Antwort der Briten, die an Prévaux weitergeleitet wird, macht derartige Hoffnungen zunichte: Prévaux soll sich dem Stab des Generals Giraud anschließen.

Die Briten halten General Giraud, der im Dezember 1942 von den Amerikanern in Algier eingesetzt worden ist, in dem Kampf gegen die deutsche Besatzung in Frankreich für einen fügsameren Partner als den eigensinnigen General de Gaulle. Und das 2. Polnische Büro, der exil-polnische Geheimdienst, unterhält ebenfalls ausgezeichnete Beziehungen

---

* *Mouvements unis de la Résistance*, Vereinigte Widerstandsbewegung

mit den Organisationen, die von Giraud abhängig sind, und sind heilfroh, weil dieser nun in den Vordergrund tritt. In diesem Punkt sind die Polen ganz der Meinung der Briten: de Gaulle muss ausgebootet werden.

Oder, korrekter gesagt: er soll weiterhin umgangen werden. Denn die Geschichte mit Giraud lüftet einen Zipfel des Schleiers, der das Täuschungsmanöver verhüllt, dem sowohl Prévaux als auch Sliwinski zum Opfer fallen. Beide sind guten Glaubens, dass die Telegramme, die sie dem exil-polnischen Geheimdienst in London zuleiten, danach die FFL-Nachrichtenleute erreichen; in Wahrheit bleiben sie beim militärischen Geheimdienst der Briten stecken. Die beiden sind nicht die Einzigen, die der legendäre MI6 hinters Licht führt. Rygor Slowikowski, der 1940 die Stützpunkte des Tudor-Netzwerks in Saint-Jean-de-Luz aufbaut und später in Algerien sein eigenes Netz gründet, muß 1943 die Entdeckung machen, dass er eigentlich für den britischen Nachrichtendienst arbeitet. Die pragmatisch vorgehenden Briten verwenden alle (guten) Agenten, die sie finden können, selbst wenn diese für andere Geheimdienste tätig sind. Sie scheuen nicht einmal vor Bestechung zurück – und verfügen auch über die entsprechenden finanziellen Mittel. Außerdem unterhalten sie »normale« Beziehungen zu General Sikorski und der legalen polnischen Regierung im Exil, während ihr Verhältnis zu de Gaulle turbulent ist. »Die polnische Exilregierung, die in Europa bereits ein bedeutendes Agentennetz mit funktionierenden Funksystemen betreibt, hat zugestimmt, alle eingehenden Informationen an die Special Intelligence Services (SIS) weiterzuleiten. (...) Im Januar 1941 stellt das 2. Polnische Büro die einzige Verbindung dar, die solches Material weiterleiten und britische Anfragen nach Informationen entgegennehmen kann.« Und schlussendlich legen die Briten höchsten Wert darauf, im Beschaffen von nachrichtendienstlichen Informationen die gleiche

Führungsrolle wie in der Kriegsführung zu bewahren. Kurzum, sie können keinen Schaden darin erkennen, all die überaus wichtigen Informationen des F2-Netzes für sich zu behalten. Neben solch politischen Überlegungen kommt hier auch noch die übliche Rivalität zwischen Geheimdiensten ins Spiel sowie die Tatsache, dass die exil-polnischen Nachrichtendienste bereits gut funktionierten, als der französische BCRA erst aufgebaut wurde. Alles Faktoren, die dazu führen, dass de Gaulle nichts von der Arbeit des F2 erfährt.

Bedenkt man, worum es den Mitgliedern der Résistance ging und was sie mit ihrem Kampf am Ende erreichten, so fällt das alles nicht sonderlich ins Gewicht. In erster Linie lag allen F2-Agenten der Kampf gegen die Deutschen am Herzen; an wessen Seite sie sich für diesen Zweck engagierten, war für sie nebensächlich. Den meisten verursachte die Alternative de Gaulle – Giraud kaum Kopfschmerzen. Entscheidend war doch, dass die von ihnen beschafften Informationen zu den Alliierten gelangten und somit zum Sieg über die Besatzungsmacht beitrugen. Und in diesem maßgeblichen Punkt wurden sie nicht getäuscht.

Prévaux wird allerdings irregeführt, und nicht nur einmal. Die BBC übermittelt Botschaften, die den Anschein erwecken sollen, sie stammten von der Bewegung des Freien Frankreich. Keineswegs nur die anfängliche Meldung – »Ich umarme meine liebe Lotka« –, die zu seiner Entscheidung für das F2 beiträgt. Es folgen weitere, die de Gaulles Einverständnis bestätigen sollen.

Auf das Ansinnen, sich Giraud anzuschließen, erwidert Prévaux sehr dezidiert, dass er solch ein Angebot zu schätzen wisse und bereit sei, es anzunehmen, sobald die beiden rivalisierenden Lager eine Verständigung erzielt hätten. Solange es dazu nicht komme, stelle er jedoch die kategorische Forderung, dass seine Tätigkeit als Arbeit im Dienste

General de Gaulles gelte (Telegramm Nr. 53 von Lubicz, 8. April 1943). Klarer hätte er sich gar nicht ausdrücken können. Um ihn zufrieden zu stellen, lassen die Briten daraufhin über das französische Programm der BBC folgende Botschaft an ihn ergehen: »Frankreich weiß, dass Sie für Frankreich arbeiten, und dankt.« Wie hätte er darauf kommen sollen, dass die Botschaft mitnichten von der Forces françaises libres kommt? Es scheint allen Hörern der BBC klar, dass deren französisches Programm, dem Erklärungen de Gaulles oder seines Sprechers Maurice Schuman vorausgehen, das Freie Frankreich repräsentiert – obwohl das gar nicht der Fall ist.

Prévaux ist aber noch immer nicht überzeugt. Sliwinski – er ist im Dezember 1942 verhaftet worden, im September 1943 ist ihm jedoch die Flucht aus der Gefangenschaft gelungen – soll nach England gehen. Jacques bittet ihn, dort Admiral Thierry d'Argenlieu aufzusuchen, den neuen Befehlshaber der freien französischen Marine; ebenso seinen alten Freund Pierre Viénot, der nach seiner Flucht aus dem Gefängnis zu de Gaulle gegangen und vom Französischen Komitee der Nationalen Befreiung (CFLN) soeben zum Botschafter in London ernannt worden ist. Prévaux gibt Sliwinski einen auf den 1. November 1943 datierten Brief an Viénot mit, in dem er vorab seinem Stolz darüber Ausdruck verleiht, dass er in der Résistance mitarbeitet: »Es war eine sehr schwierige Wahl, die ich Anfang des Jahres zu treffen hatte. Ich hatte zwei Alternativen, entweder hier zu bleiben und die Tätigkeit fortzusetzen, die gerade wieder einen Aufschwung nahm, oder zu Ihnen zu stoßen. Ich kann meine Entscheidung jedoch nicht bereuen. Mein Gewissen ist rein. Ich lebe in dem Bewusstsein, meine Pflicht erfüllt und eine gute Arbeit getan zu haben.«

Ende 1942 ist Prévaux in der Tat wieder einmal versucht gewesen, sich den Forces navales françaises libres (FNFL), der freien Marine, anzuschließen. Dort gehört er hin; er ist primär Stabsoffizier; mit dem F2-Netz hat er ein Jahr zuvor nur zu dem Zweck Kontakt aufgenommen, zu de Gaulle zu gelangen. Und jetzt, im Herbst 1942, wird der Generalstab gründlich umgebildet und erweitert, da sind Positionen neu zu besetzen – und was für Positionen! Nach dem überraschenden Rücktritt von Vizeadmiral Muselier im März – Folge einer Auseinandersetzung mit de Gaulle – wird das Oberkommando der FNFL Philippe Auboyneau anvertraut. Ohne dessen Fähigkeiten in Zweifel ziehen zu wollen, stellt Prévaux für sich ein höheres Dienstalter fest – Auboyneau ist zehn Jahre jünger –; das heißt, dass natürlicherweise die Stelle ihm zugestanden hätte.

Im Übrigen hat der BCRA vor, ihn anzustellen oder zumindest seine Fähigkeiten zu testen. Oberst Pierre Fourcaud, ein professioneller Nachrichtenmann und einer der ranghöchsten Geheimagenten des Freien Frankreich, ist auf Jacques' Engagement aufmerksam geworden und schätzt, soweit er davon weiß, seine Arbeit für das F2. Er hat mit London über Prévaux-Vox gesprochen. Der Fall ist auf höchster Ebene diskutiert worden – er war Gegenstand einer Unterredung zwischen Admiral Auboyneau und Oberst Billotte, dem Chef des persönlichen Stabes von de Gaulle. Man fasst den Beschluss, gelegentlich mit ihm zusammenzuarbeiten: Prévaux soll »nach einem kurzen Aufenthalt hier« – das heißt, in London – »zunächst einmal vor Ort arbeiten«. D'Astier de la Vigerie, Mitbegründer und Chef der Widerstandsgruppe Libération, der – wie es der Zufall will – für November einen Frankreichbesuch plant, soll mit Prévaux in Kontakt treten. Vox soll zusammen mit Botschafter René Massigli, dem späteren Kommissar für Auswärtige Angelegenheiten, von einem U-Boot nach England gebracht werden. Die U-Boot-Operation verzögert sich dann aber, und die Verhaftungswelle, die das F2-Netz führerlos macht, veranlasst Jacques, seine Meinung zu ändern und einzuwilligen, in Frankreich zu bleiben, wo seine Anwesenheit dringlicher scheint.

Eine Entscheidung, die ihm schwer gefallen ist, wie er seinem Freund Viénot also erklärt, dem er auch seine Sorgen hinsichtlich der Zusammensetzung des Marinestabes der Forces françaises libres gesteht: »Ich sehne mich eben trotzdem manchmal nach meinem alten Metier zurück, und es wäre mir lieb, wenn alle diejenigen in Ihrer Umgebung, die noch in diesem Beruf tätig sind, wenigstens vergewissert würden, (...) dass meine Abwesenheit drüben im Grunde keine Abwesenheit bedeutet.« Er sage sich immer wieder, dass Viénot in London bestimmt »für die Gegenwart und für die Zukunft« das Dasein dieses Kapitäns zur See in Erinnerung halte, der, in der Tat, die richtige Entscheidung gefällt habe, nun aber so weit von seinem Generalstab entfernt sei und sich nicht sicher sein könne, ob er dazu einen ausdrücklichen Befehl erhalten habe. Deshalb ersuche er Viénot, darüber mit d'Argenlieu zu sprechen: »Ich würde gerne Gewissheit haben, dass man mich nicht vergessen hat.«

Sliwinski trifft leider erst im Juni oder Juli des folgenden Jahres, also 1944, in England ein. Er stellt sich seinen Vorgesetzten im exil-polnischen Geheimdienst vor. In seiner Naivität informiert er sie auch über seinen Auftrag hinsichtlich Viénot und Thierry d'Argenlieu.

Ihre Reaktion ist für ihn wie eine kalte Dusche. Sie geben ihm strikten Befehl, mit den Vertretern des Freien Frankreich unter keinen Umständen Verbindung aufzunehmen. Solch ein Befehl lässt sich natürlich als Gewohnheitsreflex von Geheimdienstlern erklären, die immer bestrebt sind, die einzelnen Abteilungen gegeneinander abzuschotten und direkte Kontakte der unteren Ebenen zu verhindern. In diesem Fall müssten sie außerdem eine schlagartige Entlarvung ihrer Kriegslist befürchten: Wie würde ein so vortrefflicher

Agent wie Sliwinski reagieren, wenn ihm diese beiden führenden Mitarbeiter de Gaulles klarmachen, dass die FFL nie etwas von Prévaux' Dienst in der Résistance gehört haben? Dem überraschten Sliwinski wird also von Oberst Langelfeld verboten, die ihm von Prévaux aufgetragenen Botschaften zuzustellen.

Wie schlecht der Oberst Langelfeld diesen Mann doch kennt, der gegen jede Autorität rebelliert. Sliwinski hält sich nicht an den Befehl, obwohl er damit Disziplinarstrafen riskiert. Er macht sich nach den Briefadressaten auf die Suche. Doch das Glück ist nicht auf seiner Seite. Pierre Viénot stirbt an einem Herzanfall, bevor Sliwinski ihn erreicht, und Thierry d'Argenlieu ist abwesend. Schließlich schreibt Sliwinski ihm und schickt dem Korvettenkapitän Schilling, dem Sicherheitschef der freien französischen Marine, eine kurze Mitteilung. Und so kommt er hinter das Geheimnis.

Schilling kennt Prévaux, weiß aber nichts davon, dass er für die Résistance arbeitet. Und als Sliwinski versucht, eine offizielle Anerkennung seiner Agenten zu erreichen, damit für sie im Hinblick auf Beförderung und Pensionen die gleichen Bedingungen gelten wie für die Mitglieder der FFL-Kampfeinheiten, wird ihm mitgeteilt, dass die von F2 geleisteten Dienste von den französischen Behörden »keineswegs automatisch« als Militärdienst für das Freie Frankreich verstanden würden. Erst am 30. September 1944 wird in Paris von Oberst Manuel, dem stellvertretenden Chef des BCRA, und Oberst Lesniak, dem Chef des exil-polnischen Geheimdiensts, ein Abkommen unterzeichnet, das den F2-Agenten französischer Nationalität die gleichen Rechte einräumt wie den Agenten, die dem BCRA angeschlossen sind.

Nach der Befreiung ist Prévaux' Arbeit sicherlich gewürdigt worden, schließlich wurde er postum zum Kommandeur der Ehrenlegion ernannt und mit dem Croix de la Libération ausgezeichnet. Sein Name ist jedoch heute kaum noch bekannt, und er ziert auch kein einziges Schiff der französischen Flotte.

Dafür lassen sich mehrere Gründe anführen. Zunächst einmal sollte man wissen, dass die französische Marine lange gezögert hat, die Arbeit der Widerstandskämpfer auch nur mit einem Wort anzuerkennen. Zudem hat Prévaux im Schatten gekämpft, fernab vom militärischen Hauptquartier und von seinen Kameraden, die in der Marine des Freien Frankreich fochten und nichts von seinen Verdiensten wussten. Die Männer, die später die politische Führung der Vierten Republik übernehmen sollten, sind Mitkämpfer de Gaulles in London gewesen; Prévaux gehörte nicht zu ihrem Milieu. Nachdem Prévaux und seine Frau erschossen worden waren, gab es niemanden, der die Erinnerung an sie wach hielt; denn ihre Familienangehörigen zogen es vor, »die Tragödie zu vergessen«. Infolge ihres Schweigens wurden die Namen von Jacques und Lotka allmählich aus dem historischen Bewusstsein gelöscht.

5

EIN EINFACHER INFORMANT

Mai 1942. In »La Cisampo«, im Hause der Prévaux'. Ein wunderschöner Abend. Von der Terrasse sind unten die Lichter von Pramousquier zu erkennen, dahinter das Meer. Die Pascalis' sind auf ein Glas Wein vorbeigekommen und werden gebeten, zum Abendessen zu bleiben. Lotka hat ein paar Flaschen Wein aufgetrieben. Jacques, der »geschäftlich« in Nizza unterwegs war, hat etwas zu essen mitgebracht, genug, um ein Mahl zuzubereiten, das den Namen verdient. Ein Glücksfall, denn im Département Var sind Lebensmittel besonders schwer zu beschaffen. Es bedarf unendlicher Geduld, um überhaupt Fleisch oder Frischprodukte zu ergattern. Natürlich, da gibt es die bekannte polnische Händlerin in Toulon, die aber auch nur mehr Tomatenpüree und Sardinen auf Lager hat, und das wird man bald leid. Und der rätselhafte Matrose, der sich vor allem auf Öl und Nudeln spezialisiert hat, gibt nach langem Feilschen nur lächerlich wenig wie beispielsweise ein Pfund Kaffee oder eine Tafel Schokolade heraus – was obendrein mit den Pascalis' geteilt werden muss. Die Versorgungslage ist so schlecht, dass Lotka sich gezwungen sieht, ihre Eltern zu bitten, aus Paris Butter und Kuchen zu schicken.

Der Speiseschrank ist also oft leer. Was noch schlimmer ist: die Prévaux' haben ernsthafte finanzielle Sorgen – obwohl das für sie eigentlich nichts Neues ist. Gewiss, ein Offizier, der vom aktiven Dienst suspendiert ist, erhält weiterhin seinen Sold, nur eben ohne die Zulagen, insbesondere die Mietzulagen bei zwei Wohnungen: für seinen Hauptwohnsitz und die Unterkunft am Dienstort. Außerdem hat Blandine es soeben geschafft durchzusetzen, dass von seinen ohnehin reduzierten Bezügen auch noch die Unterhaltszahlungen einbehalten werden. Da bleibt nicht eben viel übrig. Die unbeglichenen Rechnungen häufen sich, es kommen Zahlungsbefehle.

Deshalb hat Prévaux vor kurzem auch beschlossen, als Geschäftsmann tätig zu werden. Man hat ihm die Leitung einer noch zu gründenden Firma angetragen; Jacques sieht sich bereits in Wohlstand leben und malt sich aus, wie er Lotka mit Kleidern und Juwelen beschenkt, die ihrer Schönheit angemessen wären. Die Geschäftsidee kam von einem gewissen Roger Samuel, einem Chemieingenieur aus Nizza, der Ersatzpflegemittel für den Haushalt wie Schuhcreme, Scheuerpulver oder Möbelpolitur herstellt. Für dergleichen Produkte scheint es in dieser Zeit des Mangels und der Rationierung einen riesigen Markt zu geben. Man hat sich längst an alle möglichen Ersatzstoffe gewöhnt, so etwa Zuckerersatz und fettlose – oder nahezu fettlose – Öle. Jacques macht sich mit dem Handelsrecht vertraut, formuliert die Satzung für eine Firma namens *Société de produits alimentaires et ménagers de remplacement*, abgekürzt SPAM, und stellt auf der Präfektur einen Antrag auf Erteilung der Handelslizenz. Anfang des Monats hat er an der rue Pasteur in Cannes bereits Geschäftsräume angemietet. Das Unternehmen wird seine Tätigkeit aber erst im folgenden Jahr aufnehmen. Denn im ersten Anlauf wird die Handelslizenz verweigert, mit der Begründung, der Antrag sei zu vage und enthalte keine Angaben über die chemische Zusammensetzung oder die Herstellverfahren der Mittel. Die Behörde fordert ein Dossier mit genaueren technischen Details an.

An diesem Maiabend aber ist das Leben schön. Jacques, der auf einem Liegestuhl sitzt, berichtet animiert über die Vorkommnisse seiner Fahrt nach Nizza. Die schmerzvollen Sitzungen beim Zahnarzt sind endlich vorbei; mit der neuen Prothese sieht Jacques um einiges jünger aus. Lotka hat einen Klappstuhl in eine Ecke der Terrasse gerückt, sodass sie Jacques anschauen kann, während sie leise auf dem Akkordeon spielt. Ein ganz normales Bild von Freunden, die beim Aperitif im Garten miteinander plaudern.

Und das Gespräch dreht sich wirklich nur um alltägliche Dinge; denn in der Villa nebenan wohnen zwei berüchtigte Kollaborateure. In der Nachbarschaft haben die Prévaux' nur wenig Freunde – abgesehen von Oberst Pierre Fourcaud, einem der Chefgeheimagenten des Freien Frankreich, einem Profi, der auch etwas von einem Haudegen an sich hat. So war er im August 1941 vom BCRA beauftragt worden herauszufinden, welche Haltung Admiral de Laborde, der Befehlshaber der Seestreitkräfte in Toulon, für den Fall eines deutschen Angriffs auf die französische Flotte einnehmen und – eine heiklere Frage – ob er sich am Ende der Marine des Freien Frankreich anschließen würde. Fourcaud hatte mit Jacques darüber diskutiert, wie er am besten an den Admiral herankommen könne. Sie hatten festgestellt, dass er abends immer aus der Uniform in Zivilkleidung wechselte, in ein Privatboot stieg und durch den Hafen zu seinem Haus in Tamaris fuhr. »Ich bin ihm gefolgt«, erinnert sich Fourcaud später, »habe durchs Fenster in seine Villa hineingespäht und dann an der Haustür geläutet. Was habe ich dann für eine Abreibung gekriegt! Prévaux hat sich gebogen vor Lachen, als ich es ihm hinterher erzählte. Er hatte nicht geglaubt, dass ich die Unverfrorenheit besäße, Laborde direkt anzusprechen.« Fourcaud hatte sich tatsächlich unter seinem richtigen Namen vorgestellt, seinen militärischen Rang und seine Rolle im Kreise von de Gaulle genannt und war ohne Umschweife auf den Grund für seinen ungewöhnlichen Besuch zu sprechen gekommen. Admiral de Laborde hat ihn nicht nur hinausgeworfen, sondern auch Darlan über die Anwesenheit des Gesandten vom BCRA informiert.

Fourcaud kann sich noch lebhaft an das Ehepaar erinnern, das einige Monate lang in seiner Nachbarschaft wohnte. »Prévaux war ein sehr bekannter, äußerst beliebter Kapitän der Marine. Er wäre bestimmt Admiral geworden, aber die Typen in London machten alles unter sich aus und bauten sich an der Themse ein neues Marineministerium auf. Sie hätten Prévaux einen Rang verleihen müssen, der seinem Ansehen entsprach. Obwohl er in Toulon unersetzbar war (...) Und sie, sie war einfach bezaubernd. Die beiden waren ein schönes Paar.« Für Jacques und Lotka bedeutet Fourcaud ein Hauch von London; sie fragen ihn nach dem Leben in den gaullistischen Kreisen aus. Doch ihr Kontakt muss unauffällig bleiben. Fourcaud wird nämlich überwacht, von zwei Polizeiinspektoren, die sich im Städtchen Cavalaire beim Bäcker eingemietet haben. Die Prévaux' haben sie tatsächlich nie geortet.

Ein anderer vertrauter Gast in »La Cisampo« ist Dr. Raymond Leibovici, ein militanter Kommunist, den die *Franc Tireurs et Partisans* (FTP) aus Saint-Tropez geschickt hat. Er gehört mit Villon, Kriegel-Valrimont, Rol-Tanguy und anderen zum *Comité d'action contre la déportation* (CAD); seine Gruppe wird später innerhalb der »Mohrenbrigade« zum *Maquis* gehören. Leibovici war mit Jacques von einem gemeinsamen Freund zusammengebracht worden, der von Jacques' Zeit in Alexandria berichtete und erzählte, wie dieser »Admiral Godfroy sitzen ließ, um nach Frankreich zurückzukommen und wieder aktiv zu dienen«. Leibovici und Prévaux vereinbaren den Austausch von Informationen. »Ihn habe ich als einen bewundernswerten Mann in Erinnerung«, erklärt Leibovici später, »und sie als eine hoch gewachsene, liebenswerte Fahrradkurierin, deren Mut ich bewunderte.«

Der dritte Freund der Prévaux' ist auffälliger. Die Besuche Joseph Kessels und seiner Freundin Germaine Sablon in »La Cisampo« bleiben nicht unbemerkt. Der Alkohol fließt in

Strömen, also noch mehr als gewöhnlich; während aber Jacques und Lotka maßlos trinken können, ohne je betrunken zu werden, wird Kessel unbändig laut. Er verursacht einen erheblichen Lärm, der die Nachbarn stört. Als Jacques ihn eines Tages zu bewegen versucht, die Stimme zu senken, und auf die anständigen französischen Bürger verweist, die im Garten nebenan auf der Lauer sind, stürmt der Schriftsteller auf die Terrasse, wo er zur allgemeinen Erheiterung brüllt: »Es lebe Hitler!«

Ein derartiger Ausbruch wäre an dem Abend, als die Pascalis' zu Gast sind, nicht ratsam gewesen. Die Fenster sind fest geschlossen. Man sitzt am Tisch und spricht über die Arbeit. Gaston Pascalis (Sag) ist der Kryptograph von F2; er verschlüsselt die Berichte und Telegramme mit Hilfe der Verzeichnisse und Tabellen in dem dicken Buch, das im Garten versteckt ist. Als ein Jahr später, im Juni 1943, die kleine Aude de Prévaux in Opio getauft wird, vertritt Pascalis den Patenonkel Sliwinski, für den sich Jacques und Lotka entschieden haben, obwohl er verhaftet worden ist und zu der Zeit im Gefängnis sitzt. Dass Lotka Mathilde Pascalis im Midi wieder begegnet, ist reiner Zufall. Sie hatten sich 1938 in Paris kennen gelernt, bei *Louis-Philippe*, einem kleinen Schönheitssalon, wo Lotka arbeitete; die Gründerin, Eva Peralle, war eine Schulfreundin Mathildes.

Die zwei Frauen sprechen über das merkwürdige Schicksal, das die polnische Emigrantin von den strahlenden Salons von Vionnet zu dem einsamen Dienst eines Geheimkuriers geführt hat. »Ich hätte mir ja mühelos vorstellen können, eines Tages als Putzfrau zu arbeiten. Aber als Spionin? Das sicherlich nie ...«, bemerkt Lotka mit einem ungezwungenen Lachen. Sie versteht es, leichthin über ernste Dinge zu reden. »Genau dafür bist du aber wie geschaffen«, wirft Jacques bewundernd ein.

Lotka (Kalo) ist eben erst von schwierigen Missionen heimgekehrt. Ihre Nonchalance überdeckt ein Gefühl enormer Erleichterung. Sie ist mit einem großen Koffer voll Papieren, die für Sliwinski bestimmt sind, von Paris her heil über die Demarkationslinie gekommen. Theoretisch hätte das alles dank der quasi professionellen Organisation des F2-Netzwerks auch reibungslos ablaufen müssen. Ihre gefälschten Papiere sind idiotensicher – Lotka hat seit ihrem Beitritt zu diesem Agentennetz einen hervorragend echt gefälschten Pass auf den Namen Jacqueline Chebrou, geborene Pajot, wohnhaft in Laval. Und das Netz der Führer, die Menschen über die Grenze geleiten, ist absolut zuverlässig, insbesondere das entscheidende Glied in der Kette: die Buchhändlerin an der rue Carnot in Monceau-les-Mines, Madame Forest, deren Fahrrad in diesen Tagen viel beansprucht wird.

Dennoch zittert Jacques noch immer beim Gedanken an die Risiken, die Lotka eingegangen ist. Denn sie fällt ja sogar in einem erbärmlichen Regenmantel und mit einem schäbigen Schal als Kopfbedeckung auf. Ihre Körpergröße und ihre vornehme Art ziehen die Blicke einfach an. Gefährlicher noch ist der leichte – und bezaubernde – mitteleuropäische Akzent, den sie nach wie vor hat und der Neugier wecken könnte. Kurzum, sie ist im Grunde überhaupt nicht zur Agentin geeignet ... Wie es im Sprichwort heißt: Ein Sandkorn genügt, um ein Uhrwerk stillzulegen – man braucht sich bei einem verabredeten Treff nur zehn Minuten zu verspäten, und alles ist futsch. Und im Fall einer Verhaftung kann man zwar eine Botschaft, einen auf hauchdünnem Papier getippten Bericht etwa, verschwinden lassen – wie aber hätte Lotka einen ganzen Koffer mit kompromittierenden Unterlagen verschwinden lassen sollen? Diesmal hat sie wirklich eine bemerkenswerte Tat vollbracht, wofür sie von der polnischen Regierung in London am 12. September 1942 mit dem Tapferkeitskreuz ausgezeichnet wird.

Lotka hat zunächst als Jacques' Sekretärin für das Netz gearbeitet. Dann hat sie gefährlichere Aufgaben verlangt und ist bald Agentin für »Spezialaufträge« und schließlich Chefkurier geworden. Statt des herkömmlichen Systems mit »Briefkästen« verwendet das F2-Netz das »Kurier«-System; man hält es für sicherer, weil Kuriere ihre Verbindungsagenten an stets anderen Stellen treffen, beispielsweise im zweiten Abteil des 10.18-Uhr-Triebwagens Toulon-Bandol. Lotka ist im Laufe des Jahres 1942 – bis zum Eintritt der Schwangerschaft – oft die Strecke Nizza-Toulon-Marseille gefahren. Sie hat die Berichte des Netzwerks – mehrere hundert Seiten plus Karten und Pläne über die feindlichen Truppenaufstellungen – auch nach Lyon geschafft. Der Befehl lautete, dort Instruktionen abzuwarten; das hieß: irgendwo in Lyon übernachten, vorzugsweise bei einer Hausmeisterin – auf die Weise konnte man am besten sicherstellen, dass sie einen nicht denunzierte. Was Lotkas »Spezialaufträge« betrifft, so sind einige tatsächlich sehr speziell gewesen, so etwa, als sie Sliwinski nach Paris begleiten musste und die beiden sich, um unangenehme Fragen zu vermeiden, als Liebespaar ausgaben. Die meisten Aufträge waren wichtig und gefährlich zugleich: mit den Amerikanern Verbindung aufzunehmen, alliierten Soldaten als Führer zu dienen …

Wichtig ist nur, sich nicht in Angst und Schrecken versetzen zu lassen. Aber Lotka, die den Mut verlor, wenn Jacques' Briefe ausblieben, ist eine Frau, die sich wirklich schwierigen Situationen gewachsen zeigt. Sie, die unfähig ist, mit den kleinen Störungen des Lebens fertig zu werden, die angesichts eines unbedeutenden häuslichen Zwischenfalls den Kopf verliert, hat entdeckt, dass ihr unbekannte Kräfte zuwachsen, wenn die Lage ernst wird. Es ist so, als ob plötzlich eine andere Lotka den Platz der gewöhnlichen Lotka einnimmt – eine, die Entscheidungen trifft, ohne zu zögern, und entschlossen und furchtlos handelt. Ihre jüngste große

Tat entlockt ihr nur die Bemerkung: »Ich hatte schon ein bisschen Sorge, ob ich es schaffen würde, mit diesem sperrigen Koffer über die Grenze zu kommen ...« Vincent Rozwadowski (Pascal), der nach Sliwinskis Verhaftung die Führung des F2-Netzes übernimmt, schreibt im Bericht, in dem er Lotka für die Auszeichnung mit der Medaille der Résistance vorschlägt (die ihr am 5. Juni 1945 verliehen wird): »Sie hat bei all ihren Einsätzen außergewöhnliche Kaltblütigkeit, beispielhaften Mut und bemerkenswertes Durchhaltevermögen an den Tag gelegt.«

Jacques selbst widmet der Arbeit für das F2-Netz seine ganze Kraft und all seine organisatorischen Fähigkeiten. Er ist als einfacher Informant angeworben worden, ist zunächst einer von dreihundert untergeordneten Agenten, deren Aufgabe darin besteht, Informationen über die Tätigkeit der feindlichen Truppen zu sammeln.

Sie sind sorgfältig, nach äußerst strengen Maßstäben ausgesucht worden; gefordert sind Disziplin, Genauigkeit, Verschwiegenheit und Tüchtigkeit. Jeder ist für einen fest umrissenen Bereich verantwortlich. Einer observiert die Bewegungen feindlicher Soldaten auf einer bestimmten Route, dazu die Zahl der motorisierten Fahrzeuge, ihre Rangabzeichen und Fahnen. Ein anderer registriert, ob und wann an einer Befestigungsanlage Arbeiten vorgenommen werden; wieder ein anderer auch nur geringste Veränderungen an einem echten oder vorgetäuschten Minenfeld. Ein Eisenbahnarbeiter kopiert die Lieferscheine für die Ladungen von Güterzügen. Jemand anderer behält Lebensmittelvorräte im Auge, ein weiterer die Aktivitäten von Soldaten, die Ausgang haben.

Solch fleißiges, sorgfältiges Arbeiten schlägt sich in allen Sektionen – in die jede große Stadt unterteilt ist – auf dem Schreibtisch des Leiters in Bergen von Informationen nieder.

Am Anfang ist das F2-Netz nur in Toulon, Marseille, La Ciotat und Nizza tätig; dann dehnt es sich über die ganze Mittelmeerküste aus und gliedert sich in untergeordnete kleinere Netze, Sektionen und andere Verwaltungseinheiten auf. Die Sektionschefs dürfen nur Informationen nach oben weiterleiten, die absolut zuverlässig sind und prompt genutzt werden können. Ihre Aufgabe besteht darin, das von ihren Agenten gesammelte Material zu überprüfen, zuzuordnen, zu klassifizieren und zusammenzufassen – eine gewaltige Arbeitslast, die sie zwei Mal im Monat innerhalb von maximal zwei Tagen zu bewältigen haben, und das im Geheimen. Was unter anderem bedeutet: Sie müssen mit ihrer »Zentrale« alle vierzehn Tage umziehen, weil deren Örtlichkeit – ein Büro oder auch nur ein einziger Raum – auf keinen Fall identifiziert werden darf. Und diese Räumlichkeiten sind voll gestopft mit Unterlagen, Karten, Agentenberichten und all den sonstigen Dingen, die nicht vernichtet werden können; schließlich benötigen sie das Archiv für die Abfassung der folgenden Berichte.

Die Berichte sämtlicher Sektionschefs gehen dann an die Zentralstelle in Nizza, wo der Gesamtrapport des F2-Netzes erstellt wird, der in etwa die Entwicklungen von zwei Wochen erfasst und – besonders dringliche Informationen werden vorab per Funk übermittelt – auf verschiedenen Wegen nach London geleitet wird. Er wird über die Grenze geschmuggelt und geht London via Spanien und Gibraltar zu; gleichzeitig ist eine Kopie nach Vichy unterwegs, die dort dem amerikanischen Marineattaché ausgehändigt wird. Später wird sie über die Schweiz zugestellt; Zwischenträger wird dann »Monseigneur«, ein Schweizer Priester, der in Grenoble lebt. Dieser Bericht ist ein umfangreiches, mehrere hundert Seiten umfassendes Dokument – bald sollten davon mit einer Leica Mikrofotogramme gemacht werden – mit detaillierten Karten und Skizzen, das diverse Informationen über die Besatzungsarmee enthält: ihre Schlachtordnung und ihre Truppenbewegungen, die Befestigungen, Flugplätze und Flakstellungen; die Entwicklung neuer Materialien; die Folgen der Bombardierung ihrer Stellungen; Marinestützpunkte, -häfen, -werften und -verteidigungsanlagen, die Bewegungen ihrer Handelsmarine, ihre Transporte auf Schiene und Straße. Dazu kommen Informationen über die Produktion, den Personalstand und den Ausstoß ihrer Rüstungsbetriebe.

Neben einem Chiffrierbüro, einer Abteilung zur Fälschung von Ausweisen und dem Kurierdienst hat das F2-Netz auch eine politische Abteilung, deren Aufgabe darin liegt, in Vichy Kontakte mit Vertretern neutraler Länder zu unterhalten. Auf diese Weise kann das Netz London darüber informieren, welche diplomatischen Aktivitäten Deutschlands in Vichy hinter den Kulissen laufen. Die politische Abteilung dient auch als Bindeglied zwischen F2 und anderen Gruppen der Résistance. Trotz der Sicherheitsvorschriften sind die Netze nicht streng gegeneinander abgeschirmt. Sie tauschen oft Agenten aus, wenn es der Durchführung eines Einsatzes dienlich scheint. Von den F2-Informanten gehören viele Gruppen an, die bewaffnete Aktionen oder Sabotageakte durchführen. Da das F2-Netzwerk als Erstes über Funkverbindung mit London verfügt, behält es auch später eine Vermittlungsfunktion. Die von ihm nach London geleiteten Berichte enthalten stets auch Botschaften anderer Gruppen oder Netze wie Anforderungen von Fallschirmabwürfen oder finanziellen Mitteln; ebenso stellt F2 anderen seine Infrastruktur zur Flucht über Gibraltar oder die Schweiz zur Verfügung.

Obwohl sich das F2-Netz aus Amateuren zusammensetzt, arbeitet es mit einer Professionalität, die viele Nachrichtendienste mit Neid erfüllen dürfte. Gaston Havard erinnert sich später an all die Vorsichtsmaßnahmen bei der

Rekrutierung eines Agenten und wie sehr auf Pünktlichkeit bestanden wurde – schließlich handelt es sich bei den Zusammenkünften oft schlicht um Treffs auf normalen Reiserouten. Er wird sich auch daran erinnern, dass die F2-Agenten es gewohnt sind, einander gegenseitig zu durchsuchen. »Ein Agent darf nie etwas bei sich tragen, was ihn kompromittieren könnte ... Deshalb hat jeder das Recht und die Pflicht, von Zeit zu Zeit die Taschen und die Börse des ihm unterstellten Agenten zu durchsuchen.« Es ist eine Praxis, die einen weiteren Vorteil mit sich bringt: Falls ein Agent verhaftet wird, weiß man beim F2-Netz genau, was er bei sich hat – womit sich weitere Verhaftungen vermeiden lassen. »Wenn ich rückblickend an all die Vorsichtsmaßnahmen denke, die bei uns damals manch einer als übertrieben empfand«, hat Havard voller Stolz geschrieben, »dann kann ich mich nicht des Gedankens erwehren, dass sie vermutlich der Grund gewesen sind, dass wir von 1940 bis unmittelbar vor der Befreiung in Toulon keine Verhaftungen zu beklagen hatten.«

Als Jacques de Prévaux sich über drei Monate als einfacher Informant bewährt – und sich also auch durchsuchen lässt –, wird er im April 1942 offiziell als Mitglied des F2-Netzes aufgenommen. Er wird Sliwinskis Stellvertreter, mit spezieller Verantwortung für die Marine, und Chef einer F2-Sektion in Toulon; die Führung der zweiten Sektion teilen sich Havard und Brun. Zu seinem Stellvertreter wählt Prévaux Lévy-Rueff (Vir).

Die deutsche Besetzung der freien Zone sollte die Aufgabe der Résistants allerdings bald komplizieren.

6

KAMPF IM VERBORGENEN

Im Herbst 1942 bereitet die Wehrmacht den Einmarsch in die südliche Zone vor. Das würde nach den Militärplänen die Entwaffnung der französischen Waffenstillstandstruppen, die südlich der Demarkationslinie stationiert sind, und die gewaltsame Übernahme der französischen Flotte in Toulon durch die Deutschen bedeuten – Operation »Lila«. Die Alliierten versuchen zu erfahren, wie die französische Marine reagieren wird. Wird sie sich den Deutschen schlicht und einfach ergeben und ihnen die Schiffe ohne einen Schuss überlassen? Lässt sich darauf hoffen, dass sich einige Schiffe trotz der bitteren Erinnerung an Mers el-Kébir der britischen Flotte anschließen werden? Wie viele? Und welche? Kann man sich mindestens darauf verlassen, dass ein Befehl zur Selbstversenkung gegeben wird, damit die rund hundert Schiffe im Hafen von Toulon nicht der Flotte des Feindes in die Hände fallen?

Im Juli oder August 1942 erhält das F2-Netz aus London eine Depesche mit der Bitte um einen Bericht über die wahrscheinliche Haltung von Admiral de Laborde und den Kommandeuren der Schiffe – darunter drei Schlachtschiffe, sieben Kreuzer und fünfzehn U-Boote. Prévaux, der die Marine und auch die in militärischen Kreisen Toulons vorherrschende Stimmung gut kennt, kann nur melden, dass die meisten Offiziere mehr am Tennisspiel als an einer Fortsetzung des Kampfes interessiert seien. Sein Bericht ist prophetisch. Mit schonungsloser Direktheit konstatiert er, dass die Offiziere der französischen Marine unter keinen Umständen bereit sein würden, an der Seite der Briten zu kämpfen. Man könne bestenfalls auf eine Selbstversenkung der Schiffe hoffen.

Doch es bedurfte eines Täuschungsmanövers beziehungsweise eines geschickten Ausnutzens von Kommunikationsproblemen, damit es überhaupt dazu kam. Wie es gelang, das wird im Buch *L'Historique du réseau Azur* erzählt: »Am 27. November, um fünf Uhr morgens, treffen vor den Werft-Toren Panzerspähwagen ein ... [Die Deutschen] haben die Absicht, an Bord der Schiffe zu gehen, die alle am Kai liegen. (...) Die Matrosen weigern sich, sie an Bord zu lassen. Unterdessen steht das Telefon nie still; man fordert von Vichy Befehle an. Die Telefonzentrale wird aber von unseren Agenten kontrolliert; einer begreift, dass Vichy Befehl zur Kapitulation geben wird, und unterbricht das Gespräch. Er erklärt Vichy, die Deutschen hätten die Verbindung zum Admiral gekappt, und dem Admiral, die Leitung mit Vichy sei unterbrochen.« In der Tat, der Premierminister der Vichy-Regierung, Pierre Laval, hatte sich gerühmt, in Verhandlungen zu stehen und Befehl gegeben zu haben, »jeden Zwischenfall zu vermeiden« – mit anderen Worten: die Flotte widerstandslos dem Feind zu übergeben, ohne einen Schuss abzufeuern –, und er hatte noch hinzugefügt, dass seine letzten Instruktionen frühere Anweisungen außer Kraft gesetzt hätten – die geheimen Befehle vom 22. Juni 1940 nämlich, mit denen Darlan für solche Eventualität die Selbstversenkung der Schiffe angeordnet hatte. Da Admiral de Laborde die neuen, von Laval erlassenen Befehle nicht erhält, führt er schließlich die Anweisungen vom Juni 1940 aus und gibt den Schiffen Order, sich selbst zu versenken. Lediglich vier U-Boote ignorieren den Befehl und stechen in See; eines gerät in ein Minenfeld und muss zum Hafen zurückkehren. Die anderen drei – *Casabianca, Glorieux* und *Marsouin* – erreichen Nordafrika. Dem Selbstversenkungsakt fallen – mit unterschiedlichen Folgen – zwei Drittel der Flotte zum Opfer. Über neunzig Schiffe gehen unter und können von den Deutschen nicht wieder gehoben werden. Den Deutschen werden nur rund vierzig Schiffe mit intakter Bestückung und Munitionierung ausgeliefert – einige samt wohlgefüllter Speisekammer.

»Am Tag dieser Selbstversenkung hat unsere Mannschaft sich selbst übertroffen«, ist in der gleichen *Historique* zu lesen, die erläutert, wie der Sektor Toulon des F2-Netzes mit der Forderung nach »vollständiger und möglichst unverzüglicher Erledigung« die Aufgaben unter seinen Agenten aufgeteilt hat. »Noch am Abend des gleichen Tages konnte man das genaue Ausmaß der Zerstörung eines jeden großen Schiffes in Erfahrung bringen, und das, obwohl jegliche Annäherung zur See oder zu Lande durch die Deutschen verboten war. Die ersten Informationen sind dann später überprüft worden und haben sich als völlig korrekt erwiesen. Gleichzeitig hatten wir die Truppenstärke der Deutschen, die Namen ihrer Einheiten, ihre Unterkünfte, ihre Waffenbestände, die Zahl ihrer Fahrzeuge usw. in Erfahrung gebracht. Der Sonderbericht, der am 28. [also am Tag nach der Selbstversenkung] mit dem Zug um 6 Uhr früh abgeschickt wurde, war ein Muster an Klarheit und Genauigkeit.«

Man versteht, warum die Briten mit der Arbeit des F2-Netzes zufrieden waren – sie hatten ja bereits den klaren Bericht Prévaux' über die Haltung der Flotte in Toulon geschätzt.

Das war übrigens ein Grund, warum ihm auf Drängen der britischen Marine der *Distinguished Service Order* verliehen wurde. Es ist eine Auszeichnung, die Ausländern nur selten zuteil wird. Während des gesamten Krieges ist dieser hohe militärische Orden lediglich acht französischen Seeleuten wegen ihrer Verdienste für die Sache der Alliierten zuerkannt worden. Prévaux ist der Erste, der ihn, am 30. Januar 1943, erhält. Nach nur neun Monaten Tätigkeit für das F2-Netz wird seine Arbeit bereits als außergewöhnlich beurteilt.

Zu jenem Zeitpunkt, Ende 1942, befindet sich das F2-Netz in größter Gefahr. Mit der Besetzung der Zone Süd – am 11. November hat die Wehrmacht die Demarkationslinie überschritten – hat sich der Feind nunmehr in Marseille, Toulon und Nizza eingenistet. Die Bahnhöfe stehen unter Beobachtung. Straßen und Plätze sind nicht länger sicher. Die Agenten müssen sich doppelt so vorsichtig verhalten, wenn sie Informationen weiterleiten, deren Beschaffung zudem immer gefährlicher wird. Während die Deutschen aber die Marinewerft in Toulon und die Basen der Seeluftstreitkräfte übernehmen, rückt die italienische Armee in die Region ein – eine relativ harmlose Besatzung. Das Ende der Fiktion von der »freien Zone« fördert jedoch sowohl patriotische Gefühle als auch die Repressionen gegen die Résistance.

London hat das F2-Netz zuvor vor der unmittelbar bevorstehenden Besetzung gewarnt und empfohlen, die wichtigsten Agenten zu evakuieren – was diese nahezu vollständig ablehnen: Die Aufgabe des Kampfes steht für sie entschieden nicht zur Debatte. Es ist nicht bloß eine Frage persönlichen Mutes. Das Netz muss weiter funktionieren, und es besteht Gefahr, dass die deutschen und italienischen Spionage-Abwehrdienste es zerstören. Die F2-Führer beschließen daher eine Reihe von Maßnahmen, die ihrer Untergrundarbeit einen noch höheren Grad der Geheimhaltung sichern sollen: Enttarnte und gefährdete Agenten werden schnellstens fortgeschickt, vor allem die Polen sollen die Gegend verlassen; die Archive werden auf das Notwendigste reduziert, besonders exponierte Sektionen aufgelöst und die übrigen angewiesen, sich auf autonome Arbeit umzustellen. Die Befehlszentrale des F2-Netzes soll sich in die Gegend von Grenoble-Chambéry zurückziehen. In Grenoble ist für den 6. Januar eine Zusammenkunft der Hauptverantwortlichen geplant.

Trotz aller Sicherheitsvorkehrungen gelingt den Deutschen – dank Hinweisen von Informanten, die unter »guten französischen Bürgern« angeworben werden, und dank der Infiltration von einer Hand voll eingeschleuster »Maulwürfe« – die Verhaftung einiger weniger Agenten. Die meisten können den Fallen, die man ihnen stellt, knapp entkommen, ihre Kontaktpersonen noch rechtzeitig informieren, wenn ein Treffen abgesagt werden muss oder ihr Briefkasten aufgeflogen ist, und kompromittierende Unterlagen vernichten oder umlagern. Von den verhafteten Agenten wird nie einer etwas preisgeben; manche müssen es mit dem Leben bezahlen. So George Makowski (Gin), Prévaux' rechte Hand in Nizza. Als Vox ihn im Juli 1943 warnt, die Deutschen hätten ihn enttarnt, geht Makowski dennoch heim; er will alles vernichten, was das F2-Netz belasten könnte. »Als er die letzten Papiere verbrannte, brachen Männer der Gestapo in Begleitung von Carabinieri die Tür auf. Er hatte immer erklärt, er habe Angst, dass er unter der Folter zum Sprechen gebracht werden könnte. Als die Carabinieri ihn fassen wollten, sprang er also aus dem Fenster; er wohnte im sechsten Stock ...« Der Gewerkschaftler Auguste-Henry Brun, der unerschütterliche Mitstreiter Havards, wird ebenfalls von den Deutschen gestellt. In Nîmes gerät er in eine für Freimaurer, die ihm Informationen liefern sollten, bestimmte Falle. Brun wird gefoltert und deportiert.

Der Rückzugsstrategie des F2-Netzes kommen die Deutschen jedoch zuvor. Wenige Tage vor dem »Umzug« nach Grenoble bekommt der deutsche Spionage-Abwehrdienst den F2-Chef in die Hände. Einen Tag nach Weihnachten führt die von einem Doppelagenten gewarnte deutsche Abwehr in Zusammenarbeit mit dem italienischen Geheimdienst eine Razzia durch, bei der ungefähr dreißig Personen festgenommen werden; unter ihnen befindet sich auch Sliwinski. Er kann den Carabinieri zunächst wieder entkommen, wird dann aber nach einer kurzen Schießerei in den Straßen von Nizza erneut gefasst und inhaftiert.

Das Netz ist führerlos. Ausgelöscht wird es jedoch nicht. Seine Agenten werden gefoltert, verraten aber keine Namen, und die restliche Organisation mitsamt ihren Informanten, ihrer Ausrüstung, ihren fünfzehn Funkgeräten und ihren Kodes bleibt intakt. Selbst Sliwinski wird mühelos ersetzt. Im Zuge der Reorganisation des Geheimnetzes hatte Sliwinski Vincent Rozwadowski (Pascal) zu seinem Nachfolger bestimmt; Rozwadowski übernimmt seine neue Funktion nun einfach ein paar Wochen früher.

Das sind die Umstände, unter denen Prévaux den entscheidenden Beschluss fasst, in Frankreich zu bleiben. Er hat sich seinen Aufgaben als Geheimagent im F2-Netz mit der gleichen Gewissenhaftigkeit gewidmet, die er in all seinen Funktionen unter Beweis stellt, doch nie sein ursprüngliches Ziel aufgegeben, nach London zu gehen und seinen Platz im militärischen Stab wieder einzunehmen – was für ihn ganz selbstverständlich heißt: in der Marineführung des Freien Frankreich. Seine militärische Laufbahn verweist ihn auf de Gaulle. Die FNFL, die Marine des Freien Frankreich, zählt Anfang 1943 nur sehr wenige Flaggoffiziere; ihr Generalstab bedarf dringend der Verstärkung. Die Marine in einem Seekrieg zu führen ist eine aufregende Aufgabe, für die Prévaux sich als kompetent betrachtet, und darüber hinaus ist es für ihn mit seinen 55 Jahren wahrscheinlich die letzte Chance zur Beförderung … Die Verhaftungswelle, die das F2-Netz soeben erfasst hat, bedroht jedoch dessen Fortbestand; es braucht weitere Führungspersönlichkeiten, die es neu strukturieren und seine Arbeit fortsetzen. Es mag Jacques noch so sehr danach verlangen, bei den FNFL zu sein; im Grunde seines Herzens weiß er, dass er in Toulon nützlicher ist als in London. In diesem Moment fortzugehen würde bedeuten: den

Kampf aufzugeben und seine Gefährten zu verlassen, kurzum: Desertion. Die Werte, die er von seiner katholischen Erziehung – Pflicht – und militärischen Ausbildung – Ehre – übernommen hat, schreiben ihm vor, den Kampf in Frankreich weiterzuführen. Dazu entschließt er sich ohne Zögern, aber zu Tode betrübt; denn das bedeutet, dass er auf die Marine, auf seinen Beruf verzichtet; dass er in beständiger Gefahr lebt, denunziert und verhaftet zu werden; und dass er außerdem auch Lotka in Gefahr bringt. Lotka erwartet, endlich, ein Kind; beide sind außer sich vor Freude, denken aber nicht eine Sekunde lang daran, den Kampf aufzugeben.

Das F2-Netz wird sofort auf Eis gelegt. Aus Gründen der Vorsicht, gewiss, aber auch, weil man die Kontakte mit London erneut herstellen und den polnischen Generalstab überzeugen muss, dass die Sicherheitsbedingungen wieder gewährleistet sind. Das wird bis Februar geschafft. Dann wird die Arbeit wieder aufgenommen, mit einer erneuerten Organisation, vor allem jedoch mit verschärften Sicherheitsregeln. Seit Anfang 1943 ist nämlich der Kampf auf französischem Boden heftiger geworden. Mit der Einrichtung des *Service du travail obligatoire* – der Deportation von Franzosen zur Zwangsarbeit in Deutschland – beginnen sich die Partisanen zu organisieren, vermehren sich die Netze, die bewaffneten Widerstand leisten, nehmen deren Aktivitäten zu. Und die Deutschen, die an der Ostfront ihre erste militärische Niederlage erleiden, ziehen sich in die »Festung Europa« zurück und verdoppeln die Anstrengungen, sich ihren vollen Handlungsspielraum auf dem französischen Territorium zu sichern. Dank der aktiven Mithilfe der Milizen des Vichy-Regimes kommt es zu häufigeren Kontrollen, Durchsuchungen, Razzien und Verhaftungen. Das F2-Netz muss sich auf schwierigere Arbeitsbedingungen einstellen, gleichzeitig aber auch schnellere und vollständigere Informationen liefern. So muss den Alliierten beispielsweise umgehend Mitteilung über die Wirksamkeit ihrer Luftangriffe gemacht werden, damit sie genauer zielen können – nicht nur einer höheren Trefferquote wegen; auch um die Zivilbevölkerung zu verschonen. Die F2-Agenten müssen die Alliierten über die Standorte deutscher Befestigungsanlagen an der Küste des Atlantiks und des Mittelmeers informieren – und zwar möglichst vor der Vollendung –, alle Bewegungen feindlicher Einheiten in den Kriegshäfen, die Schiffe im Trockendock, das Datum melden, wann die reparierten Schiffe die Werften verlassen werden. Der letzte Zweck all dessen ist klar: Man will London alle Details über den Feind vermitteln, um insbesondere die geplanten Landungsoperationen möglich zu machen und das Netz bis zu eben diesem Tag in voller Funktionsfähigkeit zu erhalten.

Dieses Ziel wird zur Gänze erreicht. Hören wir mit, was General de Lattre de Tassigny am 16. August 1946 in Draguignan erklärt: »Ich versichere an dieser Stelle, dass die Genauigkeit, die Relevanz und die Klugheit der Mitteilungen, welche die Résistance dieser Region dem Alliierten Oberkommando vor der Landung [an der Mittelmeerküste] zukommen ließ, ein ausschlaggebender Faktor für den Erfolg dieser Landung gewesen sind. Die Schlachtordnung und die Bewegungen des Feindes, die Stellungen seiner Einheiten, der Aufbau seiner Verteidigung und seiner Geschützbatterien – all das ist uns in allen Einzelheiten angegeben worden. Es gab keine einzige Betonsperre, keine einzige Maschinengewehr-Stellung, nicht ein einziges Minenfeld, deren Lokalität und selbst Umfang von der Résistance nicht genau erkundet worden wäre ...« Havard hat sich der Worte eines alliierten Panzersoldaten erinnert, der in der Schlacht von Toulon verwundet worden ist: »Er berichtete mir, wie erstaunt er und seine Kameraden waren, als jede Panzerbesatzung wenige Stunden vor der Landung an der Küste bei Saint-Raphaël ein Exemplar der Generalstabskarte der Umgebung ausgehändigt bekam, auf der sämtliche – tatsächlichen wie vorgetäuschten – Minenfelder eingezeichnet waren. Er versicherte mir, dass auf dem Weg von Saint-Raphaël nach Toulon kein einziger Panzer von einer Mine in die Luft gejagt wurde.« Und de Lattre beschloss seine Rede mit den Worten: »Wer wird je imstande sein, den herausragenden Verdiensten dieser Männer Gerechtigkeit widerfahren zu lassen, die sich mit stillem, frohem Heldenmut unter Einsatz ihres Lebens inmitten der feindlichen Anlagen bewegten und ihre Informationen weitergaben, sei es durch die geheimen Funkgeräte, welche die Gestapo unbedingt aufspüren wollte, sei es, indem sie die Informationen unter der Nase deutscher Späher und Feldwachen zu einem aus Afrika herübergekommenen U-Boot brachten?«

7

SAMMELTRANSPORT NUMMER 49

Lotka macht sich seit langem Sorgen um ihre Eltern wie um ihre Schwester Mania und deren Mann. Mania – sieben Jahre jünger als Lotka – war als Einziges der Kinder brav daheim geblieben; sie hat die Eltern glücklich gemacht, als sie einer traditionell jüdischen, durch einen Ehestifter vermittelten Heirat zustimmte, mit Kouba Distenfeld, einem zwanzig Jahre älteren, wohlhabenden Kürschner, der wunderbar Geige spielt. Als die Distenfelds im August 1942 unauffällig die Demarkationslinie überschreiten, bittet Lotka, die ihrer Schwester und ihrem Schwager eng verbunden ist, Jacques darum, im Midi eine sichere Bleibe für sie zu finden. Mania und Kouba lassen sich in Nizza nieder. Die beiden Ehepaare treffen sich, korrespondieren, machen sich gegenseitig Mut, die Schwierigkeiten der Zeit zu ertragen, und teilen die wenigen Lebensmittel, die sie mühselig ergattern.

Die Eltern sind nun allein in Paris. Ihr bescheidenes Kurzwarengeschäft in der rue Legendre 78 im 17. Arrondissement ist geschlossen worden, weil sie Juden sind. Zum Überleben sind sie auf ihre Ersparnisse und die Unterstützung der Kinder angewiesen. Jacques schickt per Postanweisung Geld. Sohn Willy, der als Versicherungsagent und Hypnotiseur in Châtellerault arbeitet, bringt regelmäßig einen Koffer mit Eiern, Butter und Gemüse vorbei. Milan, der Älteste, der nach der Rückkehr aus der Kriegsgefangenschaft wieder in Paris wohnt, und seine Frau Jeanne besuchen sie, ihrer Meinung nach, allzu selten. Der Ring der Judenverfolgung zieht sich immer enger um sie zusammen. Sie sollten Paris verlassen. Doch wohin könnten sie gehen? Sie sind achtundsechzig und dreiundsiebzig: in dem Alter ist schon die kleinste

Reise beschwerlich, vor allem in einer Zeit mit chaotischen Verkehrsverhältnissen. Und auf dem Lande wären sie viel zu leicht als Juden identifizierbar, um lange im Versteck leben zu können. Im Übrigen trägt ihr Personalausweis den Stempel »JUDE«.

Lotka hat um sie größte Angst. Aus den kläglichen Briefen, die sie an und ab erhält – manchmal auf Französisch, manchmal auf Jiddisch –, kann sie sich ein Bild von den Gefahren machen, denen ihre Eltern ausgesetzt sind, seit sie sich den gelben Stern anheften müssen – Gefahren, mit denen sie sich abfinden. (»Wir haben eine schwere Zeit durchgemacht, es wird jetzt aber ein bisschen besser«, schreibt Bertha. »Es gibt wieder Razzien gegen Ausländer unter 65 Jahren. Ich bin zum Glück schon 68. Doch was weiß man schon? Vielleicht wird es eines Tages auch mich treffen.«) Die beiden finden selbst in ihrer Verzweiflung noch die Kraft, für die Gesundheit der schwangeren Lotka Sorge zu tragen, ihr Pakete mit Kuchen und Butter zu schicken, an denen es im Midi fehlt; mit der Bitte um Rücksendung des Packmaterials. Lotka will nach Paris, möchte sie besuchen, doch eine solche Reise ist in ihrem Zustand undenkbar. Und die Leitners sind schon froh, dass sich ihre zwei Töchter im Midi in Sicherheit befinden, und Jacques zutiefst dankbar, weil er sich um Mania und Kouba kümmert.

Am 11. Februar erscheint im Haus an der rue Legendre die Polizei. Es bedarf heftigen Klopfens an der Eingangstür, um die Hausmeisterin zu wecken – es ist zwei Uhr früh. Madame Lelong bewahrt die Nerven. Sie setzt alles dran, die Polizei zu überzeugen, dass die Suche umsonst ist. »Die Leitners? O je, die habe ich seit ein paar Tagen nicht mehr gesehen. Die müssen fort sein. Das können sie mir glauben, ich hätte sie sonst doch sehen müssen. Sie sind bestimmt abgereist, sie hatten davon gesprochen ...« Die mutige Frau spricht mit solcher Bestimmtheit, dass sie die Polizisten tatsächlich überzeugt. Es ist reine Formsache, dass sie trotzdem die Treppe hochgehen und an der Wohnungstür klingeln. Bertha und Isidore kauern im Dunkel mit vor Angst geweiteten Augen im Bett, während sie die näher kommenden Schritte und dann die immer lauteren Schläge an ihrer Wohnungstür hören. »Ich habe die Tür verschlossen«, flüstert Isidore, »wenn wir nicht antworten, werden sie denken, dass niemand da ist.« Doch der Schlüssel war abgebrochen, als er ihn mit bebender Hand im Schloss umgedreht hatte, und so erkennen die Polizisten, dass sich jemand in der Wohnung aufhalten muss. Sie müssen nur die Tür aufbrechen, um sie zu finden. »Ihre Mutter«, so schreibt Madame Lelong an Lotka, »ist sehr tapfer gewesen, ohne eine Träne im Gesicht. Und Ihr Vater, der angesichts des Polizei-Inspektors und des Wachmanns einen Moment lang den Mut verlor, hat sich ganz schnell wieder gefangen. Da sehen Sie, welch große Kraft ältere Menschen aufbringen.« Jeanne, Lotkas Schwägerin, wird von Gewissensbissen gequält. Sie hatte die beiden erst am Vortag angefleht, die Nächte nicht mehr in der eigenen Wohnung zu verbringen – umsonst, sie hatten erklärt: »Wir warten, bis sie einmal kommen. Danach werden wir wegziehen.« Jeanne macht sich Vorwürfe, dass sie nachgegeben hat.

Isidore und Bertha werden zunächst im Durchgangslager Drancy interniert. Die Kinder tun, was sie können, um ihnen zu helfen. Jeder Lagerinsasse darf wöchentlich ein bis zu drei Kilogramm schweres Paket erhalten. Willy beschafft Zutaten, die Jeanne zu nahrhaften Kuchen und Konfitüren verarbeitet. Am Anfang gibt es immerhin einen winzigen Hoffnungsschimmer, dass die Leitners im Lagerkrankenhaus von Drancy bleiben; es ist dann aber so, wie Jeanne an Lotka schreibt: »Menschen unter 75, manchmal sogar Ältere, werden weitergeschickt.« Nach Auschwitz. Die Leitners verlassen Drancy am 2. März mit dem Sammeltransport

Nummer 49. Ihr letztes Lebenszeichen ist eine Postkarte an die Hausmeisterin. Sie ist im Lager von Drancy aufgegeben und enthält in wenigen Bleistiftzeilen die kurze Mitteilung: »Chère Madame, mein Mann und ich reisen morgen früh mit unbekanntem Bestimmungsort ab. Wir sind guten Muts. Benachrichtigen Sie bitte meine Freundin an der Rue Saint-Placie (Jeanne). Ich werde meinen Kindern nicht schreiben und bitte Sie, ihnen ebenfalls nichts zu schreiben. Ich danke Ihnen für alles, was Sie für mich getan haben. Mit freundlichen Grüßen, Bertha Leitner.« Ob die beiden das KZ in Auschwitz erreicht haben, weiß niemand. Auf den Sondertransporten sind viele Deportierte gestorben; im Übrigen sind die Schwächsten und Ältesten, die Arbeitsunfähigen, gleich nach der Ankunft umgebracht worden.

Ein Jahr später werden Mania und Kouba Distenfeld verhaftet. Sie werden am 13. April 1944 mit dem Sammeltransport Nummer 71 deportiert, einem der letzten Transporte, die Juden nach Auschwitz brachten. Auch sie kehrten nicht mehr zurück.

Dagegen wird Lotka ihrer jüdischen Herkunft wegen nicht in Schwierigkeiten geraten. Einmal, im Oktober 1941, hat es jedoch eine Besorgnis erregende Entwicklung gegeben. In Rayol – also in der Pramousquier nächstgelegenen Stadt – stellte die Polizei Nachforschungen über dort lebende Juden an. Durch ein Gesetz vom 19. Mai 1941 hatte der Hochkommissar für jüdische Angelegenheiten, Xavier Vallat, die Möglichkeit, »alle im öffentlichen Interesse liegenden polizeilichen Maßnahmen« anzuordnen; und er machte keinen Unterschied zwischen französischen Bürgern und Ausländern. Das hätte Internierung bedeuten können. Doch die polizeilichen Ermittlungen in Rayol blieben folgenlos.

Die Behörden wissen allerdings genau, dass Lotka Jüdin ist, zum einen, weil sie sich in Rayol entsprechend hatte registrieren müssen, zum andern auf Grund einer Erklärung von Jacques. Ein Erlass vom 2. Juni 1941 hatte eine Volkszählung aller in der nichtbesetzten Zone lebenden Juden verordnet; sie mussten eine Erklärung einreichen, dass sie Juden waren; bei verheirateten Frauen war dazu der Ehemann verpflichtet. Als Jacques im August auf dem Dienstweg das entsprechende Formular erhält, das alle Beamten und Offiziere ausfüllen müssen, hat er Lotkas jüdische Herkunft bewusst geleugnet. Wenige Wochen später, am 28. Oktober, setzt er dann jedoch alle Hebel in Bewegung, damit Vichy noch rechtzeitig eine Richtigstellung erreicht, die klarstellt, dass seine Frau Jüdin ist ... Für diese verwirrende Geschichte gibt es mehr als eine mögliche Erklärung. Naivität, etwa: In die Falle der Legalität sind schließlich viele Juden geraten, weil sie sich der Hoffnung hingaben, dass – mochten die Gesetze selbst noch so abstoßend sein – korrekte Ausweispapiere sie vor gesetzlicher Willkür schützen würden. Oder es war als geschickter Schachzug gedacht: Jacques hat zu der Zeit bereits mit Agenten des Azur-F2-Netzes Kontakt aufgenommen und ist im Begriff – wie er zumindest glaubte –, sich nach London abzusetzen. Da mag er es für klug gehalten haben, eventuellen Argwohn bei den Behörden durch demonstrative Offenheit abzubauen.

Jacques selbst gibt eine andere Erklärung für sein Verhalten. Hinsichtlich seiner ersten Angabe auf dem Formular, dass Lotka Arierin sei: »Ich habe diesen Fehler in der Erregung des Augenblicks begangen, sowie aus Protest und wohl begreiflicher Entrüstung über das inquisitorische Verhalten gegenüber dem Menschen, der mir das Teuerste auf Erden ist.« Und was die Korrektur betrifft, die Lotkas jüdische Herkunft bestätigt: »Mich hat die Lüge gequält, obwohl ich ja nur auf die Verletzung Deiner Menschenwürde reagiert habe. Sie hat in mir oft eine Art Schuldgefühl und Angst ausgelöst. Jetzt bin ich ganz erleichtert: Die

Wahrheit ist so schön und süß wie Du.« Moralische Redlichkeit, Freimütigkeit ohne Rücksicht auf eventuelle Folgen – und er muss sich der Gefahren bewusst gewesen sein, denen er sich im Untergrundkampf aussetzte – sind für Jacques de Prévaux absolute Werte.

8

VOX IN GEFAHR

Am 15. Mai 1943 übernimmt Prévaux die Führung des Teilnetzwerks »Anne«, das die Sektoren Toulon, Marseille und Nizza zusammenfasst. Seit F2 nach der Verhaftung Sliwinskis seine Tätigkeit wieder aufgenommen hat, ist es unter Rozwadowski, der ihn als Chef ersetzt hat, reorganisiert worden. Der Bereich Mittelmeer – also der wichtigste Bereich – ist im Teilnetz »Anne« aufgegangen, in dessen Rahmen verschiedene geographische Sektionen operieren sollen. Chef von »Anne« wird Gilbert Foury (Edwin), der dann aber im Frühjahr nach Nordfrankreich entsandt wird, wo er die Sektionen Paris und Normandie übernehmen muss, die nach der Festnahme ihrer wichtigsten Agenten nur mehr dahinvegetieren. Die Führung von »Anne« wird daraufhin Jacques anvertraut; die Verantwortung für die Sektion Toulon II übernimmt sein Stellvertreter Lévy-Rueff.

Für Prévaux bringt diese »Beförderung« noch mehr Arbeit mit sich, vor allem jedoch viel mehr Reisetätigkeit. Von seinem Aktionszentrum aus muss er nach Toulon und in die Region Alpes-Maritimes, nach Cannes und Nizza. In Nizza ist die Kommandozentrale von F2 mit Funkzelle, zwei Sendestationen, Kodierabteilung und Sekretariat installiert worden, während die Planzentrale von »Anne« – die unter Prévaux' Leitung auch den Gesamtbericht des F2-Netzes zusammenstellen wird – in Cannes angesiedelt ist. Bislang hat Jacques – von Pramousquier nach Toulon – nur fünfzig Kilometer zurücklegen müssen; nach Nizza sind es nun aber achtzig Kilometer.

Er führt also ein strapaziöses Leben; neben der Leitung von SPAM, des von ihm gegründeten Unternehmens für

Ersatzlebensmittel und -haushaltswaren, und der gleichzeitigen Führung des Untergrundnetzes bedarf auch Lotka, die schwanger ist und verzweifelt über die Deportation ihrer Eltern, erhöhter Aufmerksamkeit. Allein SPAM hätte ihn vollauf beschäftigt, und der Gewinn, den die Firma abwirft, rechtfertigt die Zeit und die Kraft, die er ihr widmet. Denn Prévaux befindet sich seit April im Ruhestand, und die Pension reicht nicht aus, um eine bald dreiköpfige Familie zu ernähren, zumal Blandine weiterhin auf den Alimenten besteht und bei der geringsten Verspätung mit der Klage auf Verletzung der Unterhaltspflicht droht (Jacques' älteste Tochter ist mittlerweile 22 Jahre alt). SPAM erweist sich aber auch als unerwartete Möglichkeit der Tarnung seiner vielen Reisen zu den verschiedenen Sektionen von »Anne« und seiner Kontakte innerhalb des Netzes; er reist deshalb nie ohne eine dicke Aktentasche, die mit Warenmustern von Wachs oder Schönheitsprodukten voll gestopft ist; darunter versteckt er seine geheimen Unterlagen.

Die Reisen sind ganz besonders ermüdend. Oft schläft er jede Nacht in einer anderen Stadt im Hotel oder in einer der Wohnungen, die in Nizza, Cannes oder Saint-Raphael gemietet sind. Da er so oft wie möglich heimfährt, um bei Lotka zu sein, verliert er unvernünftig viel Zeit auf überfüllten Bahnsteigen, wo er auf Schienenbusse warten muss, die mit einstündiger Verspätung eintreffen. Überdies legt er einen Teil seiner Touren mit dem Fahrrad zurück, nämlich die zehn Kilometer zum nächsten Bahnhof, von dem er bessere Verbindungen hat. Und wenn er endlich sein Ziel erreicht, kann er sich natürlich nicht einfach in den Direktorensessel fallen lassen. Wie schon in Toulon zu Havards Zeiten finden die Begegnungen mit Agenten und Kurieren nach einem festen Zeitplan auf der Straße statt. Wenn Lotka in einem Brief von Jacques den Satz liest: »Heute habe ich den Tag wieder hauptsächlich mit Spazierengehen verbracht«, dann weiß sie, dass Vox für F2 tätig gewesen ist.

Das ist mehr denn genug, um einen 55-Jährigen zu erschöpfen. Jacques, der erst zwei Jahre zuvor wegen Anämie ins Krankenhaus musste, wird zunehmend schwächer. Er leidet in den Beinen und am Rücken an Wassersucht und schiebt die notwendige Operation immer wieder hinaus (für so etwas hat er keine Zeit). Er beißt die Zähne zusammen, setzt das Reisen fort, verbringt die Nächte damit, die Arbeit des Untergrundnetzes zu organisieren, die Berichte seiner Agenten durchzulesen und die Buchhaltung für seine Firma zu erledigen. Er ist glücklich, sich von neuem im Zustand erregter Spannung zu befinden, der ihm aus den Zeiten seines Dienstes auf Schiffen der Marine vertraut ist – es ist diese merkwürdige Verfassung, wenn der Seele Flügel zu wachsen scheinen, obwohl der Leib mehr tot als lebendig ist.

Doch die Sorge um Lotka macht ihm zu schaffen. Er hat sie mehr oder weniger zum Umziehen gezwungen: Es wäre absurd gewesen, länger im Département Var zu wohnen. Er hat eine Villa in Opio gefunden, nur ein paar Kilometer von Grasse entfernt. So kann er häufiger und nicht gar so müde nach Hause kommen. Aber Lotka vermisst Pramousquier. Sie ist niedergeschlagen, und ihr fehlt auch die Ablenkung durch die gefährlichen Kurierdienste, die sie wegen ihrer fortgeschrittenen Schwangerschaft nicht mehr unternehmen kann. Fieberhaft bereitet sie die Baby-Ausrüstung vor. Die kleinsten Alltagsprobleme – die Beschaffung von Windeln, unzureichende Coupons zum Kleidungskauf – versetzen sie in Panik. Sie leidet darunter, wenige Wochen vor der Entbindung entwurzelt worden zu sein, sie hasst »dieses schreckliche Haus«, findet die Nähe eines Mitbewohners unerträglich. Sie wird sich an Castello San Peyre nie gewöhnen. Drei Monate nach der Geburt von Aude zieht die Familie erneut um – nach Nizza.

Das Teilnetzwerk »Anne« nimmt unter Jacques' energischer Leitung unterdessen eine rasche Entwicklung. Nach zwei Monaten erfasst es bereits die ganze Mittelmeerküste von Ventimiglia bis Perpignan. Es wird zu einer mustergültigen Widerstandsgruppe, die Informationen wie am Fließband produziert. Die Berichte, die alle zwei Wochen nach London geschickt werden, umfassen bis zu zweihundert Seiten und enthalten die Angaben über sämtliche deutsche und italienische Schlachtordnungen, ihre Befestigungsanlagen längs der Küste, die Bewegung ihrer Marineverbände, ihre Werftaktivitäten sowie den Verkehr auf allen Flughäfen und Eisenbahnlinien.

F2 selbst hat sich ausgedehnt und verzweigt. Zu diesem Zeitpunkt – Mitte Juli 1943 – deckt es praktisch ganz Frankreich ab; seine Untergruppen tragen reizvolle Frauennamen: Anne, Cécile, Madeleine und Félicie. F2 verfügt über Zellen für Fallschirmabwürfe, über dezentrale Fälscherwerkstätten, die in der Lage sind, über Nacht einen kompletten Satz einwandfreier Personalausweise, Lebensmittelkarten, Dienstanweisungen und deutscher Passierscheine für militärische Sperrbezirke anzufertigen. Der Verkehr mit England ist perfekt organisiert: Einmal im Monat macht bei Neumond ein kleines Schiff unter dem Befehl eines polnischen Marineoffiziers irgendwo zwischen Saint-Raphael und Cannes fest; es kommt von Gibraltar, um Material anzuliefern, Berichte abzuholen und akut gefährdete Agenten zu evakuieren. Das ohnehin hervorragende Funksystem ist mittlerweile vervollkommnet worden: Jede Untergruppe hat ihre eigene Funkverbindung mit London sowie eine komplizierte Sicherheitsvorrichtung, die trotz der deutschen Funkpeiler eine maximale Nutzung der – von einem genialen »Pianisten«, Jérôme Stroweis (Carbo), fast in Serie gefertigten – Sender ermöglicht. Für den Fall, dass es an einer Stelle zu einem Ausfall kommt, hält die Zentrale sogar einen »Pianisten« und einen Sender in Reserve.

Das alles ist dem Mut von Agenten zu verdanken, die unter der Folter durch die Gestapo standhaft bleiben oder zumindest eine gewisse Zeit durchhalten. (»Wir waren der Überzeugung, ein verhafteter Agent, der die Folter 48 Stunden lang durchstand, sei ein Held«, schreibt Havard.) Diese Zeitspanne reicht, damit die Kontaktleute und Kuriere, durch ihr Nicht-Erscheinen bei der Verabredung alarmiert, ihre Räumlichkeiten säubern und dann selbst spurlos verschwinden können. Auch kann in dieser kurzen Frist die Reservemannschaft einspringen und die Arbeit der Sektion weiterführen, als ob nichts geschehen wäre – zum Beispiel den Bericht verfassen, der am Abend des gleichen Tages abgehen soll. All das ist allerdings auch dem Glück und dem Geschick der Agenten zu verdanken, die trotz ihrer Festnahme einen Weg finden, die anderen zu warnen.

So entgeht beispielsweise »Anne« und mit ihr das ganze F2-Netzwerk im Juni 1943 mit knapper Not einer Falle der Gestapo. In Toulouse ist den Deutschen gerade das Teilnetz »Félicie« in die Hände gefallen; die Agenten sind verhaftet, die Geheimkodes und Berichte im Besitz des Feindes, der daher auch Namen und Adresse des »Félicie«-Briefkastens in Nizza entdeckt. Das Schicksal der Gruppe hängt an einem seidenen Faden. Die Gestapo zwingt den Chef von »Félicie«, einen Brief zu schreiben, der seine Kontaktleute in Nizza täuschen soll. Der Agent vermag aber genügend Hinweise einzustreuen, um sie vor der drohenden Gefahr zu warnen. In Nizza wird umgehend die Zentrale alarmiert. Prévaux setzt die Sicherheitsmaßnahmen in Gang: Alle bekannten Toulouser Agenten werden aus Nizza evakuiert, alle Lokalitäten, deren Adresse den Deutschen bekannt geworden sein könnte, werden geräumt. Somit ist alles in Ordnung? Nicht ganz. Denn Havard, der einmal im Monat zu einer Lagebesprechung nach Nizza kommt, ist für den folgenden Tag mit Prévaux verabredet, und zwar ausgerechnet in einem der enttarnten Räume. Ihn vor der Abreise zu warnen, ist es zu spät. Und niemand weiß, mit welchem Zug er eintreffen wird … Havard wird später einmal berichten, wie er dem Hinterhalt der Deutschen entgeht, dank der Tollkühnheit Jacques', der nicht zögert, ein enormes Risiko einzugehen: »Vox baute auf meine ihm bekannte Pünktlichkeitsmanie, und deshalb konnte er mir just in dem Moment auf der Straße entgegenkommen, als ich das Gebäude erreichte (eben jenes, das die Deutschen entdeckt hatten). Er ging ohne stehen zu bleiben weiter. Ich bin ihm dann mit ziemlichem Abstand in einen öffentlichen Park gefolgt, wo er auf einer abgelegenen Bank Platz nahm, von der aus man einen freien Blick hatte. Ich ließ mich, nachdem ich mich vergewissert hatte, dass wir völlig allein im Park waren, neben ihm nieder. Er setzte mich von den Geschehnissen in Kenntnis und verabredete sich mit mir an einem sicheren Ort. Dort haben wir dann unsere Arbeitssitzung abgehalten.«

Durch eine Reihe von offensichtlich gezielten Festnahmen bestätigt sich allerdings der Verdacht, dass die deutschen Nachrichtendienste von der Existenz des F2-Netzes wissen und ihm aktiv nachstellen. An den Wänden der Gestapo-Büros haben verhaftete Agenten Diagramme mit den vermuteten Strukturen der F2-Organisation gesehen, die die Deutschen vergeblich zu zerschlagen versuchen. Doch wird nun insbesondere das Département Alpes Maritimes, zu dem Nizza gehört, zu einem gefährlichen Terrain. Zu diesem Zeitpunkt ist die Zentrale des Netzes – es soll nicht das letzte Mal sein – bereits von Nizza in die Region Rhône-Alpen verlegt worden, wo sie ihre verschiedenen Abteilungen in Lyon, Grenoble und Chambéry einrichtet.

Nur das Teilnetzwerk »Anne« bleibt, wo es ist. Nizza zu verlassen kommt nicht in Frage. Dafür sind die von Vox' Untersektion beschafften Informationen jetzt, Ende 1943, viel zu wertvoll. Der Krieg scheint endlich eine Wende zugunsten der Alliierten zu nehmen; ihre Planungen für eine Landung in der Normandie und an den Küsten der Provence nehmen klare Formen an. F2 hat die Aufgabe, die notwendigen Informationen zu liefern, damit die militärischen Operationen unter günstigsten Bedingungen durchgeführt werden können. Deshalb muss »Anne« bis zum Tag der Landung funktionsfähig sein und bis zuletzt in Nizza verbleiben.

Jacques de Prévaux schwebt jedoch in höchster Gefahr. Seine Gefährten treibt die Sorge um, dass er entdeckt werden könnte. In seiner Entschlossenheit, so viel Informationen wie nur möglich zu beschaffen und seine Leute durch das eigene Beispiel anzutreiben, setzt er sich immer größeren Risiken aus. Er vertraut seinem Schicksal und macht sich kaum mehr die Mühe der Tarnung. Im März 1944 gelangt Rozwadowski, der F2-Chef, zu der Überzeugung, dass es an der Zeit sei, Prévaux – er wird von allen im Netz nur mehr »der Kommandeur« genannt; seine baldige Identifizierung steht zu befürchten – zu evakuieren. Pascal erwägt, Vox nach Lyon zu versetzen, auf den Platz von Lévy-Rueff, der aus dem Touloner Sektor abberufen worden ist, weil ihn dort seine jüdische Herkunft in Gefahr brachte.

Es ist jedoch bereits zu spät. Vox wird am 29. März verhaftet.

9

MONTLUC

Am 29. März 1944 schlägt die Falle zu. Es ist ein Mittwoch, und für Jacques ein gewöhnlicher Arbeitstag. Er hat in Marseille eine Verabredung mit Jean Bringué (Kot), der hier die Sektion führt. Jacques nimmt seine engsten Mitarbeiter mit: Armand Fradin (Good) und Thérèse Bailet (Théo) sowie seinen Chiffrierer, Gaston Pascalis (Sag). Es muss eine wichtige Zusammenkunft gewesen sein, weil daran alle Hauptagenten von »Anne« teilnehmen. Vermutlich steht auch die Frage einer Verlegung der Zentrale nach Lyon auf dem Programm. Mit der Festnahme von Vox und der Führungsgruppe von »Anne« gelingt der Gestapo in Marseille ein großer Fang.

Dass Prévaux nicht alle Vorsichtsmaßnahmen getroffen hat, um ein Auffliegen des Treffens zu verhindern, ist nach seinen Erfahrungen von zwei Jahren in der Untergrundarbeit unvorstellbar. Die Teilnehmer sind gewiss mit verschiedenen Zügen angereist und, nachdem sie sich vergewissert haben, dass ihnen niemand folgt, unterschiedliche Wege gegangen; sind mit Sicherheit auch nicht gleichzeitig, sondern einer nach dem anderen eingetroffen, und der Treffpunkt war ein »sicheres« Lokal mit mehreren Ausgängen. Für den Zugriff der Gestapo bleiben nur zwei Erklärungen: Entweder hat jemand unter Folter ausgepackt, oder es gibt im Netz einen Verräter. Die erste Hypothese wird von Lubicz, inzwischen der Kopf von F2, in dem Telegramm vom 14. April geäußert, mit dem er London von der Festnahme Prévaux' in Kenntnis setzt: »Ursache ist wahrscheinlich das Abfangen der Post von der Sektion Marseille an Vox.« Das will auch Henri Stroweis (Balzac), ein bedeutender Agent aus

Lyon, in Montluc gehört haben: einer von Kots Agenten sei verhaftet und Kot nicht rechtzeitig gewarnt worden. Unter Mitgliedern des Netzes findet die zweite Hypothese breitere Akzeptanz: Sie halten es für merkwürdig, dass »Mug« als Einziger der Razzia entkommen ist. Kurz darauf wird Balzac verhaftet, offensichtlich hat Mug damit zu tun. Die Koinzidenz ist wirklich auffällig. Es scheint plausibel, dass Mug die Sitzung vom 20. März »verpfiffen« hat.

Am selben Tag bricht die Gestapo die Tür zur Wohnung der Prévaux' an der rue Rossini in Nizza auf. Lotka ist soeben mit der Post und dem Geld für das Teilnetz »Anne« aus Lyon zurückgekehrt. Sie wird abgeführt. Sie findet kaum Zeit, Nana, dem Kindermädchen, ihr Baby in die Arme zu drücken und ihr zuzuflüstern: »Versteck es, schnell!« Aude ist gerade neun Monate alt und gekleidet wie eine Prinzessin. Lotka hat ein Vermögen ausgegeben, damit ihr eine Couturière vom Faubourg Saint-Honoré Kleidchen mit Smokarbeit, hochgeschlossene Blusen im Vorkriegs-Crêpe de Chine und seidengefütterte Mäntel aus Bouclé-Lammwolle schicken konnte. Nana – eigentlich heißt sie Joséphine Schweitzer – bringt Aude bei sich daheim in einem Arbeiterviertel von Nizza in Sicherheit. Lotka schreibt ihr mit der Bitte, sich unter keinen Umständen von dem Kind zu trennen: Sie möge es zunächst bei sich behalten und im Sommer – Lotka ist sich über die wahrscheinliche Dauer ihrer Haft im Klaren – dann aufs Land bringen, unter anderem auch nach Cabris, zu den Mayrischs, deren Tochter Andrée Viénot sie eventuell aufnehmen würde. Neun Monate kümmert das treue Kindermädchen sich selbstlos um Aude, ohne an einen Lohn zu denken. Sie schlägt sich durch dank der Unterstützung, die das F2-Netz ihr zukommen lässt. Im Dezember bringt sie Aude zu Jacques' Bruder nach Paris.

Prévaux wird zunächst im Baumettes-Gefängnis in Marseille inhaftiert, Lotka für die Verhöre manchmal zum Baumettes, manchmal zur Hermitage nach Nizza überstellt – zwei Tage hier, zwei Tage dort, um ihr die Orientierung zu nehmen und sie durch Erschöpfung unterzukriegen. Im Baumettes-Gefängnis bringt man sie mit Jacques zusammen in der Hoffnung, dass einer der beiden aufgibt, wenn er auf dem Gesicht des andern die unübersehbaren Spuren der Folter wahrnimmt, die er aus eigener schrecklicher Erfahrung kennt. Umsonst. Ganz gleich, ob sie sich bei der so genannten Gegenüberstellung im Keller unter dem gehässigen Gebrüll der Polizeihorden sehen oder sich zufällig in den unheimlichen Gefängnisgängen begegnen – Jacques fängt Lotkas Blick, und Lotka hängt an Jacques' Blick. Ein Augenblick ist für beide genug, dass sie einander ihrer Kraft versichern oder von neuem Kraft finden. Sie richten sich auf und bieten hocherhobenen Hauptes ihren Henkern die Stirn.

Im Mai oder im Juni werden sie in die Festung Montluc gebracht, nach Lyon, wo Klaus Barbie sein Unwesen treibt. Lotka wird ihm nicht unter »rassischen« Gesichtspunkten ausgeliefert – das hätte ihre sofortige Deportation oder eine grässliche Hinrichtung zur Folge gehabt. Deshalb gehört sie beispielsweise nicht zum Transport der 120 Häftlinge, die im Morgengrauen des 20. August 1944 in die Wälder von Saint-Genis-Laval gefahren und dort in einem verlassenen Gebäude niedergeschossen und anschließend – tot oder noch lebendig – verbrannt werden. Die Führungsleute des F2-Netzwerks dagegen werden von einem Sonderkommando der Gestapo, das dazu eigens von Berlin kommt, und später direkt von einem Hauptmann der Wehrmacht verhört. Die Verhöre finden in einem Haus statt, das nur zu diesem Zweck requiriert worden ist.

Die Gestapo hat Anweisung, Vox und Kalo um jeden Preis zum Reden zu bringen. Sie weiß, dass sie einen der fünf oder sechs maßgeblichen F2-Chefs in Händen hat, des Netzes also, das den Deutschen so großen Schaden verursacht und bis dahin einfach nicht ausgeschaltet werden konnte. Die Gestapo ist fest überzeugt, dass ihre Geiseln am Ende Namen und Adressen preisgeben werden; man muss nur die richtigen Mittel und Wege finden. Jacques (Häftling Nummer 6585) und Lotka (Nummer 6575) werden deshalb zunächst – abgesehen von den Verhören, versteht sich – auch einigermaßen respekt- und rücksichtsvoll behandelt, also mehr wie Offiziere in Kriegsgefangenschaft. Sie werden streng isoliert in Einzelzellen untergebracht, während die übrigen Häftlinge in winzigen Räumen voller Ungeziefer, ohne Hygiene und Belüftung zusammengepfercht sind. Das Ungeziefer bleibt allerdings auch Jacques und Lotka nicht erspart, die jedoch zusätzlich zur Normalverpflegung mit Suppe und Brot ab und zu ein Stück Fleisch erhalten. Lotka wird schließlich das gemeinhin Offiziersfrauen vorbehaltene Privileg zuteil, ihre und die Unterwäsche ihres Mannes – wenngleich mit elenden Mitteln – zu waschen. In der letzten Zeit darf Jacques sogar rauchen, ein Vorrecht, das er der Tatsache verdankt, dass er einmal französischer Marineattaché in Berlin gewesen ist und dass er und der das Verhör führende Hauptmann gemeinsame Bekannte haben.

Die finstere Zelle, in der Jacques eingesperrt wird, ist isoliert; aus ihr kommt er nur zu den Verhören und unter strenger Bewachung heraus. Es ist ihm unmöglich, mit seinen ebenfalls gefangenen Gefährten zu sprechen. Dennoch gelingt es ihm, ihnen einige Nachrichten zu übermitteln, dank der Findigkeit und des Mutes von Henri Stroweis, der im Gestapokeller einen Weg findet, mit Jacques zu reden. Jacques' größte Sorge, so wird Stroweis später berichten, gilt der Fortführung der Arbeit des Netzwerks; er muss einigen Sektionen Anweisungen geben. Über den geschickten, wagemutigen Stroweis erhält Jacques auch Nachricht von Lotka und seinen Mitgefangenen.

Weiß er, dass das Ende des Krieges bevorsteht, dass die Deutschen in der Normandie den Rückzug angetreten haben, dass die Alliierten am 15. August siegreich in der Provence gelandet sind? Genau darauf hat er mit allem hingearbeitet, dieses Ziel ist die Rechtfertigung für die gewissenhafte, beschwerliche Arbeit der »Anne«-Agenten. Höchstwahrscheinlich erfährt er aber von solchem Erfolg seiner Anstrengungen nichts, wenngleich er ihn angesichts der Nervosität seiner SS-Wachen und der zunehmenden Brutalität seiner Folterer ahnen mag. Dennoch findet er in seiner Einsamkeit, fern jeglicher Gemeinschaft mit seinen Mitstreitern die innere Kraft, die Folter ungebrochen zu ertragen.

Lotkas Zelle liegt mitten auf einem Gang. Die Mitgefangenen können sie durch ihre Gucklöcher sehen, wenn sie in Begleitung einer Aufseherin auf dem Weg zum Waschraum oder zu dem zehnminütigen Spaziergang vorbeigeht, der einmal pro Tag erlaubt ist. Manchmal können sie sogar ein paar Worte mit ihr wechseln und die seltenen Nachrichten von draußen weitergeben, die Montluc erreichen. Lotka bemüht sich, die anderen zu überzeugen, dass der Tag der Befreiung naht, dass man durchhalten muss, dass man nicht aufgeben, nichts preisgeben darf. »Nein«, versichert sie ihnen, »wir werden nicht nach Deutschland verschickt, hier, genau an dieser Stelle werden wir befreit werden.« Sie ruft aus ihrer Zelle durchs Fenster auf den Hof: »Habt Geduld, es dauert nicht mehr lang, sie sind unterwegs.« Dieser unerschütterliche Optimismus überdeckt die bohrende Angst um ihr Kind, von dessen Schicksal sie keine Nachricht bekommt. Außerdem hat sie unmenschliche Foltern durchzustehen – sie wird mit dem Kopf unter Wasser gedrückt, mit Elektroschocks gequält und auf andere Weise –, die dermaßen erniedrigend sind, dass sie es aus Scham nicht über sich bringt, sie ihren Mithäftlingen gegenüber zu erwähnen. Es ist auch qualvoll, immer häufiger bei Morgengrauen das Bellen der Befehle hören zu müssen: »Soundso, ohne Habseligkeiten!« – ein Befehl, der, wie alle genau wissen, ein Todesurteil bedeutet – und mit wild pochendem Herzen auf den nächsten Namen zu warten, der möglicherweise der eigene sein wird.

Ab Mitte August kommt es täglich zu Massakern an Gefangenen. Gereizt wegen der zunehmenden Kraft des bewaffneten Widerstands, in Panik angesichts des Drucks der von der Normandie und von der Provence auf Lyon zumarschierenden alliierten Armeen, beginnt das Gestapo-Hauptquartier am Place Bellecour eine teuflische »Säuberungs«-Aktion mit dem Ziel, alle Augenzeugen seiner Barbarei zu beseitigen. Nacht für Nacht werden nun Zellengenossen mit unbekanntem Bestimmungsort abgeführt. Es kommt gelegentlich vor, dass einige – eine Gnadenfrist von nur wenigen Stunden – ins Gefängnis zurückgebracht werden, weil für sie auf den Lkws kein Platz ist, und von dem Grauen berichten. In dieser Atmosphäre der Angst findet am 17. August im Frauentrakt des Gefängnisses eine Messe statt – der erste Gottesdienst, der in Montluc gehalten wird. Daran nehmen alle, ob katholisch oder nicht, mit dem gleichen Ernst teil, zitternd empfangen sie die Generalabsolution. Da der Priester – ein Deutscher – keine Ministranten hat, bittet er, dass aus der Schar der Gläubigen jemand freiwillig hervortrete. Daraufhin meldet sich Lotka. Sie, die nicht getauft, aber tiefgläubig ist, ministriert mit tiefer innerer Bewegung zum ersten und letzten Mal bei einer Messe.

Zwei Tage danach, am 19. August 1944, um sieben Uhr abends, ertönt in der Festung Montluc der tödliche Aufruf der Namen, »ohne Habseligkeiten«, für vierundzwanzig Résistants – zwanzig Männer und vier Frauen –, unter ihnen

Jacques und Lotka. Lotka stößt zuerst einen Freudenschrei aus, weil sie glaubt, die Stunde der Befreiung sei gekommen, begreift dann aber rasch, dass es zur Hinrichtung geht. Ihre drei Mitgefangenen brechen in Tränen aus; Lotka bewahrt Würde. Die Gruppe wird am Ausgang des Gebäudes einer bis an die Zähne bewaffneten SS-Formation übergeben, die sie unter einer Flut von Beschimpfungen mit den Gewehrkolben schlägt und auf einen Lkw treibt. Die Fahrt geht zum Fluggelände von Bron, das zehn Kilometer vom Lyoner Stadtzentrum entfernt liegt. Dort werden die Gefangenen vor Gruben – Granattrichtern, um genau zu sein – aufgestellt und mit Maschinengewehren erschossen.

Vier Tage später räumt die Gestapo die Festung Montluc. Die achthundert überlebenden Häftlinge werden befreit. Am 2. September zieht die deutsche Garnison aus Lyon ab. Am 3. September rückt die Erste Armee des französischen Generals de Lattre de Tassigny im befreiten Lyon ein.

Haben Vox und Kalo unter Folter gesprochen? Jacques und Lotka erlitten Todesqualen und gaben dennoch nichts preis. Sie verrieten der Gestapo keinen einzigen Namen. Wenn die Gestapo ihnen Informationen entlockt hätte, wären »Anne« und das gesamte F2-Netz vollständig vernichtet worden. Für ihre Kameraden waren Jacques und Lotka Helden. Jacques hat es nicht nur vermocht, keinen seiner Chefs, keinen seiner Untergebenen in Gefahr zu bringen; er hat auch die Verantwortung für alles übernommen, um für die mitgefangenen Gefährten die Strafmaßnahmen zu mildern, die sie hätten treffen können.

Alle Inhaftierten, die mit Lotka in Berührung gekommen sind, staunten über ihren Mut und ihre würdevolle Haltung. »In den Zellen von Montluc ist über sie viel gerätselt worden. Manche haben sie für eine ›Amerikanerin‹ gehalten, andere für die ›Frau eines Führers der Résistance‹. Wir haben ihre Würde und offensichtliche Ruhe bewundert«, schreibt eine ehemalige Zellengenossin. Eine andere bemerkt zu »dieser schönen jungen Frau, die uns mit ihrem Mut und mit ihrem Optimismus aufrichtete«: »Während der fünfzehn Monate, die ich in den deutschen Gefängnissen verbrachte, bin ich vielen tapferen Frauen begegnet, ich kann Ihnen aber versichern, dass ich nie eine so mutige und innerlich starke Frau wie Madame de Prévaux kennen gelernt habe ... wenn das Wort ›Heldin‹ – sie hat es nicht leiden können, weil sie das, was sie getan hat, als selbstverständlich empfand – auf einen Menschen zutrifft, dann auf sie.« Und wieder eine andere schreibt: »Ich erinnere mich an ihr freundliches Lächeln und ihre Liebenswürdigkeit. Sie war wie ein Engel, der mich in meinem Elend berührte.«

NACHWORT

Die Leichen der am 19. August 1944 hingerichteten vierundzwanzig Mitglieder der Résistance wurden gleich nach der Befreiung Lyons aus dem Massengrab in Bron exhumiert. Die sterblichen Überreste von Jacques und Lotka ruhen heute auf dem Militärfriedhof Bron.

Als ich herausfand, wo sie bestattet waren, habe ich ihre Gräber besucht. Mit bangem Herzen habe ich lange suchen müssen, bis ich unter den Hunderten von Holzkreuzen, die alle gleich aussehen, die Stelle fand, wo meine Eltern lagen. Als ich näher trat, verlor ich den Mut. Ich wagte nicht, nach den Namen zu schauen, fürchtete mich plötzlich, sie hier zu lesen. Ich wünschte, ich wäre nie hergekommen, wollte davonrennen und die ganze Geschichte vergessen.

Ich bin aber trotzdem zurückgekommen, und mich packte jedes Mal von neuem der Zorn darüber, dass die beiden dort, inmitten der vielen identischen Gräber als Unbekannte ruhten. Im Tode sind alle Menschen gleich, gewiss, und unter Helden kann es Rangunterschiede nicht geben. Aber die Toten leben im Gedächtnis der Lebenden, und niemand – oder beinahe niemand – wusste, wer Jacques und Lotka de Prévaux waren, was sie aus freiem Willen getan hatten, welch leidenschaftliche Überzeugung sie zu ihrem Opfer bewegte und welchen Mut es brauchte, dass sie ihr Opfer brachten.

In den Augen der französischen Kriegsmarine war es ein Fehler meines Vaters, sich nicht dem Freien Frankreich in London anzuschließen – als ob die örtliche Nähe zu de Gaulle die einzige Möglichkeit gewesen wäre, Widerstand zu leisten und dem Vichy-Generalstabschef der Marine, Darlan, die Stirn zu bieten. Für die Gaullisten war Jacques de Prévaux bloß ein unbekannter Widerstandskämpfer unter Tausenden; außerdem traf ihn der Argwohn, dass er lieber für ein polnisches Netz als für den Nachrichtendienst des Freien Frankreich (BCRA) arbeitete. Es gab niemanden, der ihr Gedächtnis wach hielt: Meine polnischen Verwandten waren von den Nazis umgebracht worden, und die Trolley de Prévaux' hatten beschlossen, diese aus dem Rahmen fallende Episode ihrer Familiengeschichte totzuschweigen. Und so wurden Jacques und Lotka der Vergessenheit überantwortet.

Bei jedem Besuch des Militärfriedhofs Bron wurde die innere Stimme lauter, die mich mahnte, ich dürfte es nicht dulden, dass die beiden ein zweites Mal stürben. So habe ich mich schließlich entschieden, ihr Leben zu rekonstruieren und nach dem roten Faden ihrer Biografie zu suchen. Da hat sich dann herausgestellt, dass es Menschen gab, die über den einen oder den andern Lebensabschnitt von Jacques und Lotka etwas wussten: über Jacques' militärische Laufbahn; über Lotkas Kindheit, ihre Frauenfreundschaften; über die Rolle von Vox im F2-Netz ... Es blieben jedoch lose Enden. Was fehlte, war das einigende Band, das ihrem Leben einen Sinn gibt, es verständlich macht.

Ich habe allerdings viele Jahre lang über die fromme Absicht hinaus nichts unternommen, dieses Band zu finden, abgesehen davon, dass ich die Familienmitglieder aufsuchte, die mehr wussten als ich. Mit ganz anderen Augen unternahm ich noch einmal die Reisen, die ich in meiner Kindheit gemacht hatte. Ich besuchte meine belgische Patentante und meinen Patenonkel Sliwinski, den ich als Kind ein paar Mal in Paris gesehen und bei dem ich als 16-jähriges Mädchen in Marokko glückliche Ferien verbracht hatte. Ich machte ihm bittere Vorwürfe, dass er den naiven Fragen ausgewichen war, die ich ihm damals gestellt hatte: »Wie hast du eigentlich meine Eltern kennen gelernt, Patenonkel?« (Und meinte François und Micheline, die ich zu jener Zeit noch für meine Eltern hielt.) »Warum haben sie dich als Patenonkel für mich ausgesucht, wenn ihr euch doch nie seht?« Er hat mir, mit Tränen in den Augen, gestanden, er habe es Micheline hoch und heilig versprechen müssen, mir nie etwas über meine Herkunft zu erzählen; falls er die Wahrheit gesagt hätte, hätte Micheline mir nie wieder erlaubt, ihn zu besuchen.

Was er mir schließlich erzählte, ergab nur ein fragmentarisches Bild und spiegelte seine Sicht der Dinge wider – was konnte ich damit anfangen? Als Journalistin durfte ich mich nicht mit den Aussagen eines einzigen Zeugen zufrieden geben. Ich redete mich vor mir selbst mit dem offenkundigen Materialmangel und den methodischen Problemen heraus: Ich musste weitere Augenzeugen finden, Unterlagen sammeln, Wahres von Falschem unterscheiden, zwischen verschiedenen Versionen ein und derselben Geschichte wählen, rätselhafte Aspekte aufklären, Gerüchte auf ihre Wahrheit abklopfen. Was war zum Beispiel an der Behauptung, an der die Trolley de Prévaux' festhielten, Jacques habe sich nur wegen seiner Ehe mit einer Jüdin der Résistance angeschlossen? Und hatte Lotka, wie die Leitners behaupteten, tatsächlich bei Vionnet gearbeitet? Wie sollte ich das alles nur herausfinden? Ich bin schließlich keine Historikerin ... Solche Bedenken schienen mir Grund genug, mich vor der mühseligen Aufgabe zu drücken und die Nachforschungen endlos in die Länge zu ziehen.

Durch reinen Zufall bin ich dann plötzlich an einige Dokumente von unschätzbarer Bedeutung gekommen – an die Liebesbriefe von Jacques und Lotka. Einen Teil hatte Mathilde Pascalis aufbewahrt; einen anderen Teil Mathildes Sohn Eric; mit den Briefen, die sich bereits in meinem Besitz befanden, lag mir nun die gesamte Korrespondenz vor. Mein Vater hatte Mathilde das Versprechen abgenommen, dass sie diese Briefe nie jemand anderem als seiner Tochter aushändigen würde – was ihr natürlich erst möglich war, als wir miteinander in Kontakt kamen – im Jahre 1994. Die Briefe haben mir fast alle offenen Fragen beantwortet. So musste ich endlich damit beginnen, die Verpflichtung zu erfüllen, die ich mir vor den allzu bescheidenen Gräbern meiner Eltern auferlegt hatte.

Als ich alle Informationen beisammen, geordnet und klassifiziert und bereits ein paar Kapitel verfasst hatte, blieb aber noch eine letzte Hürde, die sich mir in den Weg stellte und alles aufhielt – eine Lücke im Lebenslauf der Personen, eine Grauzone, ein Rätsel, eine Frage, die historisch kaum von Belang, für mich persönlich allerdings entscheidend war. Ich wusste noch immer nicht, auf welche Weise Jacques Lotka kennen gelernt hatte; solange ich das nicht wusste, war es mir unmöglich weiterzuschreiben. Ich konnte fragen, wen ich wollte – ich erhielt immer nur vage Auskünfte, als ob dieser Aspekt keine besondere Bedeutung hätte. Sie waren, hieß es, einander vielleicht in einem Tearoom, möglicherweise sogar auf der Straße begegnet ...

Schließlich bin ich in einem von Jacques' Briefen auf den Namen Crevel gestoßen. Zu diesem Zeitpunkt wusste ich über Lotkas Freundschaft mit Mopse und René Crevel schon Bescheid. Ich habe daraufhin in einer Biografie Crevels nachgeschlagen und bin dort auf die Namen von Jacques und Mopse gestoßen. Die Beziehung zwischen den beiden Männern bildete das bis dahin fehlende Glied der Kette. Nun wusste ich, wie mein Vater meiner Mutter begegnet war, und damit war das letzte Hindernis aus dem Wege geräumt. Ich war in der Lage, ihre Geschichte niederzuschreiben.

ANHANG

DIE MILITÄRISCHE LAUFBAHN VON JACQUES DE PRÉVAUX

1888	4. April, Geburt in Paris. Besuch der Schule Saint-Joseph (Jesuitenkolleg in Lille).
1906	Aufnahme in die Marine-Akademie.
1908	Abschluss der Marine-Akademie (als Fünftbester unter 48).
1908 – 1909	Lehr-Kreuzfahrt um die Welt, Seekadett auf dem Schulschiff *Duguay-Trouin*.
1910	Schlachtschiff *Charlemagne* in Toulon: der Mannschaft für die Hauptgeschütze und Feuerleitung zugeteilt.
1911	**5. Oktober: Leutnant zur See**
1912 – 1913	*Januar*: Kreuzer 2. Klasse *Descartes* (Neufundland und Ostküste Nordamerikas, der Spezialmannschaft für Elektrizität, Torpedos und Brandvorsorge zugeteilt (bis Oktober 1913).
1913 – 1914	In Toulon (bis April 1914).
1914	*April:* 1. Flotte, Torpedobootdivision: Zweiter Offizier auf dem Torpedoboot *Fanfare*. *August:* Navigations- und Geschützoffizier auf dem Torpedoboot *Chasseur*.
1916	*Mai:* Stellvertretender Marineinfanterieoffizier auf der *Paris*. *Juni:* Erster Offizier auf dem Kanonenboot *Diligente*, Patrouillenboot-Division im östlichen Mittelmeer.
1917	*Juni bis September:* Lehrkurs im Zentrum für Marineluftfahrt der Offiziersakademie Saint-

	Cyr (Versailles). Pilotenschein für Luftschiffe.
	2. August: Kapitänleutnant
1917 – 1920	*Oktober:* die erste Kommandoposition: Luftschiffzentrum Marquise-Rixent bis November 1919, anschließend Luftschiffzentrum Montebourg (Cotentin) bis Februar 1920.
1920	Adjutant des Marineministers.
1922	*Januar:* Kommandeur des Kanonenboots *Diligente*, Kommandeur des Minenräumgeschwaders des 5. Marinebezirks Toulon, bis Januar 1924.
1923	**25. Juli: Korvettenkapitän**
1924	*April – Juni:* Kontrollpraktikum für Luftschiffpiloten.
	Juni: Kommandant des Zentrums für Marineluftfahrt Cuers-Pierrefeu, bis August 1926.
1926	*Oktober:* Marineattaché in Berlin, bis Januar 1931.
1928	**17. Januar: Fregattenkapitän**
1931	*Mai:* Kommandeur des Kanonenboots *Altaïr*, Seestreitkräfte Fernost, bis Juli 1933.
1934	*Juni:* Kommandant des Seeluftwaffenstützpunkts Rochefort.
1935	*Von Oktober bis Dezember:* Lehrgang in Toulon.
	Dezember: »Auditeur« am Centre des hautes études navales, bis Juli 1937.
1937	**1. August: Kapitän zur See**
	Juli bis November: Toulon.
	November: Collège des hautes études de défense nationale, bis April 1938.
1938	*August:* Kommandeur des Kreuzers *Duguay-Trouin*, 1. Division des Schulgeschwaders in Toulon.

1939 Der Patrouillen- und Konvoi-Division der AOF zugeteilt, dann der Marinedivision Östliches Mittelmeer, Levant.

1940 *Mai:* Einsatzgruppe X in Alexandria.
Oktober: aus gesundheitlichen Gründen versetzt zum dritten Marinebezirk (Toulon).
November: erneuter Genesungsurlaub.

1941 *Juli:* Präsident des Marinegerichts von Toulon.
Dezember: für längere Zeit beurlaubt.

1943 *April:* Versetzung in den Ruhestand.

1944 *19. August:* in Lyon-Bron hingerichtet.

DIE WICHTIGSTEN AUSZEICHNUNGEN

I. JACQUES DE PRÉVAUX

1) Bis 1939

– *Ritter der Ehrenlegion*, 16. Juni 1920: »Hat auf besonders glänzende Weise das Kommando eines Luftschiffzentrums von großer Bedeutung ausgeübt.«

– *Offizier der Ehrenlegion*, 21. Januar 1931.

– *Croix de guerre*, 14. November 1918: »Wertvoller Offizier, hat durch Tatkraft und Enthusiasmus bei dem Luftschiffzentrum Marquise-Rinxent unter häufigen Bombardements ein Maximum an Leistung erbracht und viele Flugstunden absolviert.«

2) Für Heldentaten im Widerstand

– *Distinguished Service Order* (DSO; hohe britische Auszeichnung für Offiziere), 31. Januar 1943.

– *Kommandeur der Ehrenlegion*, 10. April 1945: »Ein hoher Offizier mit herausragenden Verdiensten und brennendem Patriotismus. Einer der Ersten, die sich der Sache des französischen Befreiungskampfes anschlossen, hat als Kommandeur eines Nachrichtennetzes regelmäßig Informationen von größter Bedeutung beschafft und sich in allen Situationen durch seine bemerkenswerten Führungsqualitäten und durch völlige Missachtung von Gefahr hervorgetan. Er hat in deutscher Gefangenschaft physische und psychische Foltern unerschütterlich durchgestanden. Ein bewundernswertes Vorbild von Tapferkeit und Opferbereitschaft.« Mit dieser Auszeichnung wird ihm zugleich auch das französische *Croix de Guerre mit Spange* verliehen.

– *Virtuti Militari* (polnische Auszeichnung), 19. April 1945, für »bemerkenswerte soldatische Leistungen auf französischem Boden während der deutschen Besetzung«.

– *Croix de la Libération*, 18. Januar 1946: »Hoher Offizier von außergewöhnlichen Verdiensten und höchstem Opfersinn. Er hat sich seit 1941 als Mitglied der Résistance dem Anliegen der Befreiung gewidmet, indem er das Kommando eines Nachrichtennetzes übernahm, das er glänzend leitete bis zum 29. März 1944, als er vom Feind festgenommen und gefoltert wurde. Er hat unter allen Umständen eine beispiellose Verachtung gegenüber Gefahren unter Beweis gestellt und wurde all seinen Männern ein bewundernswertes Vorbild für Patriotismus und Opferbereitschaft.«

Dieser von General de Gaulle begründete *Ordre de la Libération* zählt 1038 Mitglieder; nur 238 Personen ist der Orden postum verliehen worden.

3) Beförderungen

Am 16. April 1945 wurde Jacques de Prévaux zum Konteradmiral befördert, bei gleichzeitiger Wiederversetzung in den aktiven Dienst mit rückwirkender Gültigkeit zum 1. Januar 1941 und Aufhebung seiner »Suspendierung vom aktiven Dienst« (des *congé d'activité*). Es handelt sich also keineswegs um eine postume Ernennung zum Admiral, die relativ leicht zu beschließen gewesen wäre, sondern um eine echte Beförderung. Zum Zeitpunkt dieser Beförderung galt Jacques de Prévaux offiziell als »vermisst«, da das formale Beweisdokument für seine Hinrichtung und seine Sterbeurkunde erst im November 1945 ausgefertigt wurden. »In Anbetracht der Bedeutung seines Dienstes für sein Vaterland und der von ihm bewiesenen Qualitäten einer bewundernswerten Tapferkeit und Hingabe steht zu hoffen, dass die Beförderung eine angemessene Würdigung des seit seiner Verhaftung vermissten Kapitäns zur See Trolley de Prévaux darstellt ... Eine Empfehlung zur Beförderung in den Rang eines Konteradmirals, rückwirkend zum 1. Januar 1941 in Kraft tretend, wäre völlig gerechtfertigt.« (Oberstleutnant Debesse im Begründungsgutachten an Admiral d'Argenlieu)

4) Begründungsgutachten

– *Vincent Rozwadowski (Pascal), Chef des F2-Netzes:*

»Ein Offizier der Kriegsmarine von großen Verdiensten, der 1941 nach seiner Entlassung durch Darlan sofort nach Möglichkeiten suchte, sich den Streitkräften des Freien Frankreich zur Verfügung zu stellen. Entschlossen um jeden Preis zu dienen, nahm er im November Kontakt auf mit Foch vom F2-Netz, arbeitete, trotz des Rangunterschiedes, als einfacher Informant und lieferte hervorragende Informationen über die feindliche Marine.

Er wurde im Frühjahr 1942 vom Chef des Netzes mit der Bildung einer autonomen nachrichtendienstlichen Sektion ›Marine‹ beauftragt, deren Leitung er dann übernahm. Nach dem Fall des F1-Netzes im Frühjahr 1941 bewies er enorme Tüchtigkeit in Mitarbeit beim Aufbau des Teilbereichs ›Anne‹ (Mittelmeer) im F2-Netz, dessen Chef er im April 1943 wurde.

In der Führung dieses Netzes bewies er sein bemerkenswertes Organisationstalent und eine völlige Missachtung von Gefahr, wodurch er den Sektor ›Anne‹ für alle übrigen Sektionen zum Vorbild machte. Für ein Jahr gelang es ihm, die gesamte Mittelmeerküste mit seinen Informanten zu erfassen und den Alliierten regelmäßig Informationen von größter Bedeutung zu beschaffen (mit der Folge zahlreicher Dankesdepeschen und der Verleihung des DSO).

Die straffe Disziplin, die er als bewunderungswürdige Führungspersönlichkeit von seinen Leuten verlangte, beruhte auf gegenseitigem Vertrauen. Er wurde von allen seinen Untergebenen geachtet und verehrt. Trotz seiner angegriffenen Gesundheit hat er sich nie einen Augenblick Ruhe gegönnt. Die ihm anvertraute Organisation hat er bis zuletzt ohne einen Gedanken an die eigene Karriere oder Beförderung geführt.

Als er nach seiner Verhaftung am 29. März 1944 [von den Deutschen] beschuldigt wurde, ein Nachrichtennetz der Alliierten angeführt zu haben, erduldete er standhaft lange Folterqualen, ohne je andere zu belasten, und nahm die Verantwortung für alles auf sich. Für alle, die mit ihm zusammenarbeiteten, war er – und wird es auf alle Zeiten bleiben – ein Vorbild von Aufrichtigkeit, Tapferkeit und selbstlosem Patriotismus.«

– *Oberstleutnant Debesse, chef du Service de la France combattante:*

»Ein hoher Offizier von höchster moralischer Statur, der sich von 1941 an um Anschluss an die FFL bemühte. Als er mit einem Nachrichtennetz in Kontakt getreten war, tat er auf Ersuchen seiner dortigen Vorgesetzten weiterhin, ungeachtet seines hohen Ranges, in Frankreich Dienst, statt nach Großbritannien zu gehen; weil er der Auffassung war, dass sein Dienst in Frankreich von größerem Nutzen sei. Er hat trotz seines Alters und seines Ranges als einfacher Informant angefangen und in dieser Funktion einen bemerkenswerten Dienst geleistet.

Er hat nach und nach die Führung eines extrem wichtigen Nachrichtennetzes übernommen und über ein Jahr regelmäßig Informationen von größter Wichtigkeit über die Flotte und die Verteidigungsorganisation des Feindes im Mittelmeerraum beschafft. Während dieses ganzen Zeitraums hat er eine höchst bewundernswerte Verachtung von Gefahr und, trotz der damit verbundenen Risiken und seiner stark beeinträchtigten Gesundheit, eine völlige Hingabe an die Sache an den Tag gelegt. Er war ein außergewöhnlicher Führer, der es verstand, all seine Untergebenen zu strikter Disziplin anzuhalten, und war all seinen Agenten ein Vorbild an Patriotismus und Opferbereitschaft.

Nachdem er am 29. März 1944 gefangen genommen wurde, hat er die Folter lange mit großer Tapferkeit durchgestanden. Nicht nur, dass er keinerlei Informationen über die von ihm geführte Organisation preisgegeben hat; er hat darüber hinaus für alles Verantwortung übernommen, um seine Leute zu entlasten.«

II. LOTKA DE PRÉVAUX

– *Tapferkeitskreuz* (polnische Auszeichnung), 12. September 1942.

– *Verdienstkreuz in Gold, mit Schwertern* (polnische Auszeichnung), 13. April 1945.

– *Médaille de la Résistance*, postum, 5. Mai 1945. Das Gutachten zur Begründung der Auszeichnung lautet:

»Nach dem Beitritt zum Netz arbeitete sie zuerst als Sekretärin ihres Mannes, wurde dann jedoch, nachdem sie um gefährlichere Aufgaben gebeten hatte, eine Agentin, die mit Sondermissionen betraut wurde, und zum Chefkurier des Netzes. In dieser Funktion hat sie verschiedene gefahrvolle und wichtige Aufträge ausgeführt: die Verbindung zu den Amerikanern, die Begleitung alliierter Soldaten, Beförderung von Post. In allem hat sie eine außergewöhnliche Kaltblütigkeit, mustergültige Tapferkeit und bemerkenswerte Ausdauer bewiesen. Sie hat sich stets freiwillig für die heikelsten und schwierigsten Aufträge gemeldet. Nach ihrer

Verhaftung am 30. März 1944* hat sie wochenlang grauenhafte Folterqualen durchgestanden, ohne die ihr bekannten wichtigen Adressen zu verraten. Dadurch hat sie die Führungsgruppe ihres Netzes gerettet. Sie wurde am 19. August in Bron erschossen.«

– *Croix de la Libération*: Streng genommen ist Lotka persönlich nicht zum Ritter des *Ordre de la Libération* ernannt worden. Es ist richtig, dass dieser Orden bis zur Einstellung der Vergabe im Jahre 1946 nur an sechs Frauen verliehen wurde. Innerhalb des *Ordre de la Libération* wird Lotka aber trotzdem als Mitglied betrachtet. Im *Mémorial des Compagnons* schließt der Eintrag für Jacques Trolley de Prévaux mit den Worten: »Im tätigen Widerstand vereint, vereint durch die Prüfungen im Gefängnis, waren sie am Ende im Opfer ihres Lebens vereint. Deshalb werden wir, die Mitglieder dieses Ordens unter dem Zeichen des Lothringischen Kreuzes, sie auch nicht trennen.«

---

* Laut anderen, voneinander unabhängigen Zeugenberichten wurde Lotka am 29. März 1944 verhaftet.

QUELLENHINWEISE

Die Informationen bezüglich der militärischen Laufbahn von Jacques de Prévaux sowie die Beurteilungen durch seine Vorgesetzten stammen aus seiner Personalakte, die im Archiv des *Service historique de la Marine* (SHM) in Vincennes aufbewahrt wird.

Die Briefe und die privaten Tagebücher von Jacques de Prévaux und, ab 1934, die Briefe von Lotka sind eine wichtige Informationsquelle gewesen, ebenso eine nicht geringe Anzahl von militärischen Unterlagen.

Da die Archive des *Service historique de la Marine* in fast allen Kapiteln zu Rate gezogen worden sind, werden sie in den einzelnen Kapiteln nicht jedes Mal angeführt. Die Verwendung von Material aus Sammlungen in Privatbesitz wird dagegen in allen Fällen (mit dem Kürzel PB) angegeben.

ERSTER TEIL

1. Zum Seemann berufen

– Tagebuch der Kreuzfahrt 1908 – 1909 auf dem Schulschiff *Duguay-Trouin* (PB)

– Abbé Lebeurier, *État des anoblis* (sic) *en Normandie de 1645 à 1661*. Évreux, 1866

– P. de Longuemare, *Notes sur une descendance normande d'un frère de la Pucelle d'Orléans*, Caen, 1915

2. Die Kriegsjahre

Briefe von Jean Roulier und seiner Mutter an Jacques de Prévaux (PB)

Rede G. d'Annunzios auf der Trauerfeier für J. Roulier (PB)

Claude Farrère, *Fumée d'opium*, Editions Kailash, 1996

La Patrie und *La Presse*, Montréal, vom 10., 11., und 14. Juli 1913; *Le Courrier de la Plata* vom 12. März 1913

Briefe von Roland de Margerie an Jacques de Prévaux (PB)

3. Luftschiffpilot

Zur Geschichte der Marinefliegerei:

Vizeadmiral Vercken, *Histoire succincte de l'Aéronautique navale*, ARDHAN, 1993

N. Desgouttes, *Les commandements de l'Aéronautique navale*, ARDHAN, 1994

C.V. Muracciole, *L'Aéronautique navale, des origines à 1918*, herausgegeben vom Service central de L'Aéronautique navale

Commandant de Brossard, *Lâchez tout!*, France-Empire, 1956

4. Ein standesgemäßes Leben

Briefe an Jacques de Prévaux von Roland de Margerie und von Catherine Ollivier (PB)

Generalbefehl Nr. 46 von Fregattenkapitän Jean de Laborde, Kommandeur der Reconnaissance-Flieger der Armées des Nord (PB)

L'Aéronautique navale de Cuers-Pierrefeu de 1917 à 1972, Broschüre, herausgegeben von der Division des constructions de l'Aéronautique navale de Toulon, 1972, sowie die unter Kapitel 3 angegebenen Werke

5. Marineattaché in Berlin

Zum historischen Kontext und der Atmosphäre in Berlin:

Benoist-Méchin, *Histoire de l'armée allemande*, Albin Michel, 1936

G. Badia, *Histoire de l'Allemagne contemporaine*, Editions Sociales, 1964

A. Bérard, *Au temps du danger allemand*, Plon, 1976

Nicolaus Sombart, *Jugend in Berlin*, Carl Hanser Verlag, München, 1983

Zu René Crevel und Mopse:

M. Carassou, *René Crevel*, Fayard, 1989

F. Buot, *René Crevel*, Grasset, 1991

Zu Pierre und Andrée Viénot:

Dictionnaire biographique du mouvement ouvrier français, herausgegeben von Jean Maitron, 4. Teil 1993

Zum Deutsch-französischen Studienkomitee:

F. Lhullierr, *Dialogues franco-allemands 1925 – 1933*, Veröffentlichungen der Philosophischen Fakultät der Universität Strasbourg, 1971

P. Viénot, *Incertitudes allemandes*, 1931. In deutscher Übersetzung unter dem Titel: *Ungewisses Deutschland. Zur Krise der bürgerlichen Kultur*, mit einem Vorwort von Benno Reiffenberg. Frankfurt a.M., 1932. Unter dem gleichen Titel neu herausgegeben, eingeleitet und kommentiert von Hans Manfred Bock, Bouvier, Bonn, 1999

6. Auf den chinesischen Meeren

Zur geschichtlichen Lage und Atmosphäre in Shanghai:

André Malraux, *So lebt der Mensch*, 1934

Reiseführer von Shanghai

Rapport sur la situation économique en Chine, vorgestellt auf der Generalversammlung der französischen Handelskammer in China am 19. Juni 1931 (PB)

Zur Route der Altaïr:

Positions et mouvements de l'Altaïr 1930 – 1933, archives de la Marine de Brest

Journal de Shanghai vom 24. April 1932

Zum chinesisch-japanischen Konflikt im Januar 1932:

Auswahl militärischer Operationsbefehle

Verzeichnis der Telegramme des Befehlshabers im Hafen von Shanghai an den Vizeadmiral und Oberbefehlshaber der Seestreitkräfte Fernost

Sammlung der täglichen Nachrichtenbulletins der politischen Abteilung der Polizei (komplett: PB)

Zum Thema Blandine und der Faschismus:

Blandine Ollivier, *Jeunesse fasciste*, Gallimard, 1934

»L'Allemagne et nous«, *Le Document*, Januar 1939 (PB)

ZWEITER TEIL

1. Von Jaroslaw zum Modehaus Vionnet und 2. Briefliche Eroberung

Über *Jaroslaw und die Familie Leitner:*

Mündliche Aussage von Willy Leitner gegenüber der Autorin

Zu Mopse:

Briefe von Mopse an Lotka (PB)

René Crevel, *Lettres de désir et de souffrance*, Fayard, 1996

Lettres à Mopse, dargeboten von M. Carassou, Paris-Méditerranée, 1997

Über das Modehaus Vionnet:

J. Demornex, *Madeleine Vionnet*, mit Fotos, Editions du Regard, 1990

Madeleine Chapsal, *La Chair de la robe*, Fayard, 1989

Aussage von Natacha Duché gegenüber der Autorin

3. Rochefort

Zur BAN von Rochefort:

Die unter dem Zweiten Teil, Kapitel 3, angegebenen Werke *70 ans d'Aéronautique navale à Rochefort*, herausgegeben von der BAN, 1986

»Les dirigeables de Rochefort«, in der Zeitschrift *Cols bleus* vom 13. Oktober 1984

Aussagen von Admiral de Brossard und von Camille Migaud gegenüber der Autorin

Aussage von Daniéla Jeanson

4. Ein Doppelleben

Briefe der Familien Leitner und Trolley de Prévaux (PB)

Briefe an Jacques de Prévaux von P. Viénot und F. Piétri (PB)

Zu CHEN: Archive des SHM

Aussage von Natascha Duché gegenüber der Autorin

Akten (Scheidungsverfahren) von Rechtsanwalt Lesourd (PB)

5. Auf der *Duguay-Trouin*

J. Guilini und A. Moreau, *Les Croiseurs de 8.000 T*, Marines Éditions, 1995

Liste über die Tätigkeit der *Duguay-Trouin* vom 25. August 1939 bis 22. Juni 1940 (PB)

G. Debat, *Marine oblige*, Flammarion, 1974

Briefe von G. Debat an Jacques de Prévaux

Aussage von G. Debat und Guy Simon gegenüber der Autorin

6. Alexandria
Die unter dem vorigen Kapitel angegebenen Werke, Briefe und Zeugenaussagen

E. de Larminat, *Chroniques irrévérencieuses*, Plon, 1952

Bertrand, *Les forces navales françaises libres*, Argout, 1980

V.A. Chaline und C.V. Santarelli, *Historique des FNFL*, SHM, 1989

J.L. Crémieux-Brillac, *La France libre*, Gallimard, 1996

Mitteilungen und Befehle des Stabes der Einsatzgruppe X und des Kommandeurs auf der *Duguay-Trouin* (PB)

DRITTER TEIL

Die Informationen über das F2-Netz stammen aus mehreren Quellen:
V. Masson, *La Résistance dans le Var*, herausgegeben von der Association des MUR du Var, 1983

J.M. Guillon, *Le Var, la guerre, la Résistance* (PB)

»Le réseau F2«, *Revue historique de l'armée*, 1952

L. Sliwinski, *Historique du réseau F2*, 1976 (PB)

L. Sliwinski und T. Jekiel, »Les services des renseignements polonais pendant la Seconde Guerre mondiale«, Mitteilung vom 9. November 1984 (PB)

L. Sliwinski, »La Résistance et le renseignement dans la Seconde Guerre mondiale«, Mitteilung vom März 1984

T. Wyrwa, »La résistance polonaise en France«, in *Revue d'histoire de la Seconde Guerre mondiale*, PUF, April 1986

G. Havard, »Mes souvenirs de guerre« (PB)

J.L. Crémieux-Brillac, a.a.O.

H. Noguères, *Histoire de la résistance en France*, Robert Laffont, 1976, II, III und IV

La vie quotidienne des résistants de l'armistice à la Libération, Hachette, 1984

J.P. Azéma, *De Munich à la Libération*, Le Seuil, 1979
D. Veillon, *Le Franc-Tireur*, Flammarion, 1977
Hinsley, *British Intelligence in the Second World War*, London, 1979
Archives nationales
Aussagen von L. Sliwinski, G. Havard, J. Lévy-Rueff, Stanislas Lucki, Pierre Fourcaud, Mathilde Pascalis, Admiral de Lachadenède, Eva Bringué-Tournier gegenüber der Autorin

Die Archive des 2ème Bureau (d.h. des Geheimdienstes) der polnischen Admiralität sind leider nicht zugänglich gewesen. Laut L. Sliwinski ist ein Teil, der seinem Chef, dem Oberstleutnant Langelfeld, anvertraut wurde, verschwunden, ein anderer Teil im Juli 1945 verbrannt und der Teil, der dem britischen Geheimdienst übergeben wurde, nicht einsehbar.

1. Am Marinegerichtshof
Zu Jacques de Prévaux' »Suspendierung vom aktiven Dienst«:
Bulletin der L'Amicale des anciens membres des services spéciaux de la Défense nationale, 3. Quartal 1989
Briefe sowie Aussagen von Oberst Paillole gegenüber der Autorin
Ordre de congé de longue durée, Gesetz vom 8. November 1941, das die Suspendierung vom aktiven Dienst einführt
Archive des SHM

2. Das Abenteuer der Résistance und 3. Ein polnisch-französisches Netz
Brief von A.H. Brun (PB)
Aussagen von J. Lévy-Rueff und G. Havard (Archives nationales)

4. Die Täuschung

Zum Treffen Sliwinski/Prévaux:

Bericht von L. Sliwinski und schriftliche Aussage von Thadée Korycki (Bey)

Zu den Beziehungen F2/IS und zur Frage der Beziehungen mit den FFL bzw. dem BCRA:

Die bereits erwähnten Werke von Crémieux-Brillac, Noguères und Hinsley

Karteiblatt des 2ème Bureau der polnischen Exilregierung in London zu Jacques de Prévaux (PB)

Brief von L. Sliwinski an Pierre Trolley de Prévaux

Aussage von Lévy-Rueff

Brief von Jacques de Prévaux an Pierre Viénot (PB)

5. Ein einfacher Informant

Aussagen von Mathilde Pascalis, Pierre Fourcaud, Raymond Leibovici (letzterer: Archives nationales, die übrigen PB)

Firmensatzung der SPAM (PB)

6. Kampf im Verborgenen

Noguère, *Le Suicide de la Flotte française à Toulon*, Laffont, 1961

Zum Distinguished Servise Order (DSO): Liste der Angehörigen der französischen Marine, die den DSO bekommen haben (Brief der britischen Admiralität, PB). Die der Verleihung beigegebene Begründung ist verloren gegangen, da die Akte zu Jacques de Prévaux vernichtet wurde. »Es ist uns nicht möglich, sämtliche Akten aus dem Zweiten Weltkrieg zu archivieren«, schrieb die britische Admiralität auf meine Anfrage.

Das Zitat von de Lattre de Tassigny ist dem oben erwähnten Werk von V. Masson entnommen.

7. Sammeltransport Nummer 49
Briefe von B. und I. Leitner, von Jeanne Leitner, von Mme Lelong (PB)

9. Montluc
Schriftliche Aussagen von Henri Stroweis (Balzac), Mlle Mortorel, Dolly Argaud, Mme Vasteenberghe, Ginette (?), Guilon de Langeron, Hauptmann Gout, Marcelle Trillat (PB)

Plan des Massengrabes von Bron, Sterbeurkunden (PB)

Berichte über die Massaker in Bron und Saint-Genis-Laval in *La Marseillaise* vom 11., 12., 13. und 14. September 1944 und *France-Soir* vom 3. September 1984

DANKSAGUNG

Dieses Buch wäre ohne die Unterstützung von Admiral Michel Debray nicht zustande gekommen. Ich danke ihm auch dafür, dass er sich der mühevollen Arbeit unterzogen hat, das Manuskript gegenzulesen und die Fachbegriffe der französischen Kriegsmarine zu überprüfen. Kapitän zur See Robert Feuilloy war bereit, die gleiche Arbeit auf dem Gebiet der Seeluftschifffahrt zu übernehmen, und ich bin ihm dankbar, dass er mich bei der Suche nach Unterlagen über die Anfänge der Marinefliegerei unterstützt hat.

Die Hilfe und die verständnisvollen Ermutigungen von Jean-Louis Crémieux-Brillac sind äußerst wertvoll für mich gewesen.

Ich habe Konteradmiral Jean Kessler für die verständnisvolle Aufnahme sowohl während als nach seiner Zeit als Leiter des Service historique de la Marine zu danken; ebenso Madame René-Bazin von den Archives nationales. Ihrer beider Ratschläge und Hilfe sind mir von großem Nutzen gewesen.

Dank schulde ich dem Historiker Pascal Mercier, der mich über die Rolle meines Vaters neben Pierre Viénot im Deutsch-französischen Studienkomitee informiert hat.

Meinen besonderen Dank möchte ich an dieser Stelle allen alten Gefährten meiner Eltern, ihren Kollegen, Freunden und Kriegskameraden aussprechen dafür, dass sie mich empfangen haben und bereit waren, ihre Erinnerungen mit mir zu teilen: Kapitän zur See Borderies, Éva Bringué-Tournier, Admiral de Brossard, Konteradmiral Chevillotte, Kapitän zu See Georges Debat, Natascha Duché, Oberst Pierre Fourcaud, Dr. Jean Godeau, Gaston Havard, Daniéla Jeanson, Willy Leitner, Stanislas Lucki, Jacques Lévy-Rueff,

Roland de Margerie, Camille Migaud, Oberst Paillole, Mathilde Pascalis, Guy Simon, Léon Sliwinski, Michel Trolley de Prévaux, Madame Vastenbeerghe.

Ganz besonderen Dank schulde ich Mathilde Pascalis und ihrem Sohn Eric, die so treu über fünfzig Jahre die persönliche Hinterlassenschaft meiner Eltern aufbewahrt haben.

Und mein Dank gilt schließlich meiner Familie und meinem Freundeskreis, die mir während der Entstehung dieses Buches so viel Geduld und Verständnis geschenkt haben.